블로그랑 친해지기

ok click

Ok! Click 시리즈 38

COPYRIGHT

Ok Click 블로그랑 친해지기(개정판)

2020년 2월 25일 초판 1쇄 발행
2022년 6월 30일 초판 2쇄 인쇄
2022년 7월 10일 초판 2쇄 발행

저 자	IT도서개발팀
기 획	정보산업부
디자인	정보산업부
펴낸이	양진오
펴낸곳	(주)교학사
주 소	(공장)서울특별시 금천구 가산디지털1로 42 (가산동)
	(사무소)서울특별시 마포구 마포대로14길 4 (공덕동)
전 화	02-707-5312(문의), 02-707-5417(영업)
등 록	1962년 6월 26일 ⟨18-7⟩
홈페이지	http://www.kyohak.co.kr

PREFACE

Ok! Click 시리즈는 컴퓨터를 쉽고 편리하게 익힐 수 있도록 야심차게 준비한 교재입니다.

블로그가 생활화되면서 컴퓨터에서 재미있게 배울 수 있도록 어렵지 않은 예문과 큰 글자체, 큰 화면 그림으로 여러 독자층이 누구나 부담없이 책을 펼쳐 배울 수 있도록 만들었습니다.

내용면에서는 초보자가 블로그를 이해하고, 쉽게 활용할 수 있도록 쉬운 예제, 혼자서 공부하기 힘든 독자를 위해 고난이도 기능의 예문은 제외하였습니다.

편집면에서는 깔끔하고 시원스러운 편집으로 눈에 부담을 줄이도록 구성하였습니다.

교재는 다음과 같이 구성되었습니다.

1 | [배울 내용 미리보기]를 통해 학습할 내용이 무엇인지 이해시키고 학습 동기를 유발하도록 구성하였습니다.

2 | 교재 전체 구성은 전체 21강으로 구성하고 한 강 안에 소제목을 두어 수업의 지루함을 없애고, 단계별로 수업 및 공부할 수 있도록 구성하였습니다.

3 | [참고하세요]를 통해 교재의 따라하기 설명 이외에 보충 설명하여 고급 기능 및 유사 기능을 학습할 수 있도록 구성하였습니다.

4 | [혼자 풀어 보세요]는 한 강을 학습한 후 혼자 예제를 풀어보면서 학습 내용을 얼마나 이해 했는지 알아볼 수 있도록 2문제에서 4문제로 구성하였습니다.

이 교재를 사용하는 독자분들이 컴퓨터를 쉽게 접하고 배워 컴퓨터와 친구가 되고 컴퓨터가 생활의 일부가 되어 더 높은 컴퓨터 기술을 습득할수 있는 발판이 되었으면 합니다.

IT도서개발팀 일동

PREVIEW

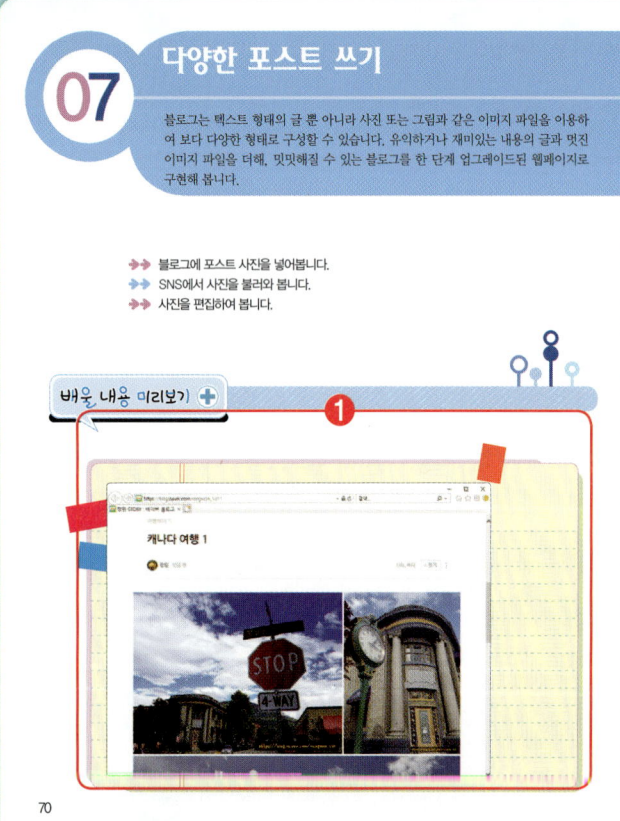
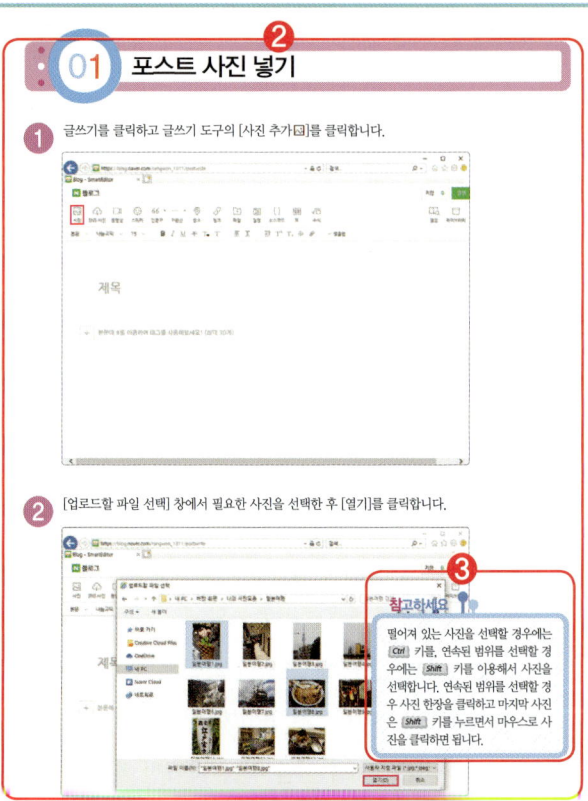

 ❶ 배울 내용 미리보기

[배울 내용 미리보기]를 통해 학습할 내용이 무엇인지 이해시키고 학습 동기를 유발하도록 구성하였습니다.

 ❷ 본문

교재는 전체 21강으로 구성하고 한 강 안에 소제목을 두어 수업의 지루함을 없애고, 단계별로 수업 및 공부할 수 있도록 구성하였습니다.

❸ 참고하세요

[참고하세요]를 이용하여 교재의 따라하기 설명 이외의 기능은 보충 설명하여 고급 기능 및 유사 기능을 학습할 수 있도록 구성하였습니다.

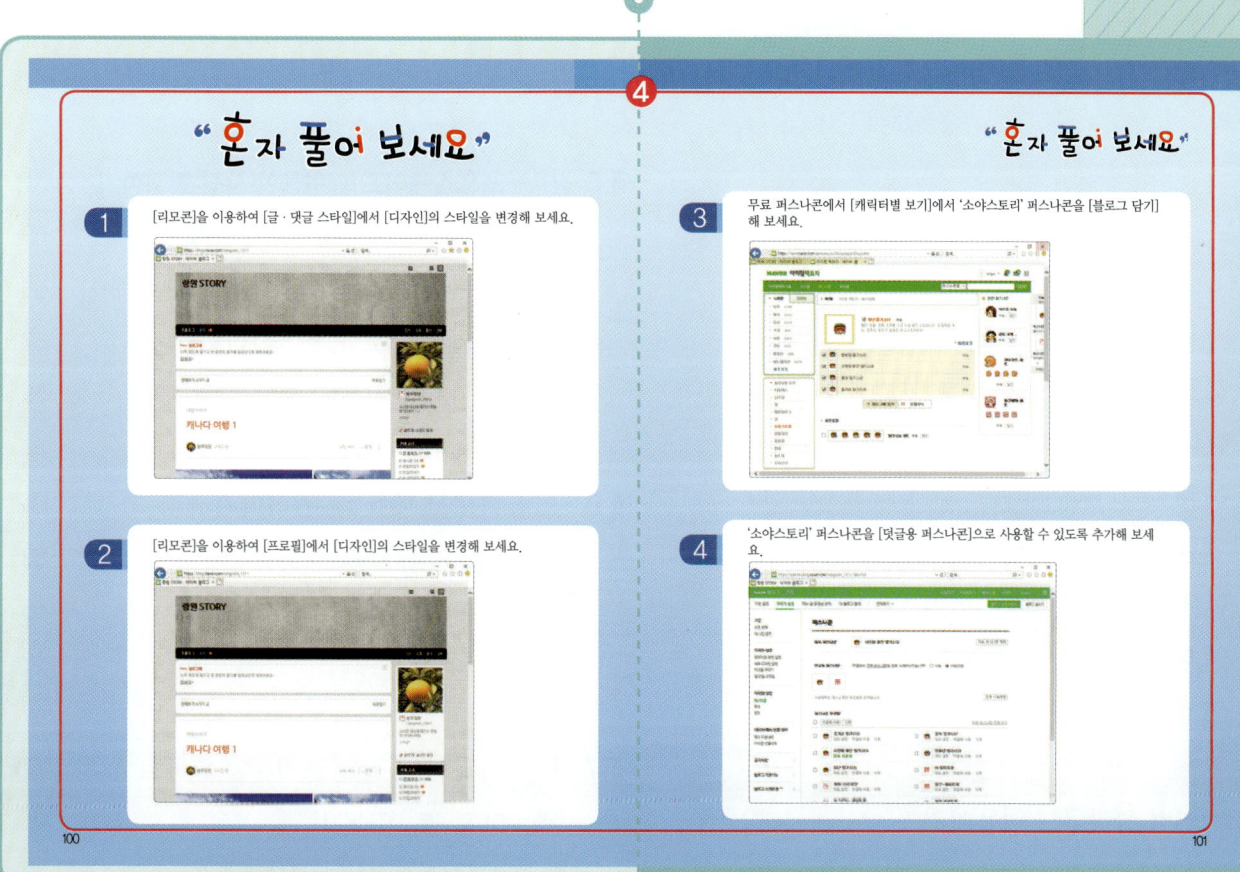

❹ 혼자 풀어 보세요

[혼자 풀어 보세요]는 한 강을 학습한 후 혼자 예제를 풀어보면서 학습 내용을 얼마나 이해했는지 알아볼 수 있도록 2문제에서 4문제로 구성하였습니다.

예제파일

[혼자 풀어 보세요] 및 실습에 사용된 예제는 블로그에 게시되는 사진이므로 저작권이 해결된 이미지만 제공해드립니다. 그 이외의 이미지는 독자분들의 이미지로 사용해 주시기 바랍니다.

Contents

제 1 강 ● 블로그 시작하기	8
01 네이버 회원가입하기	9
02 내 블로그 들어가기	10

제 2 강 ● 컴퓨터에 사진 관리하기	12
01 디지털 카메라와 휴대폰으로 촬영하고 사진 불러오기	13
02 하드디스크에 사진 보관할 폴더 만들기	15
03 휴대폰에 저장된 사진 내 컴퓨터로 가져오기	17
혼자풀어보세요	25

제 3 강 ● 네이버 클라우드 이용하기	22
01 네이버 클라우드 이용하기	23
02 클라우드에 폴더 만들고 사진 관리하기	29
03 클라우드 탐색기 사용하기	33
혼자풀어보세요	35

제 4 강 ● 사진 보정 포토스케이프 기능 익히기	36
01 포토스케이프 다운받아 설치하기	37
02 포토스케이프를 이용한 사진 보기 기능 익히기	39
03 포토스케이프로 분위기 있는 사진 만들기	43
04 블로그 프로필 사진 만들기	45
05 사진 밝기와 색상 보정하기	48
혼자풀어보세요	51

제 5 강 ● 포토스케이프를 이용한 사진 편집하기	52
01 화사하고, 뽀샤시한 사진 만들기	53
02 어두운 사진 밝기와 명도 부드럽게 보정하기	55
03 필터 효과로 다양한 사진 연출하기	57
04 기울어진 사진의 수평·수직 맞추기	59
혼자풀어보세요	60

제 6 강 ● 블로그 메뉴 글 관리하기	62
01 블로그에 프로필 사진 넣기	63
02 블로그 카테고리 만들기	66
03 포스트 글쓰기	68
혼자풀어보세요	69

제 7 강 ● 다양한 포스트 쓰기	70
01 포스트 사진 넣기	71
02 SNS를 이용하여 사진 불러오기	73
03 사진 편집하기	75
혼자풀어보세요	77

제 8 강 ● 블로그 관리 기본설정과 이웃 추가하기	78
01 블로그 기본정보 관리하기	79
02 이웃 추가하기	80
혼자풀어보세요	83

제 9 강 ● 블로그 레이아웃과 위젯 설정하기	84
01 블로그 레이아웃 설정하기	85
02 위젯 설정하기	87
혼자풀어보세요	89

CONTENTS

제 10 강 ● 리모컨으로 세부 디자인 설정하기　90
　　　01 스킨 배경 설정하기　91
　　　02 타이틀 디자인 변경하기　92
　　　03 블로그 메뉴 디자인 변경하기　94
　　　혼자풀어보세요　95

제 11 강 ● 아이템 설정하기　96
　　　01 퍼스나콘 설정하기　97
　　　혼자풀어보세요　102

제 12 강 ● 블로그 프롤로그 설정하기　102
　　　01 프롤로그 설정하기　103
　　　02 상단 메뉴 설정하기　104
　　　혼자풀어보세요　106

제 13 강 ● 블로그 서명 만들기　107
　　　01 포토스케이프를 이용한 서명 만들기　108
　　　02 서명 적용하기　114
　　　혼자풀어보세요　115

제 14 강 ● QR 코드 만들기　116
　　　01 QR 코드 만들기　117
　　　02 QR코드 내컴퓨터에 저장하기　119
　　　혼자풀어보세요　120

제 15 강 ● 블로그 타이틀 만들기　121
　　　01 포토스케이프를 이용한 타이틀 만들기　122
　　　02 블로그에 타이틀 적용하기　128
　　　혼자풀어보세요　130

제 16 강 ● 내 블로그에 담기　131
　　　01 복사된 포스트에 링크 걸기　132
　　　02 내가 쓴 포스트에 링크베너 달기　135
　　　03 마음에 드는 포스팅 내 블로그에 담기　140
　　　혼자풀어보세요　142

제 18 강 ● 블로그 배너 만들기　143
　　　01 포토스케이프을 이용한 배너 만들기　144
　　　02 블로그 배너 적용하기　149
　　　혼자풀어보세요　154

제 19 강 ● 이웃 블로그 방문하고 댓글 달기　155
　　　01 이웃 블로그에 댓글 달기　156
　　　02 모두의 블로그 방문해 보기　158
　　　혼자풀어보세요　160

제 20 강 ● 블로그 포스트 쓰기　161
　　　01 맛집 포스트 쓰기　162
　　　02 템플릿을 이용한 포스트쓰기　165
　　　혼자풀어보세요　168

제 21 강 ● 곰믹스(Gom Mix)로 동영상 편집하기　169
　　　01 곰믹스 설치하기　170
　　　02 사진 추가하여 영상 만들기　170
　　　03 동영상에 텍스트 추가하기　174
　　　04 동영상에 배경색과 효과음 삽입하기　177
　　　05 블로그 동영상 삽입하기　178
　　　혼자풀어보세요　180

블로그 시작하기

네이버 블로그에 가입하고 내 블로그에 들어가는 방법을 알아봅니다.

▶▶ 네이버 블로그에 가입하는 방법을 알아봅니다.
▶▶ 네이버 내 블로그에 들어가는 다양한 방법을 알아봅니다.

배울 내용 미리보기

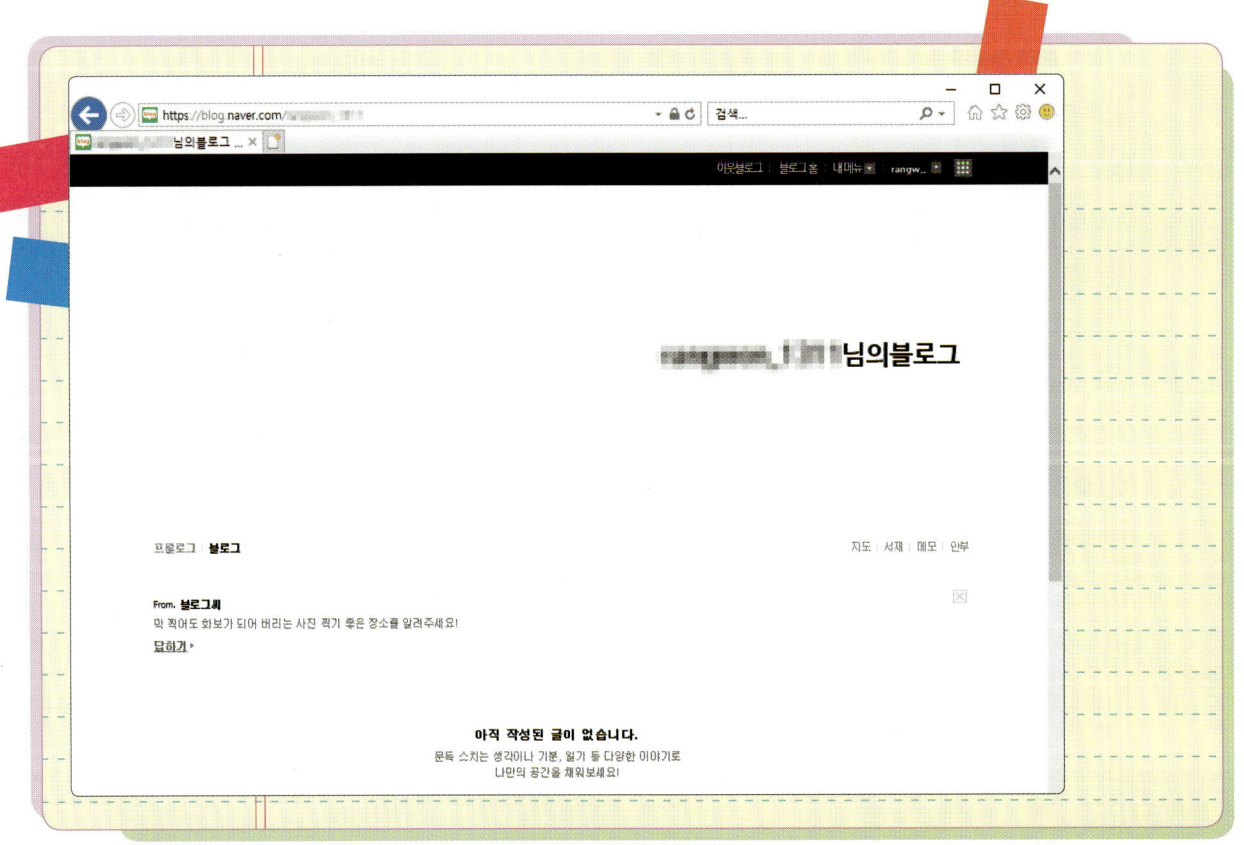

네이버 회원가입하기

1 바탕화면에 있는 인터넷 익스플로러 아이콘( )을 더블클릭하고, 주소입력창에 'https://www.naver.com/'을 입력하고 Enter 키를 누릅니다. [회원가입] 버튼을 클릭합니다.

참고하세요

이미 네이버에 회원가입한 상태라면 이 단계는 건너 뛰고 가입 전이라면 회원가입 절차를 홈페이지 순서대로 진행하시기 바랍니다.

2 약관 동의 → 회원 정보 입력 → 휴대전화번호 인증을 순서대로 마치면 회원가입이 완료됩니다.

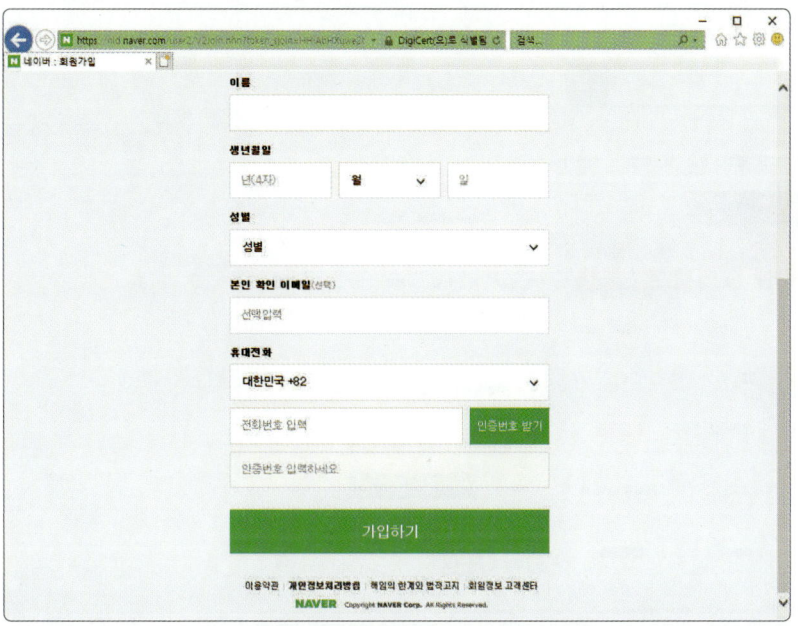

02 내 블로그 들어가기

1 인터넷 익스플로러 아이콘(　)을 더블클릭하여 네이버로 이동한 후 아이디와 비밀번호를 입력합니다. [로그인] 버튼을 클릭하고 [블로그]를 클릭합니다.

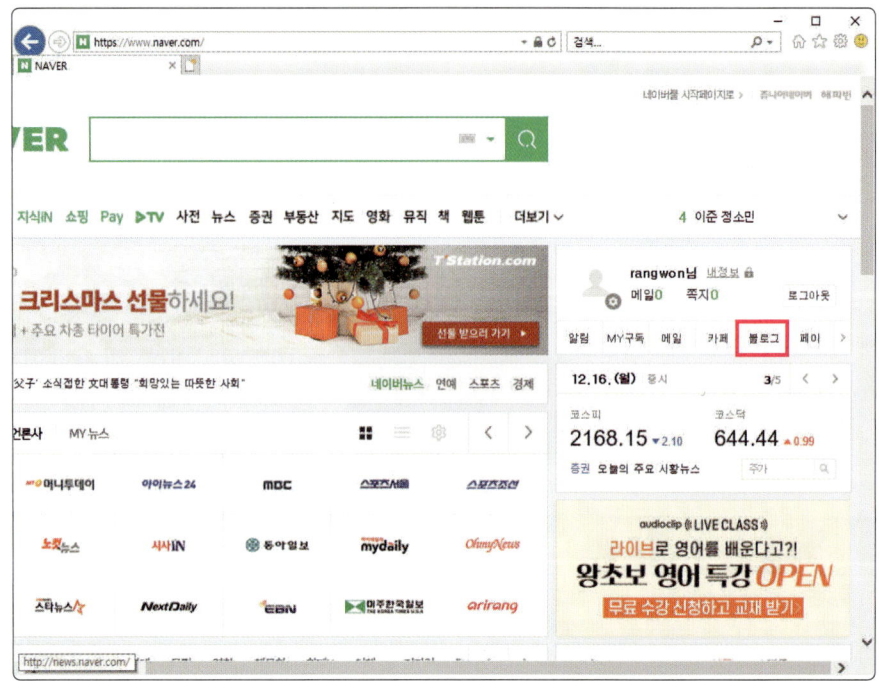

2 [내 블로그]를 클릭합니다.

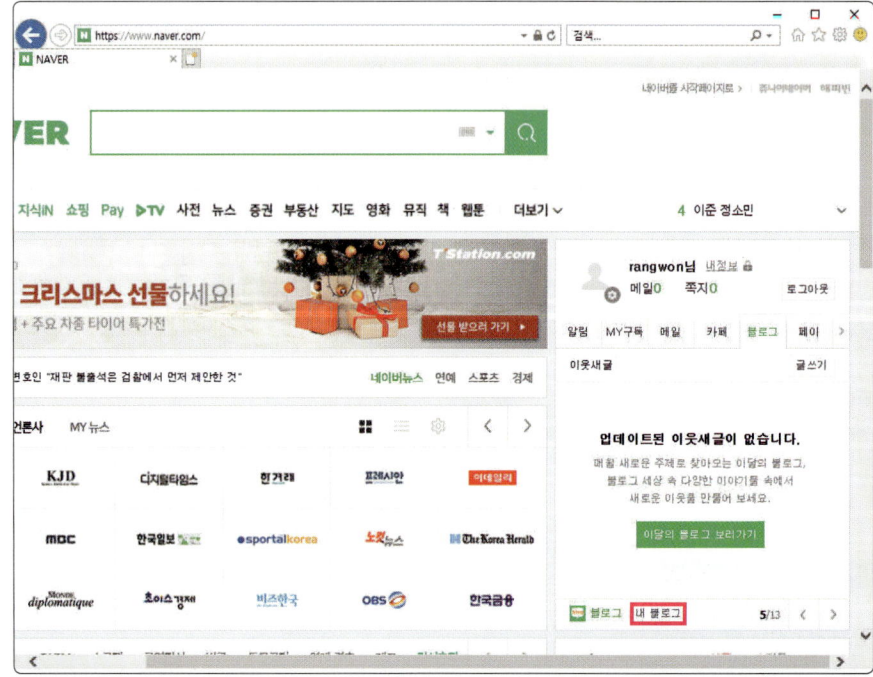

③ 개설된 블로그가 열립니다. [블로그 홈]을 클릭합니다.

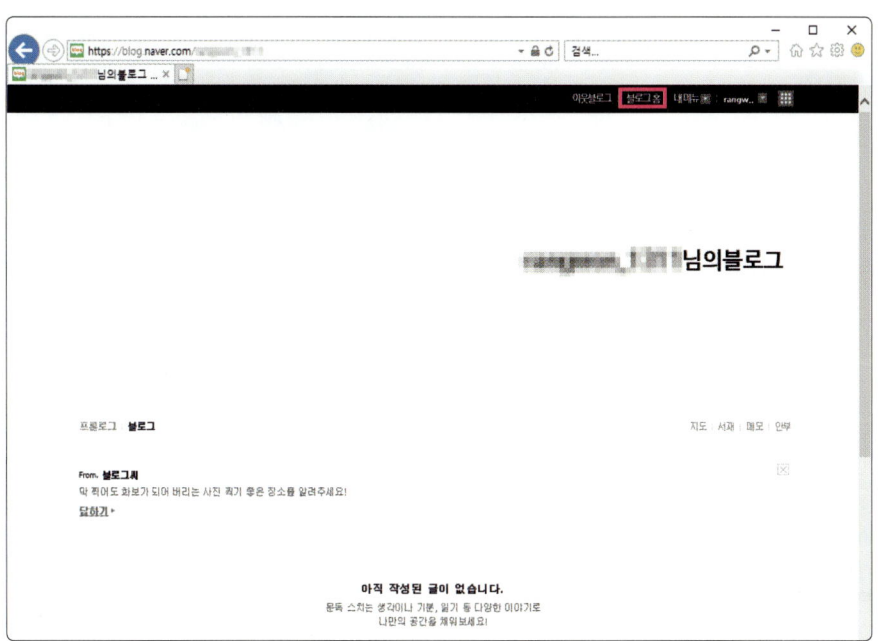

④ 블로그 홈으로 이동합니다. [내 블로그]를 클릭하면 다시 블로그로 이동합니다.

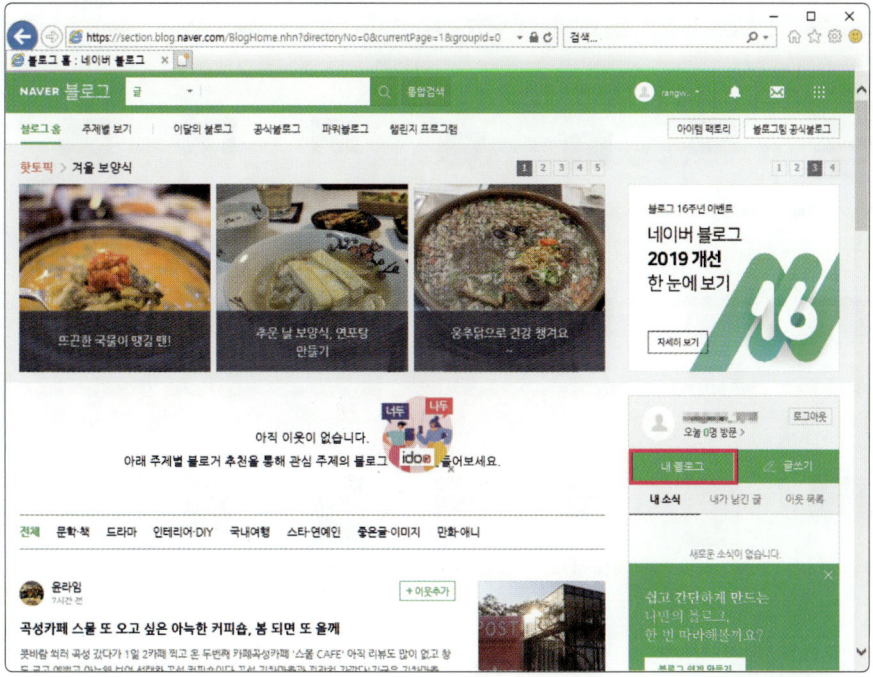

컴퓨터에 사진 관리하기

디지털 카메라나 휴대폰으로 촬영한 사진을 컴퓨터의 하드디스크에서 관리하는 방법과 사진 파일 이동, 복사 방법과 컴퓨터에서 하드웨어 장치를 분리하는 방법을 알아봅니다.

- 사진 관리의 기본인 폴더를 이용하여 사진 관리 방법을 알아봅니다.
- 휴대폰에 저장된 사진을 내 컴퓨터로 가져오는 방법을 알아봅니다.

배울 내용 미리보기

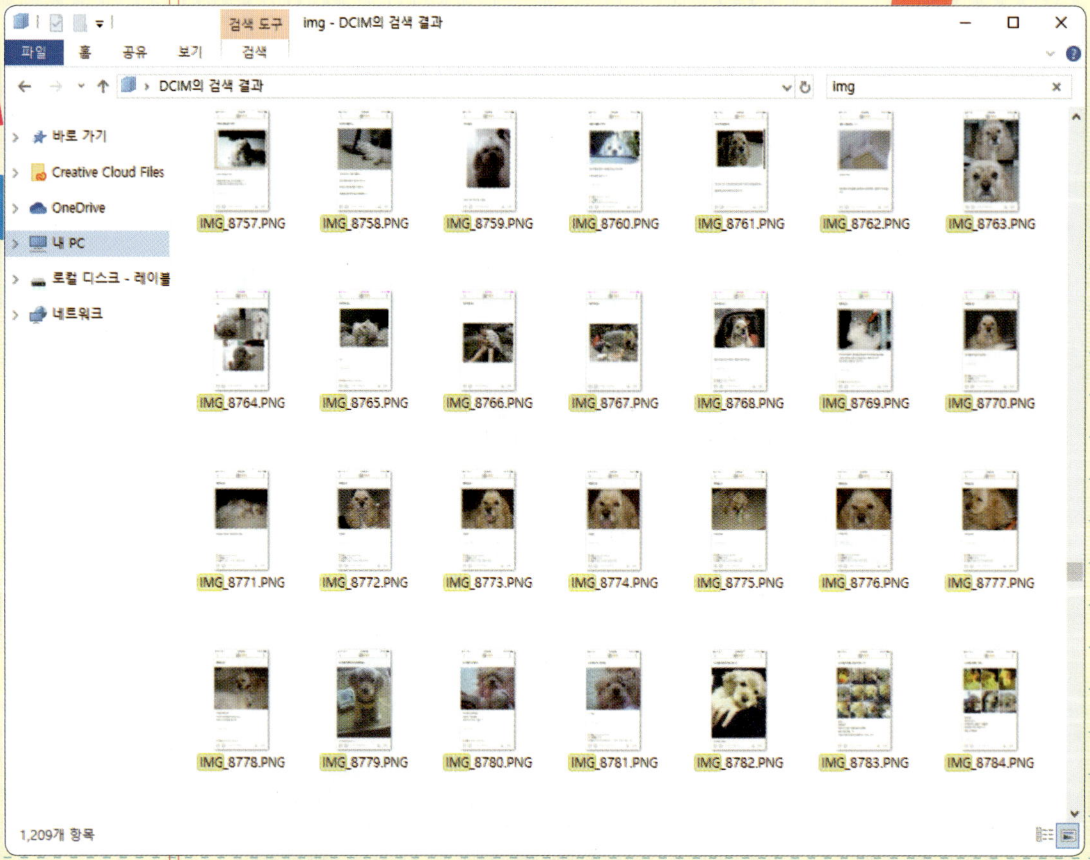

01 디지털 카메라와 휴대폰으로 촬영하고 사진 불러오기

블로그를 운영할 때 글과 함께 사진을 삽입합니다. 여러분이 블로그에 글을 쓸 때 글의 내용과 적합한 사진을 삽입하면 포스트를 읽는 이에게 더 많은 공감을 얻을 수 있게 됩니다. 이제부터 사진 촬영은 블로그 운영에 꼭 필요한 요소임을 잊지 마세요. 카메라는 일상 생활 속에서 빠질 수 없는 필수 아이템입니다.

1 카메라의 종류로는 콤팩트 카메라, 하이엔드 카메라(High-end), DSLR(Digital Single Reflex) 카메라 등이 있습니다.

- 콤팩트 카메라는 크기가 작고 가벼워 휴대하기 편리하고 다양한 촬영 기능을 이용하여 초보자도 쉽게 사용할 수 있는 장점이 있습니다.

- 하이엔드 카메라는 DSLR과 컴팩트 카메라의 중간 크기로 콤팩트 카메라의 자동기능과 직접 촬영모드를 조절할 수 있는 수동 기능을 포함하고 있어 화질과 이동성의 장점을 갖고 있습니다. 하이엔드와 DSLR의 가장 큰 차이점은 렌즈를 교환하지 않지만 대부분 수동 촬영 기능이 있고, 콤팩트 카메라보다 렌즈의 줌 배율이 뛰어납니다.

- DSLR 카메라는 Digital + SLR(Single Lens Reflex) 일안 반사식 렌즈 교환식 카메라에 디지털 기능을 접목시킨 고가의 전문가용 카메라입니다. 카메라의 렌즈를 교체할 수 있어 다양한 화각과 심도를 표현할 수 있습니다.

▲ 콤팩트 카메라

▲ DSLR 카메라

② 디지털 카메라로 촬영하는 방법은 초점을 잡기 위해 반셔터를 눌러 원하는 피사체에 자동으로 초점을 맞추어 촬영합니다. 셔터를 살짝 눌러 LCD 창에 초점이 표시되면 지긋이 눌러줍니다.

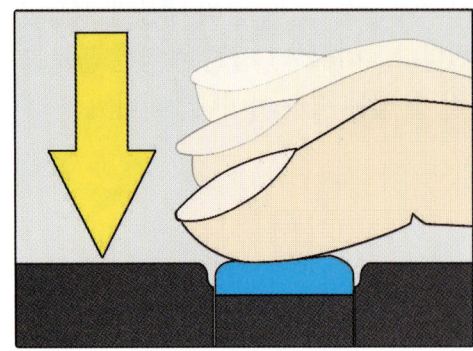

▲ 반셔터 누르기

③ 우리가 항상 가지고 다니는 휴대폰으로도 사진을 촬영할 수 있습니다. 휴대폰으로 촬영하는 방법은 휴대폰에 기본적으로 있는 카메라 어플로 사진을 촬영하거나, 휴대폰에 카메라 필터 어플을 설치하여 다양한 효과로 사진을 촬영할 수 있습니다.

④ 촬영한 사진을 컴퓨터에 불러오기 위해 카메라와 컴퓨터를 연결하는 USB 케이블을 준비하거나, 메모리카드를 카메라에서 분리하여 카드 리더기에 삽입하는 방법이 있습니다.

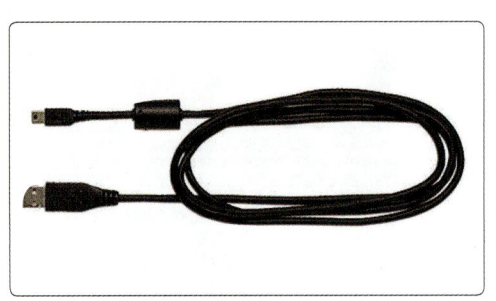

▲ USB 케이블

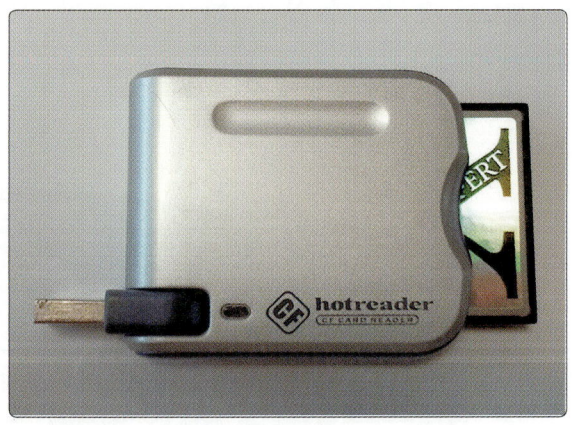

▲ 메모리카드와 카드 리더기

⑤ 휴대폰으로 촬영한 사진을 컴퓨터에 불러오는 방법도 동일한 방법입니다. 휴대폰과 컴퓨터를 연결하는 USB 케이블을 이용하여 사진을 불러올 수 있습니다.

 하드디스크에 사진 보관할 폴더 만들기

사진 관리의 기본인 폴더를 이용하여 사진 관리 방법을 알아보겠습니다.

1 바탕화면에서 내 PC( )를 더블클릭합니다. 로컬 디스크를 더블클릭합니다.

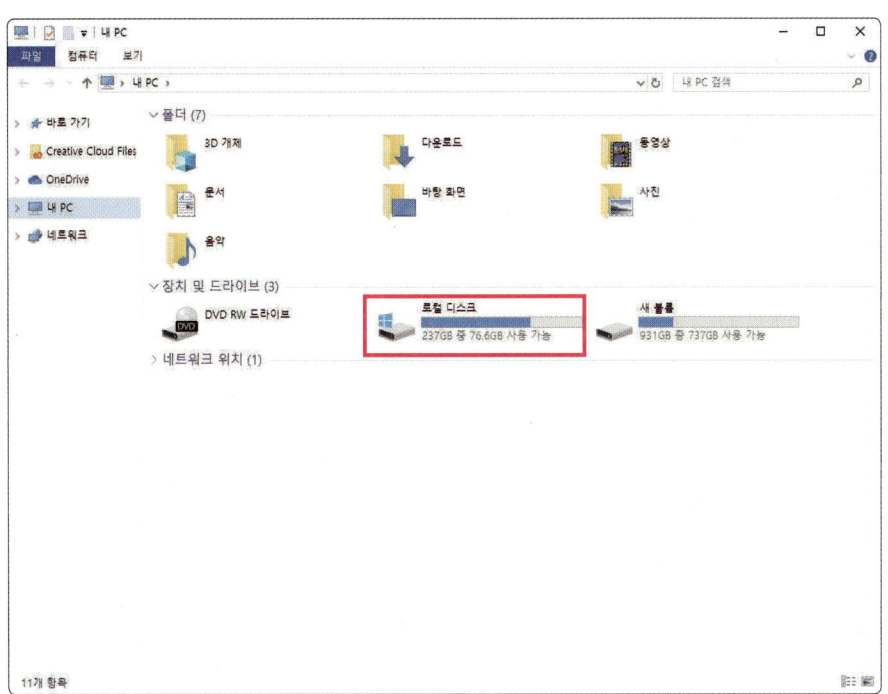

2 [리본] 메뉴의 상단에 새 폴더( )를 클릭합니다.

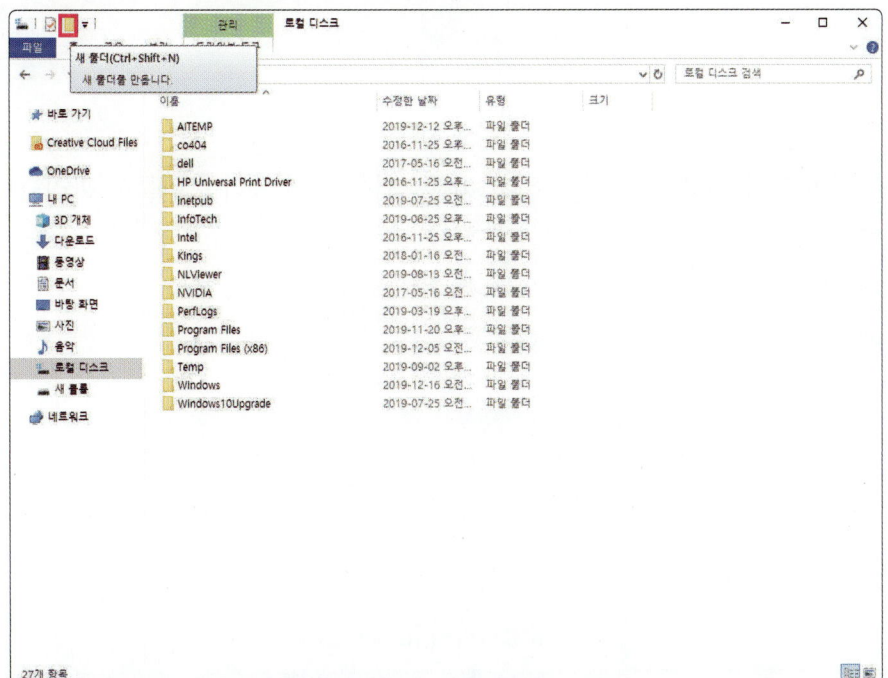

③ 폴더의 이름을 '나의사진모음'으로 입력하고 Enter 키를 누릅니다. 폴더의 이름이 변경되면 닫기(×)를 클릭합니다.

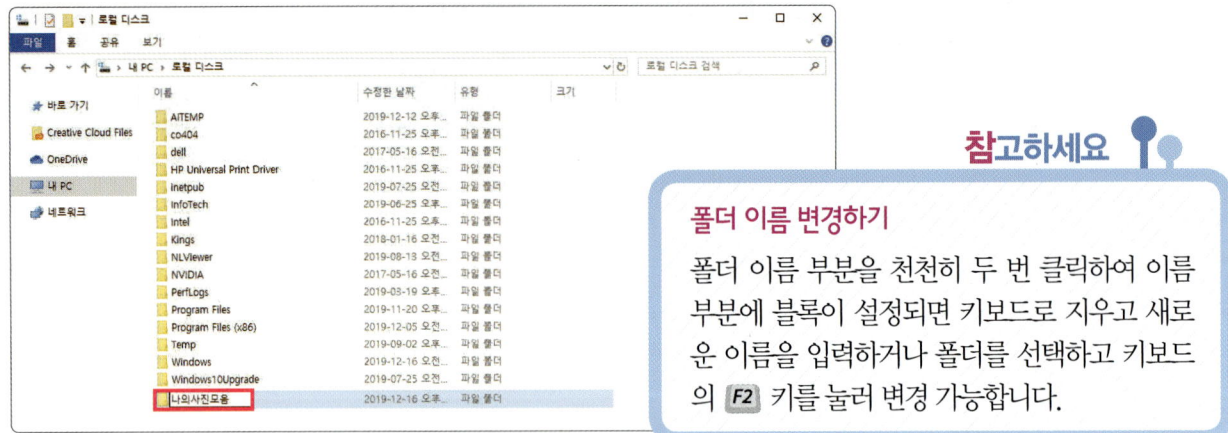

참고하세요

폴더 이름 변경하기
폴더 이름 부분을 천천히 두 번 클릭하여 이름 부분에 블록이 설정되면 키보드로 지우고 새로운 이름을 입력하거나 폴더를 선택하고 키보드의 F2 키를 눌러 변경 가능합니다.

④ 바탕화면의 [내 PC] – [로컬 디스크] – [나의사진모음] 폴더를 더블클릭한 다음 [리본] 메뉴의 상단에 새 폴더(📁)를 클릭합니다.

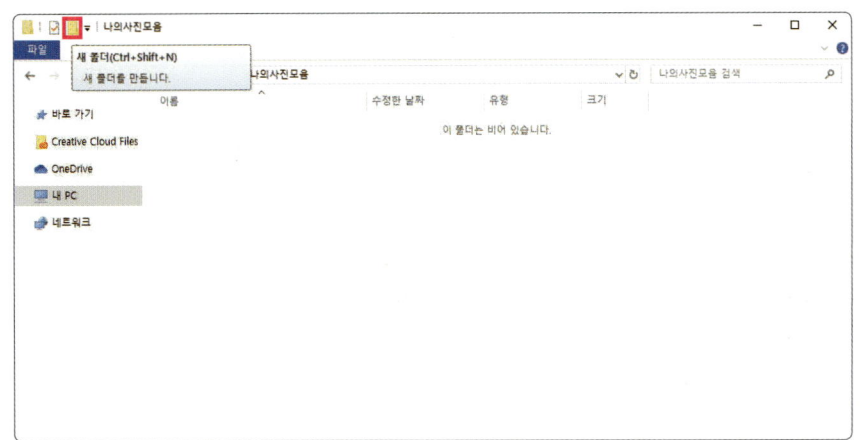

⑤ 폴더의 이름을 '2019년 월미도 가족여행'으로 입력하고 Enter 키를 눌러 폴더를 만들어 관리합니다.

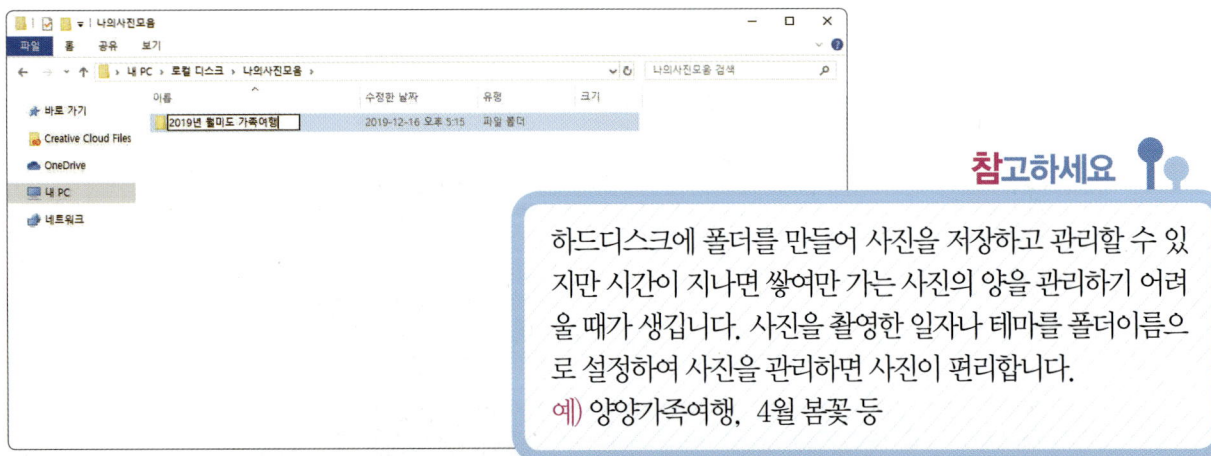

참고하세요

하드디스크에 폴더를 만들어 사진을 저장하고 관리할 수 있지만 시간이 지나면 쌓여만 가는 사진의 양을 관리하기 어려울 때가 생깁니다. 사진을 촬영한 일자나 테마를 폴더이름으로 설정하여 사진을 관리하면 사진이 편리합니다.
예) 양양가족여행, 4월 봄꽃 등

휴대폰에 저장된 사진 내 컴퓨터로 가져오기

디지털 카메라로 촬영을 많이 하지만 최근에는 휴대폰 카메라로 촬영하여 내 컴퓨터에 저장을 합니다. 디지털 카메라에 저장된 사진을 컴퓨터로 불러오는 방법과 휴대폰에 저장된 사진을 불러오는 방법은 비슷하여 여기서는 휴대폰에 있는 사진을 컴퓨터로 가져오는 방법에 대해 알아봅니다.

1 로컬 디스크의 [나의사진모음] 폴더 내부에 새로운 폴더를 만들고, 폴더 이름을 날짜와 간략한 설명으로 입력합니다.

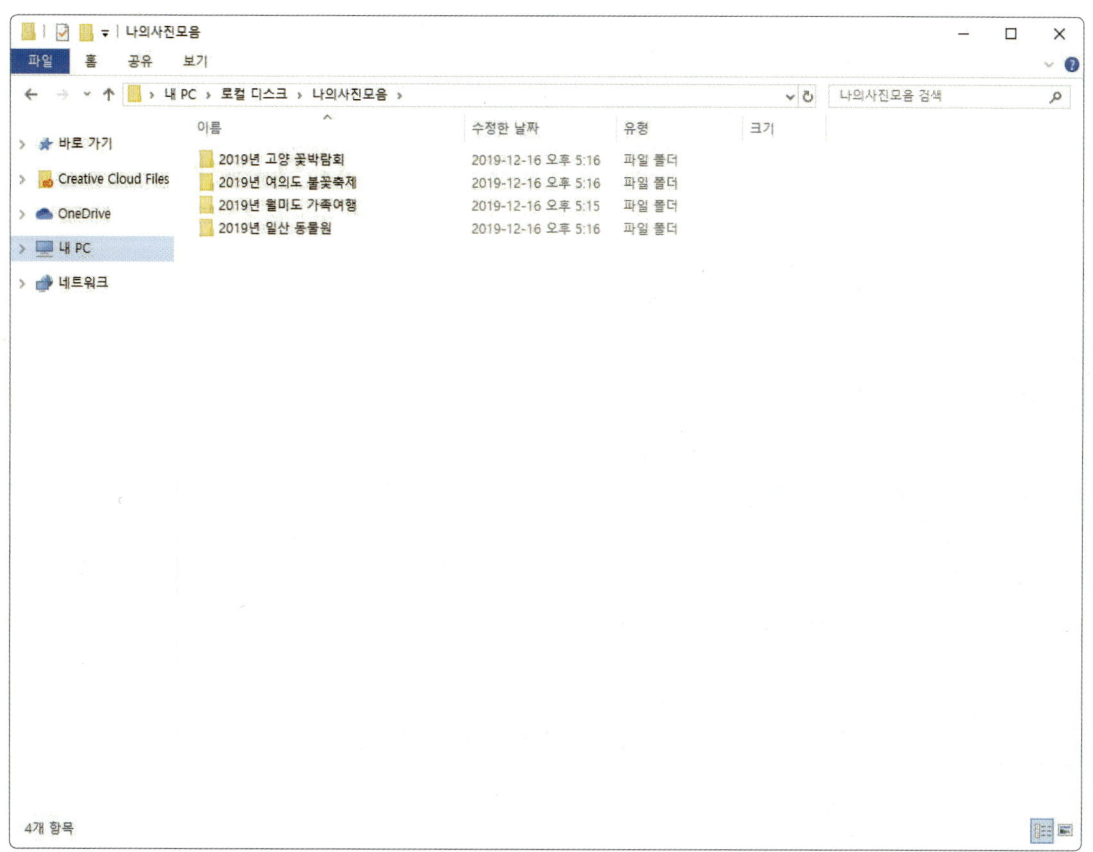

② 휴대폰과 컴퓨터를 연결할 수 있는 USB 케이블을 준비합니다. 휴대폰의 기종에 따라 USB의 종류가 다르니 USB 케이블을 잘 확인합니다.

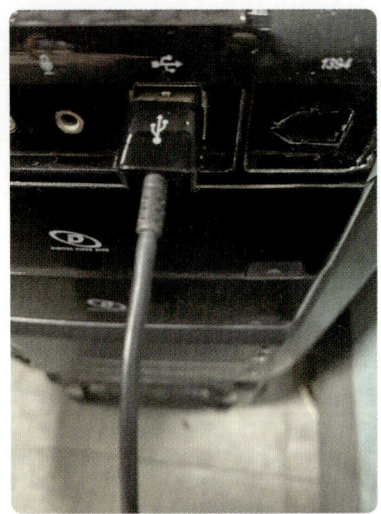

③ 카드 리더기를 컴퓨터에 연결하면 윈도우에서는 자동으로 인식합니다.

> 𝔽 **iPhone**
> 이 디바이스에서 할 작업을 선택하려면 선택하세요.

④ 내 PC( ) 아이콘을 더블클릭하고 이동식 디스크 드라이브를 열어 사진이 저장되어 있는 폴더로 이동합니다.

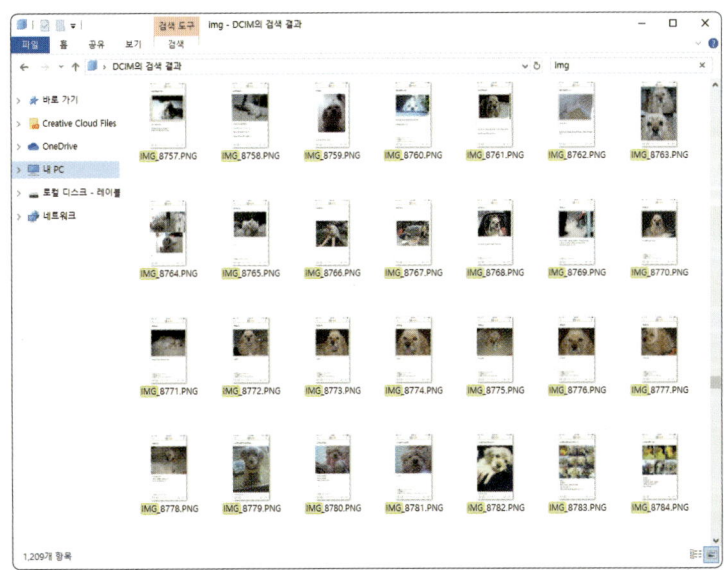

5 모든 사진을 선택하기 위해 메뉴에서 [홈] 탭의 [선택] 그룹에서 모두 선택 (⊞)을 클릭합니다.

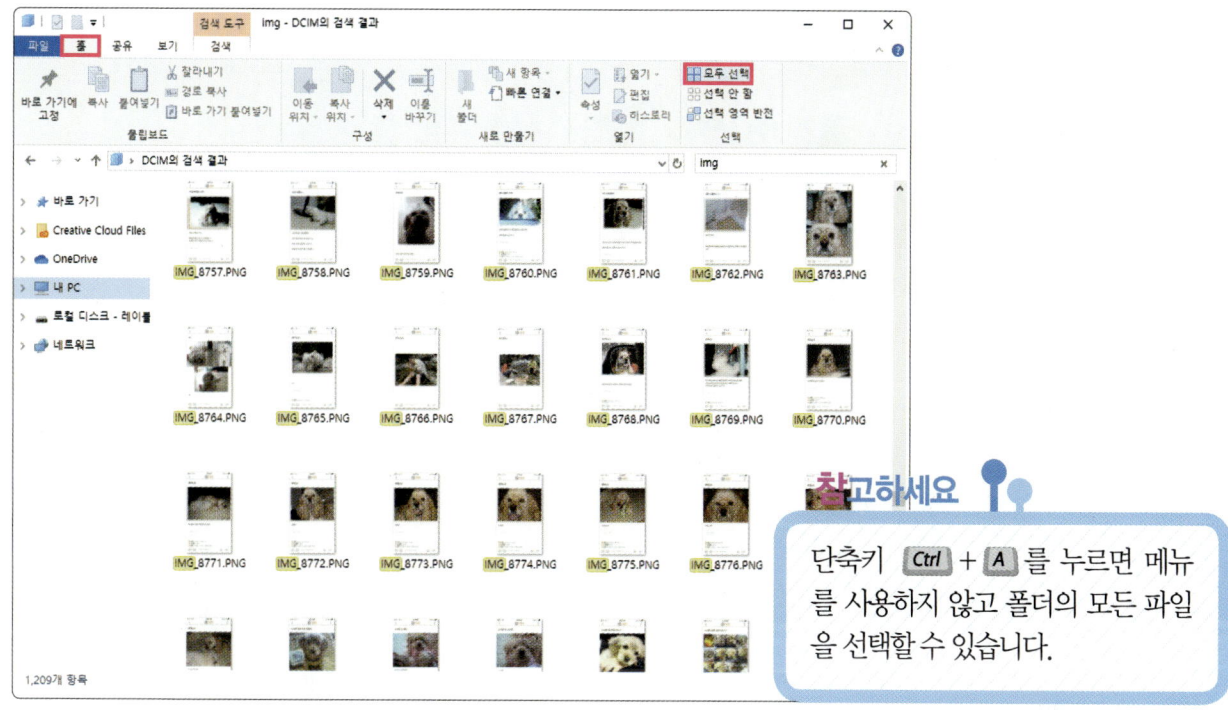

참고하세요

단축키 `Ctrl` + `A` 를 누르면 메뉴를 사용하지 않고 폴더의 모든 파일을 선택할 수 있습니다.

6 선택된 파일을 복사하기 위해 [홈] 탭의 [클립보드] 그룹에서 복사 (📋)를 클릭합니다.

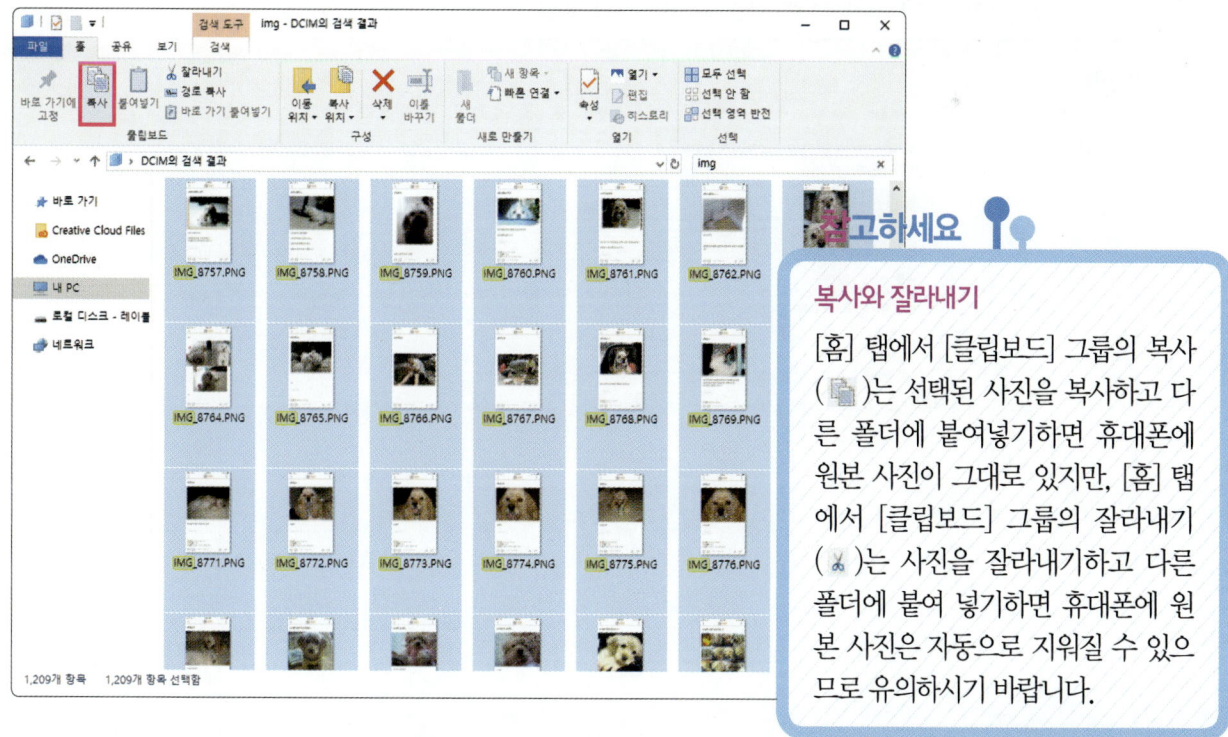

참고하세요

복사와 잘라내기

[홈] 탭에서 [클립보드] 그룹의 복사 (📋)는 선택된 사진을 복사하고 다른 폴더에 붙여넣기하면 휴대폰에 원본 사진이 그대로 있지만, [홈] 탭에서 [클립보드] 그룹의 잘라내기 (✂)는 사진을 잘라내기하고 다른 폴더에 붙여 넣기하면 휴대폰에 원본 사진은 자동으로 지워질 수 있으므로 유의하시기 바랍니다.

7 ❶에서 미리 만들었던 폴더로 이동하여 복사한 파일을 붙여넣기 위해 [홈] 탭의 [클립보드] 그룹에서 붙여넣기(📋)를 클릭합니다.

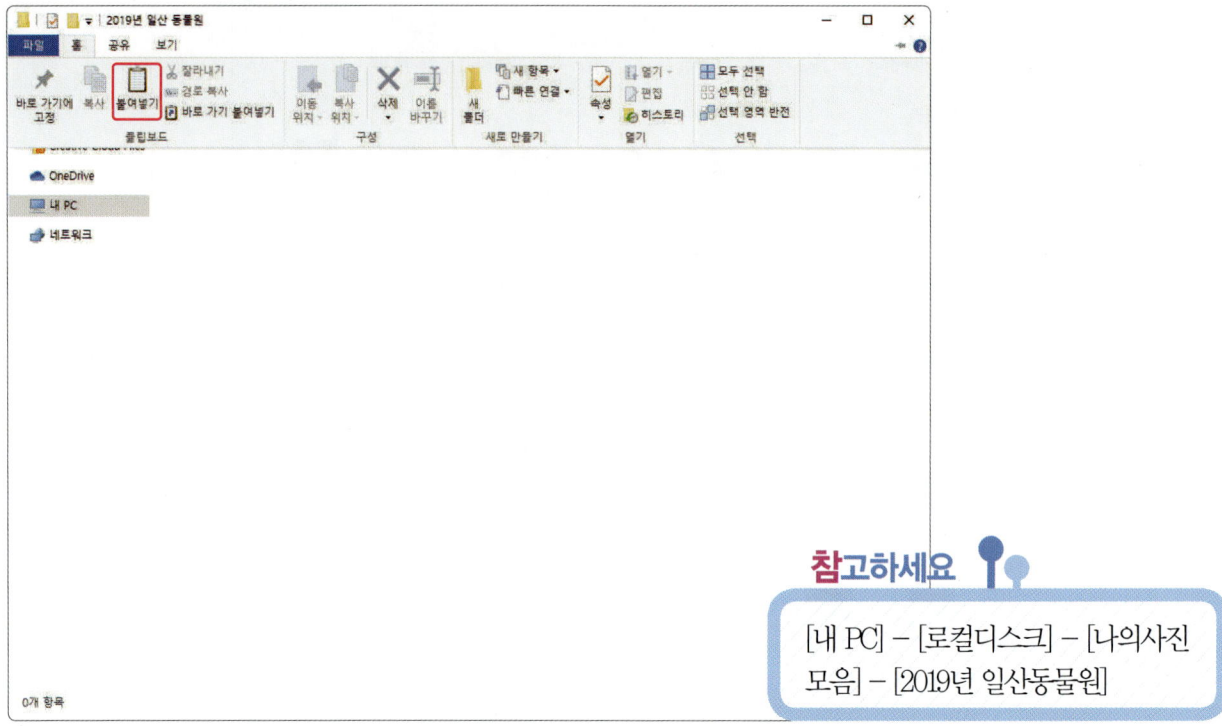

참고하세요
[내 PC] – [로컬디스크] – [나의사진모음] – [2019년 일산동물원]

8 사진이 붙여넣기 되는 모습을 확인할 수 있습니다.

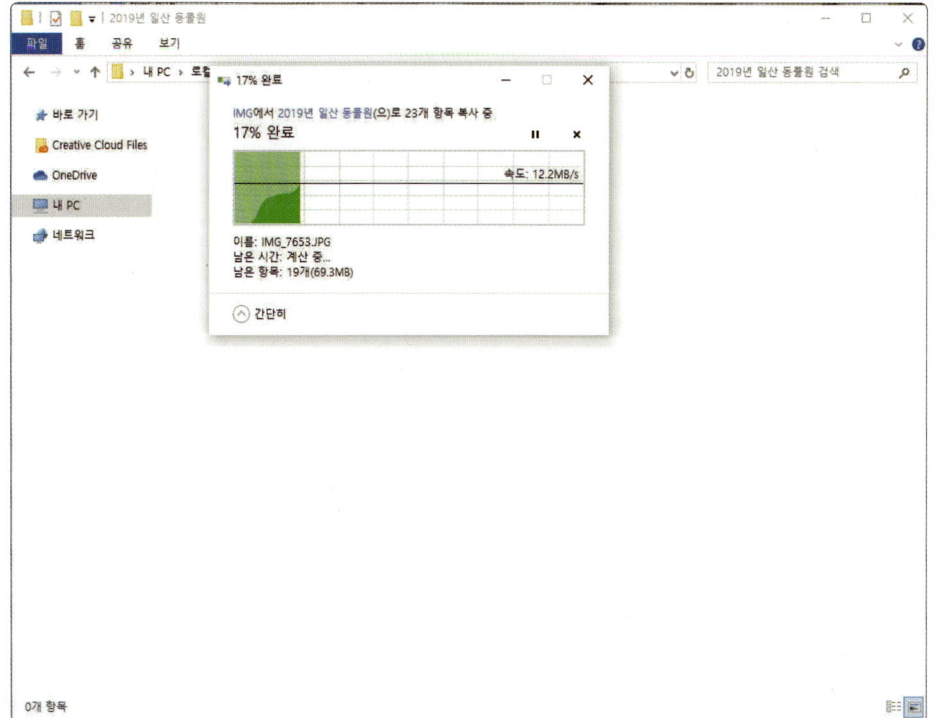

"혼자 풀어 보세요"

1 휴대폰 카메라에 저장된 사진 중에서 원하는 유형으로 분류하여 [내 PC]의 하드 디스크에 폴더를 만들어 복사해 보세요.

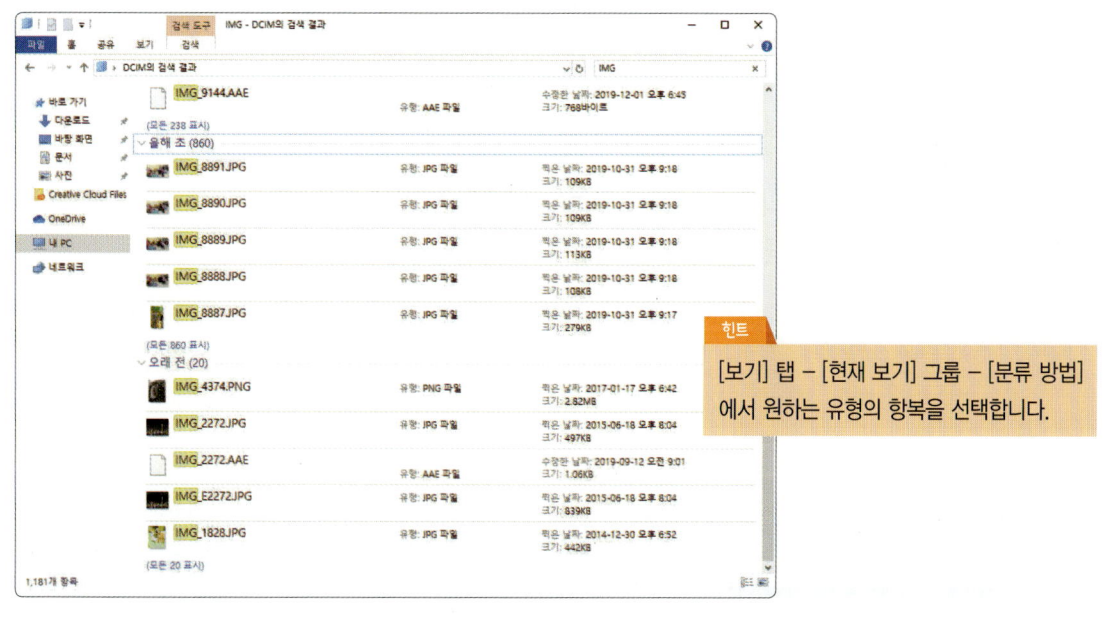

힌트
[보기] 탭 – [현재 보기] 그룹 – [분류 방법]에서 원하는 유형의 항목을 선택합니다.

2 1번에서 복사한 사진들 중에서 필요없는 사진들만 골라서 삭제해 보세요.

힌트
원하는 사진을 다중 선택하고자 할 때는 임의의 파일 하나를 클릭하여 선택한 후 Ctrl 키를 누른 상태로 원하는 파일들을 클릭하면 됩니다.

03 네이버 클라우드 이용하기

네이버에 회원가입을 하면 본인인증을 통해 30GB까지 데이터를 저장할 수 있습니다. 클라우드에 저장된 파일은 본인 이외에 아무도 볼 수 없으며, 네이버 블로그, 메일, 카페로 파일을 보내서 공유할 수 있습니다.

➤➤ 네이버 클라우드에 폴더 만들고 사진을 관리해 봅니다.
➤➤ 클라우드 탐색기를 사용해 봅니다.

배울 내용 미리보기

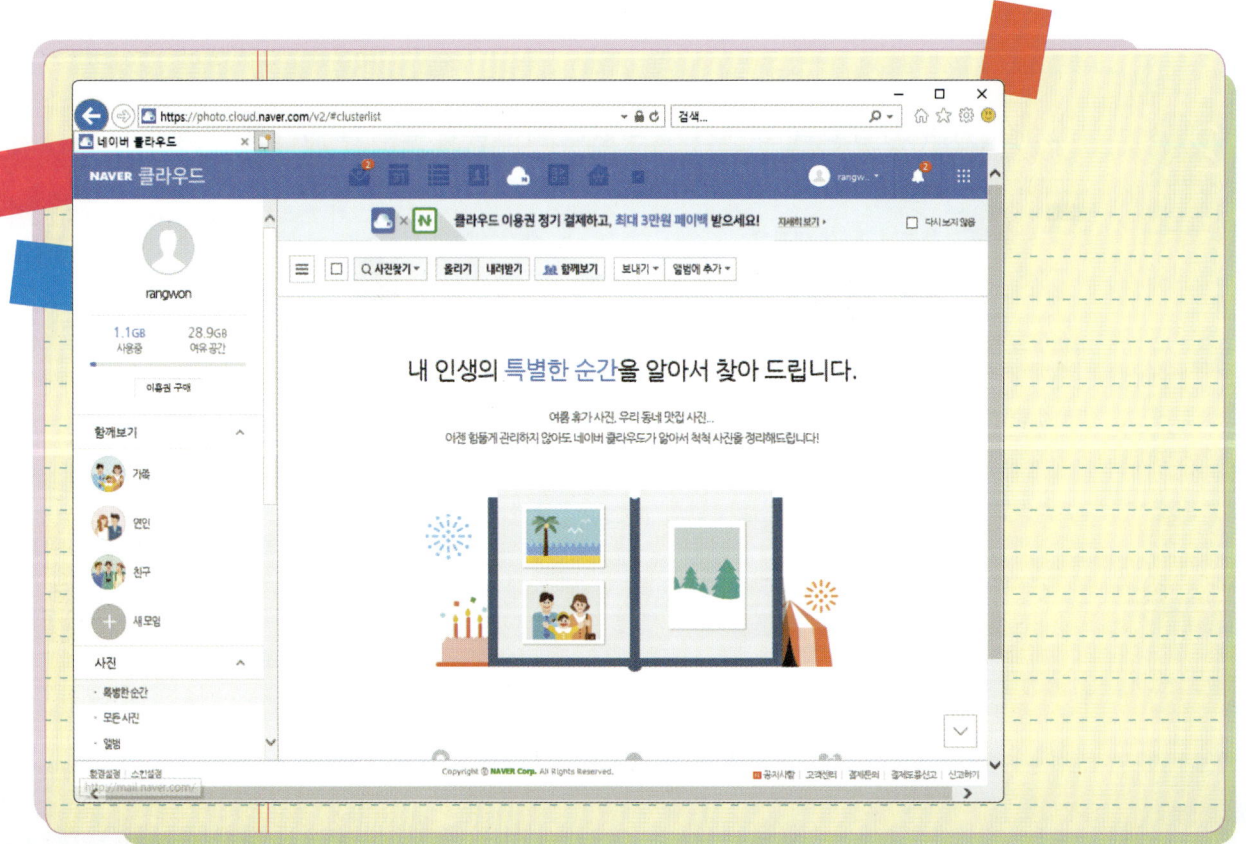

네이버 클라우드 이용하기

1 네이버에 로그인을 하고 내 정보의 오른쪽 화살표(>)를 클릭하여 클라우드를 찾습니다.

2 [클라우드] 버튼을 클릭합니다.

③ 네이버 클라우드를 사용하기 위해서 운영원칙 확인 후 동의를 해야 합니다. [네이버 클라우드 운영원칙 보기]를 클릭합니다.

④ 운영원칙에 동의한다는 내용과 클라우드 탐색기를 설치한다는 내용에 체크 표시를 한 후 [시작하기] 버튼을 클릭합니다.

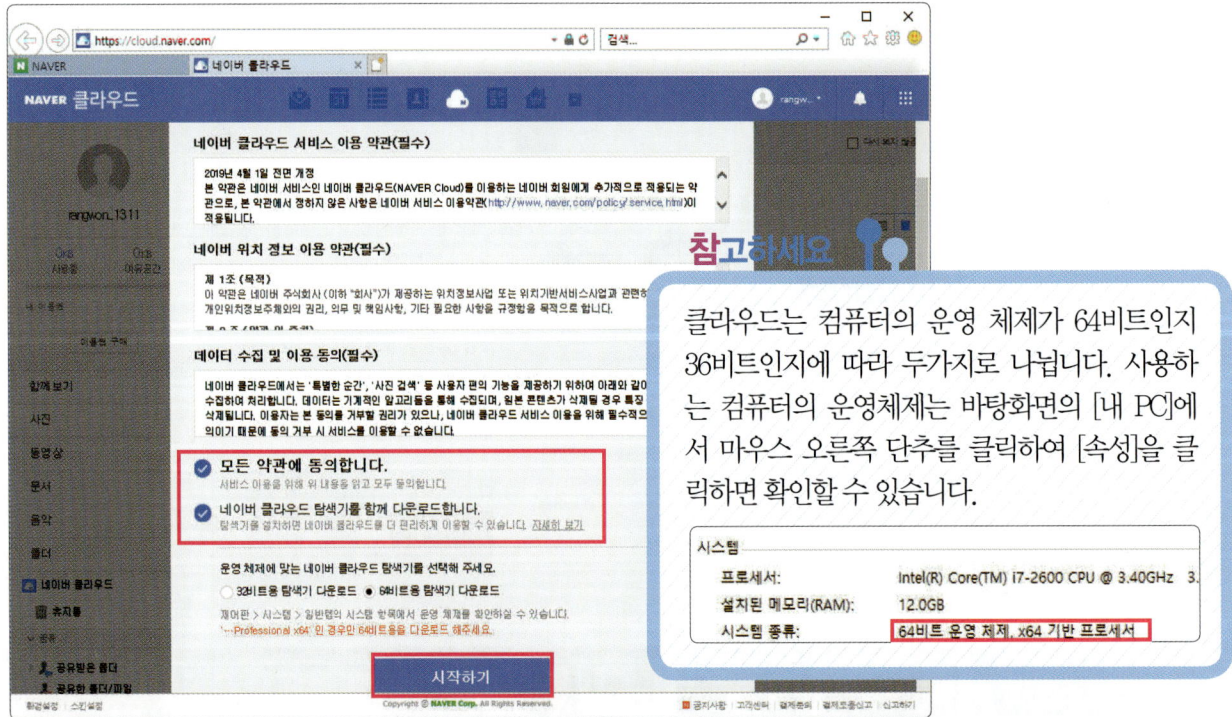

참고하세요

클라우드는 컴퓨터의 운영 체제가 64비트인지 36비트인지에 따라 두가지로 나뉩니다. 사용하는 컴퓨터의 운영체제는 바탕화면의 [내 PC]에서 마우스 오른쪽 단추를 클릭하여 [속성]을 클릭하면 확인할 수 있습니다.

⑤ 네이버 클라우드 탐색기 설치 프로그램 [실행] 버튼을 클릭합니다.

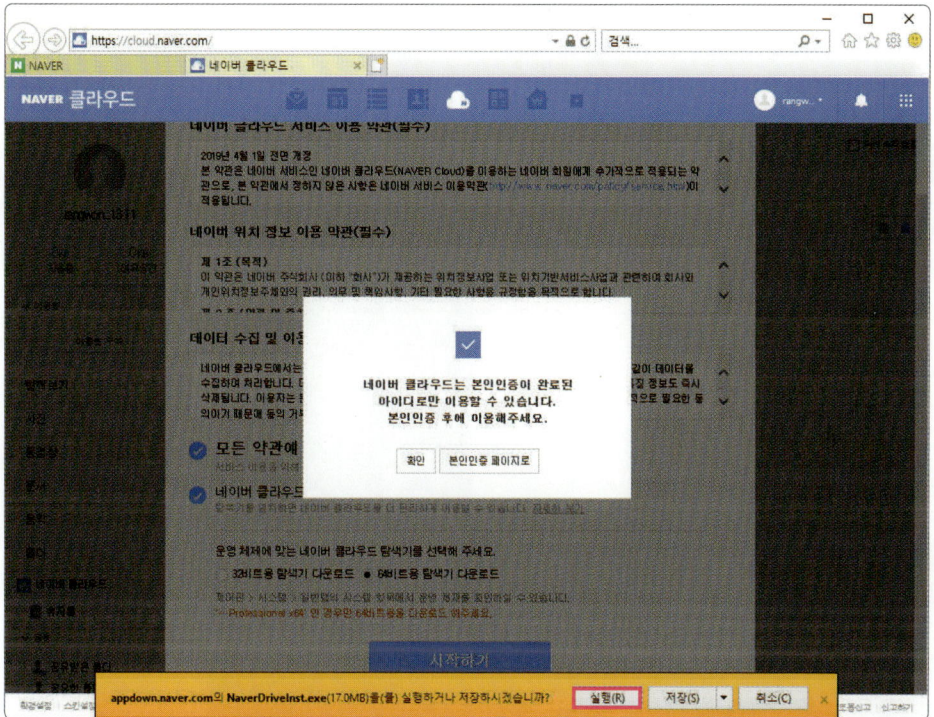

⑥ [네이버 클라우드 탐색기 설치] 창이 나타나면 [다음] 버튼을 클릭합니다.

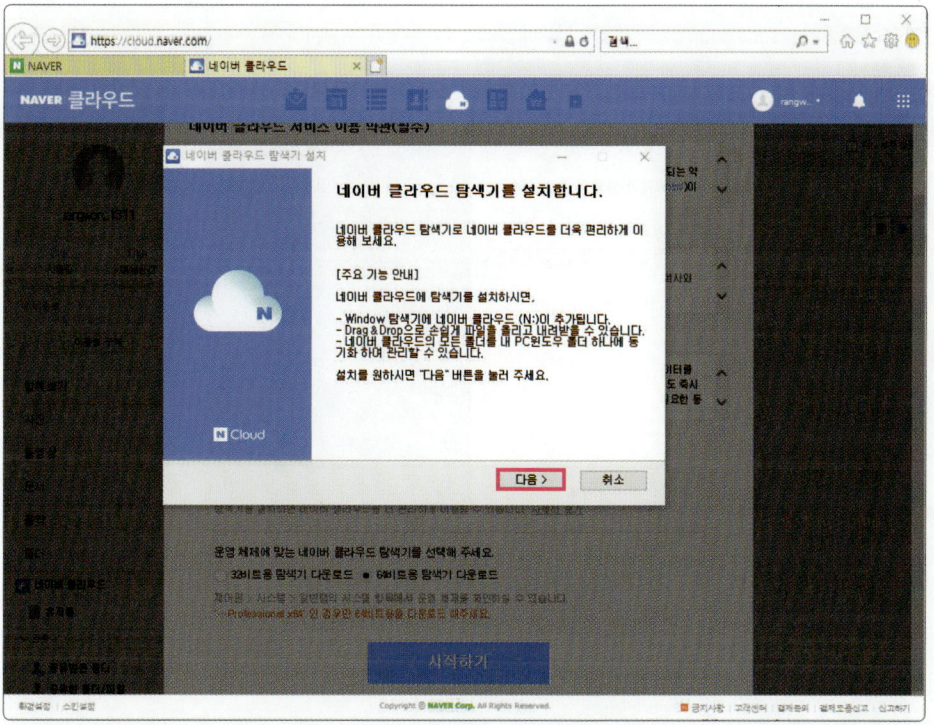

7 네이버 클라우드를 설치할 위치를 선택하는 창이 나타나면 [설치] 버튼을 클릭합니다. 위치를 변경하고 싶을 경우 [찾아보기] 버튼을 클릭하여 위치를 설정하고 설치합니다.

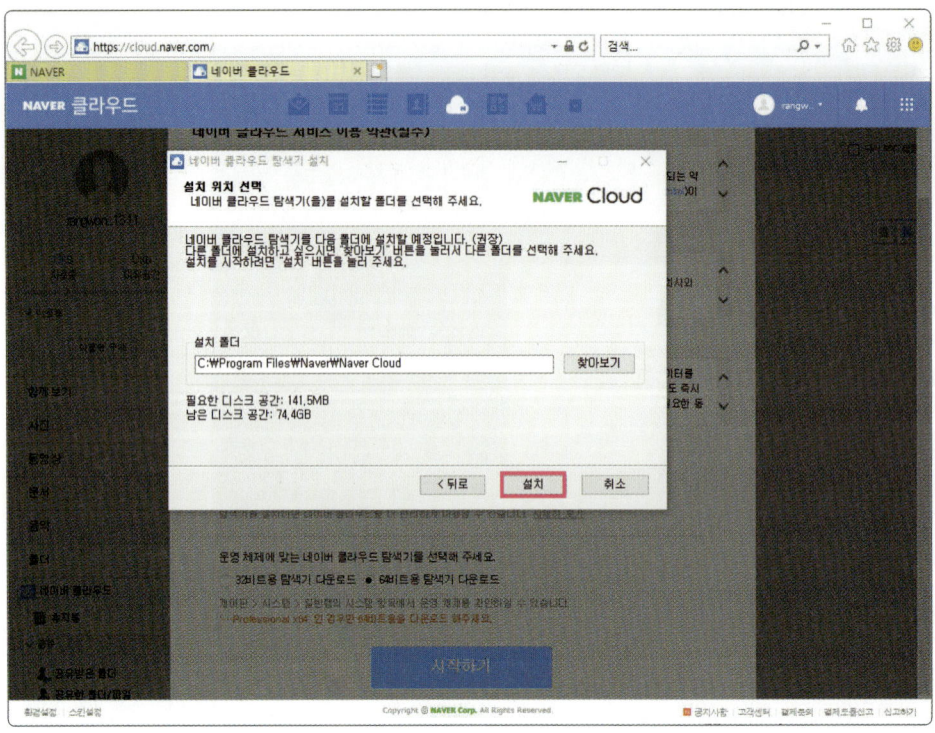

8 네이버 클라우드 설치가 완료되었습니다. [마침] 버튼을 클릭합니다.

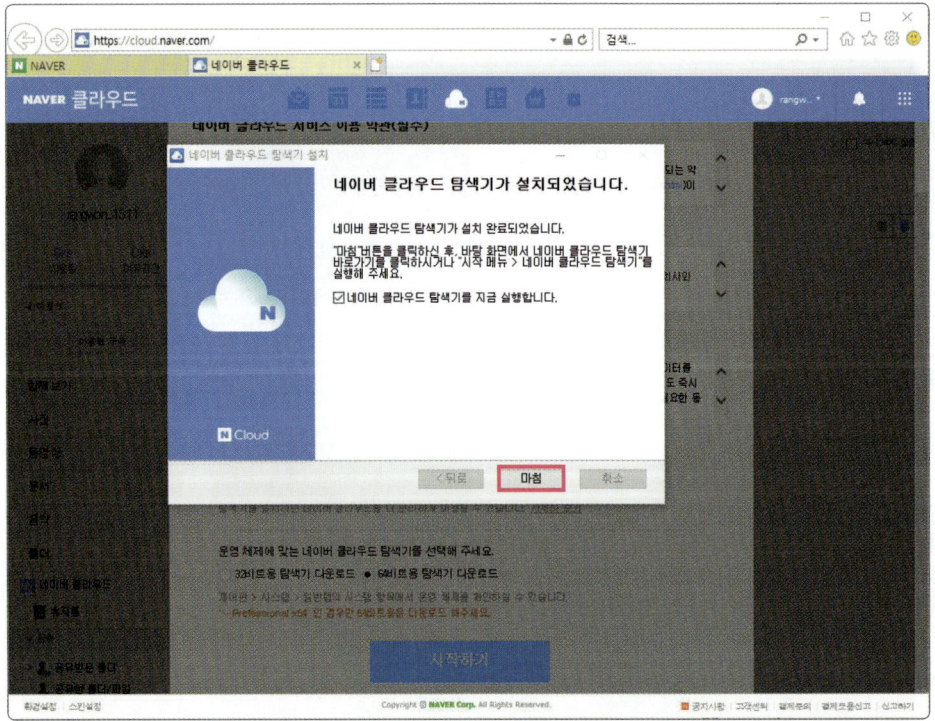

⑨ 네이버 클라우드는 본인인증이 완료된 아이디로만 이용할 수 있습니다. 본인인증이 완료되어 있지 않다면 화면과 같은 단계가 나타납니다. [본인인증 페이지로] 버튼을 클릭합니다.

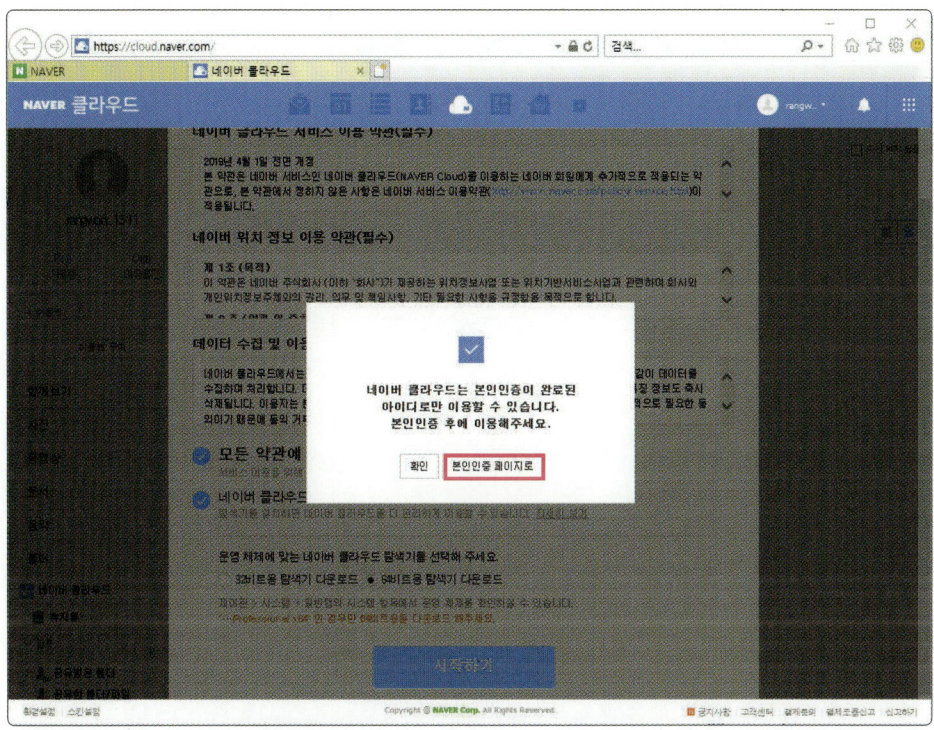

⑩ 휴대폰과 아이핀(I-Pin) 중에 선택하여 인증할 수 있습니다. 여기서는 휴대폰으로 인증을 해보겠습니다. 휴대폰을 선택하고 개인정보 수집 및 이용에 동의에 체크한 다음 [확인] 버튼을 클릭합니다.

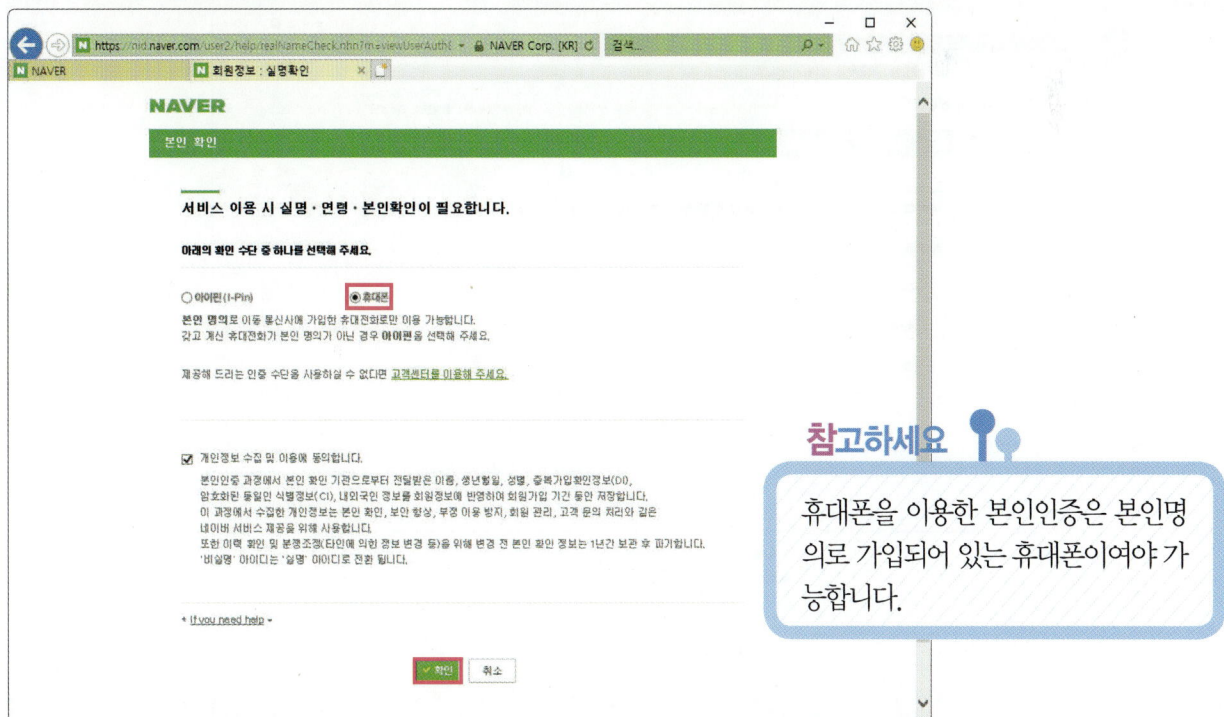

참고하세요

휴대폰을 이용한 본인인증은 본인명의로 가입되어 있는 휴대폰이여야 가능합니다.

11 약관 동의와 이름, 성별, 생년월일, 휴대폰 번호 등을 입력하고 인증번호를 입력한 다음 [확인] 버튼을 클릭합니다.

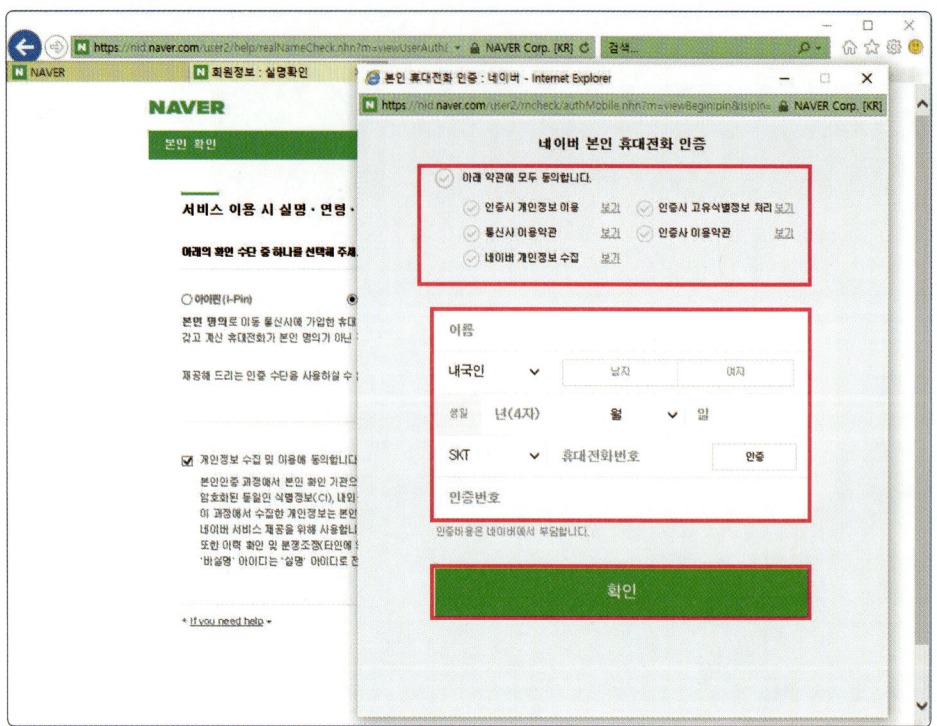

12 실명확인이 완료되었습니다. [확인]을 클릭합니다. 이제 클라우드를 사용할 수 있습니다.

클라우드에 폴더 만들고 사진 관리하기

1 클라우드를 클릭하고 왼쪽 메뉴의 [폴더]를 누른 후 [새폴더] 버튼을 클릭하면 아래에 새폴더가 만들어 집니다. 폴더의 이름을 입력합니다. 저자는 '1박 2일 남도여행'으로 입력하였습니다.

2 '1박 2일 남도여행' 폴더를 더블클릭하고, [올리기] 버튼을 클릭합니다.

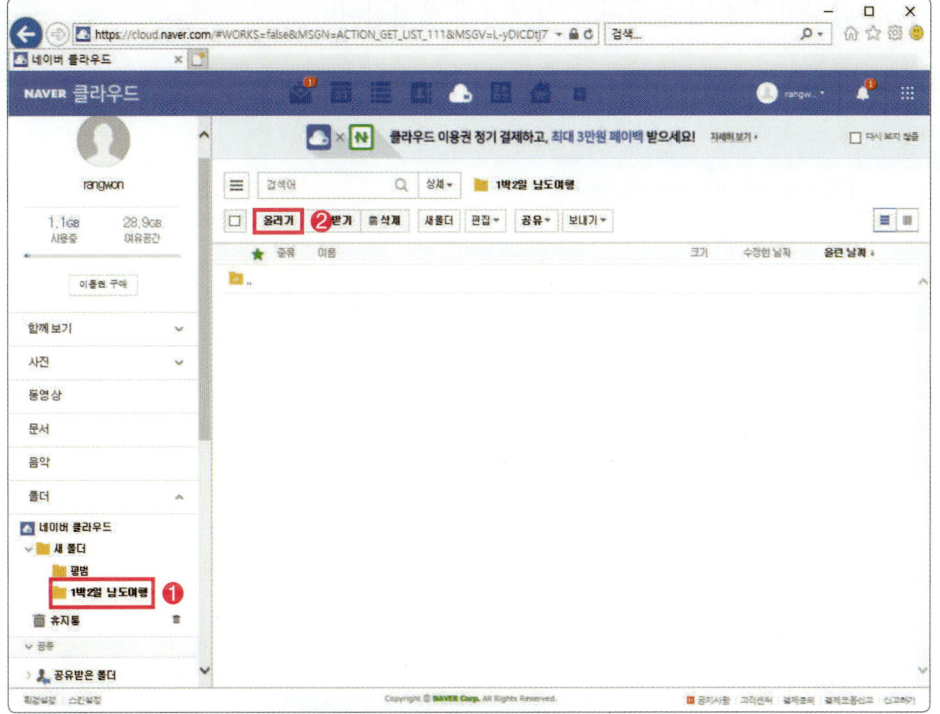

③ [업로드할 파일 선택] 대화상자가 나타나면 사진이 저장된 폴더를 찾아갑니다. 올리고자 하는 사진들을 선택하여 [열기] 버튼을 클릭합니다.

> 참고하세요
> 예) 저자의 경로 : [바탕화면] – [나의 사진모음]을 찾아갑니다. Shift 를 눌러 원하는 사진을 선택하고 [열기] 버튼을 클릭합니다.

④ 위쪽 하단을 보면 사진 파일이 전송되는 상황이 간단하게 부여집니다.

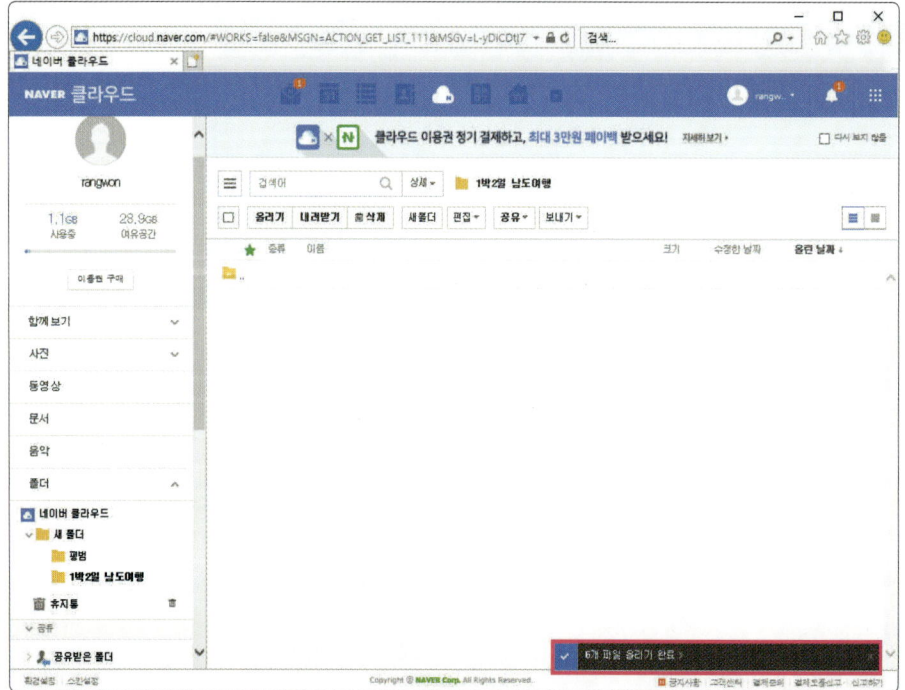

30

5 왼쪽 하단의 상황 창을 클릭하면 [네이버 클라우드 올리기] 대화상자가 나타나고, 선택된 사진 파일과 진행 상황이 보여집니다. 사진 파일이 모두 전송되면 [완료] 버튼을 클릭합니다.

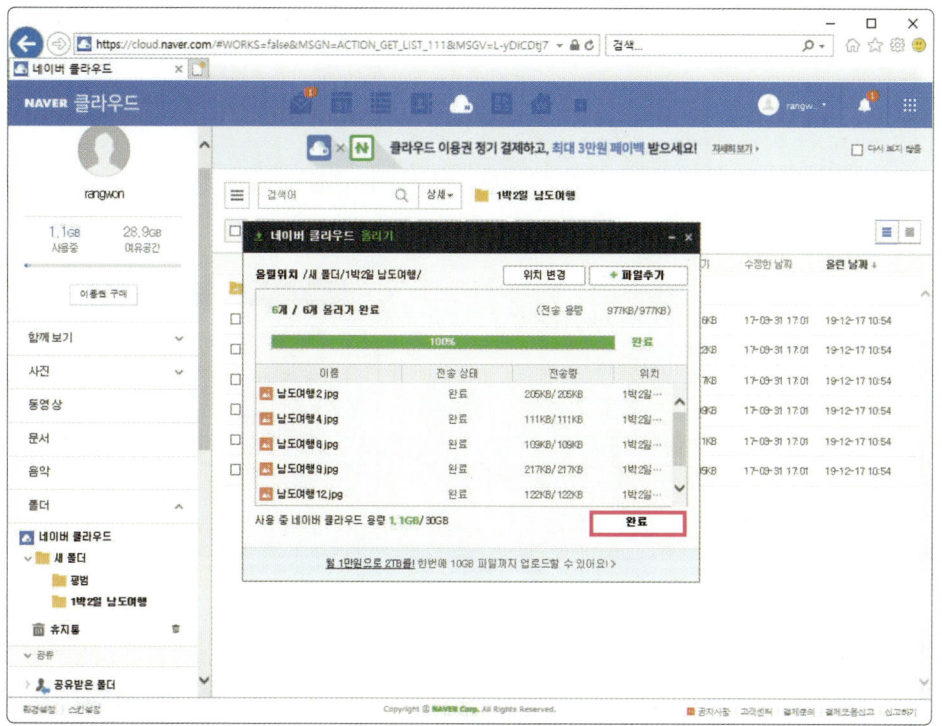

6 상단 오른쪽에 있는 보기( ) 버튼에서 아이콘 보기를 클릭하면 사진을 볼 수 있습니다. 체크 박스를 선택하고 [삭제] 버튼을 클릭하면 클라우드에서 사진이 지워집니다.

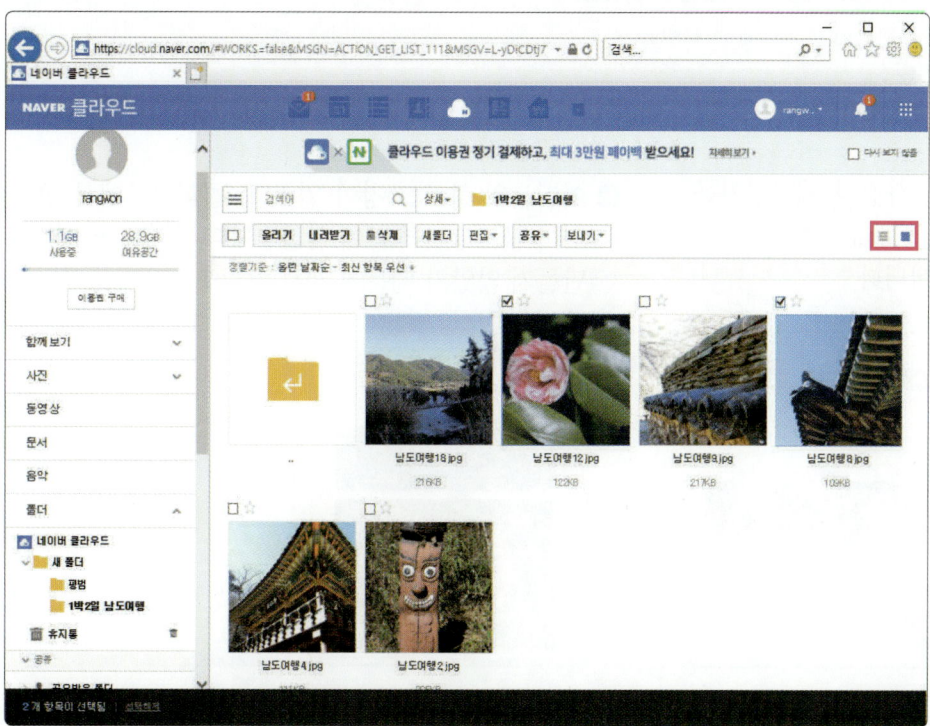

참고하세요

클라우드 사진을 컴퓨터에 복사하기

❶ 클라우드를 클릭하고, 컴퓨터에 복사하려는 폴더 또는 사진을 체크하고, [내려받기] 버튼을 클릭합니다.

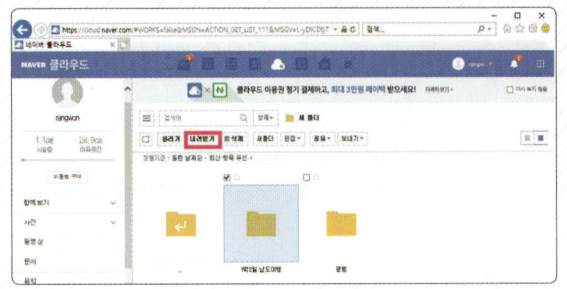

❷ [폴더 찾아보기] 대화상자가 나타나면 사진을 저장할 위치를 지정한 후 [확인] 버튼을 클릭합니다.

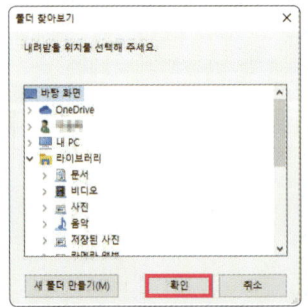 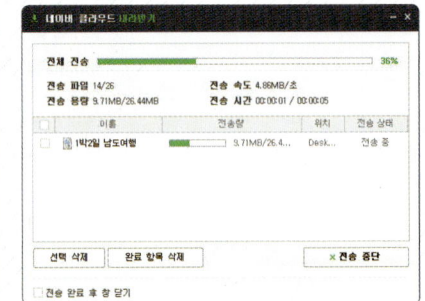

❸ [네이버 클라우드 내려받기]가 완료되면 [완료] 버튼을 클릭합니다. 윈도우 탐색기를 실행하여 사진이 컴퓨터에 복사된 것을 확인합니다.

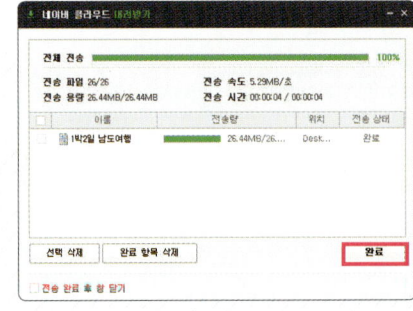 

클라우드 사진을 블로그에 넣기

❶ 클라우드에 등록된 사진의 체크상자를 클릭하여 선택하고, [보내기]를 누른 다음 [블로그]를 클릭합니다.

❷ 여러분의 블로그 창이 열리고, 클라우드에서 선택한 사진이 블로그 포스트에 삽입됩니다. 블로그의 카테고리를 만들지 않았기 때문에 게시판에 포스트가 입력됩니다.

클라우드 탐색기 사용하기

클라우드 탐색기를 이용하여 윈도우 탐색기를 이용하듯이 사진 관리를 할 수 있습니다.

1 바탕화면에 네이버 클라우드 탐색기(☁)를 더블클릭하고 [네이버 클라우드] 대화상자가 나타나면 네이버 아이디와 비밀번호를 입력하고 [로그인] 버튼을 클릭합니다.

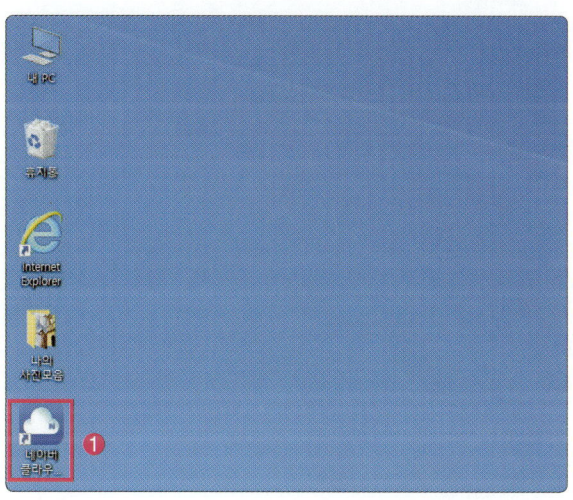
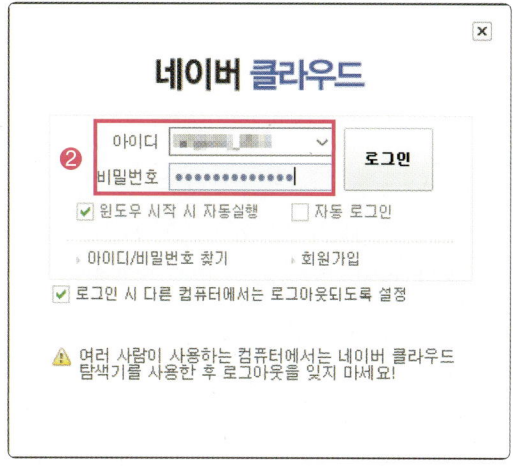

2 바탕화면에 내 PC(💻)를 더블클릭하면 이동식 미디어 장치 항목에 Naver Cloud를 확인할 수 있습니다.

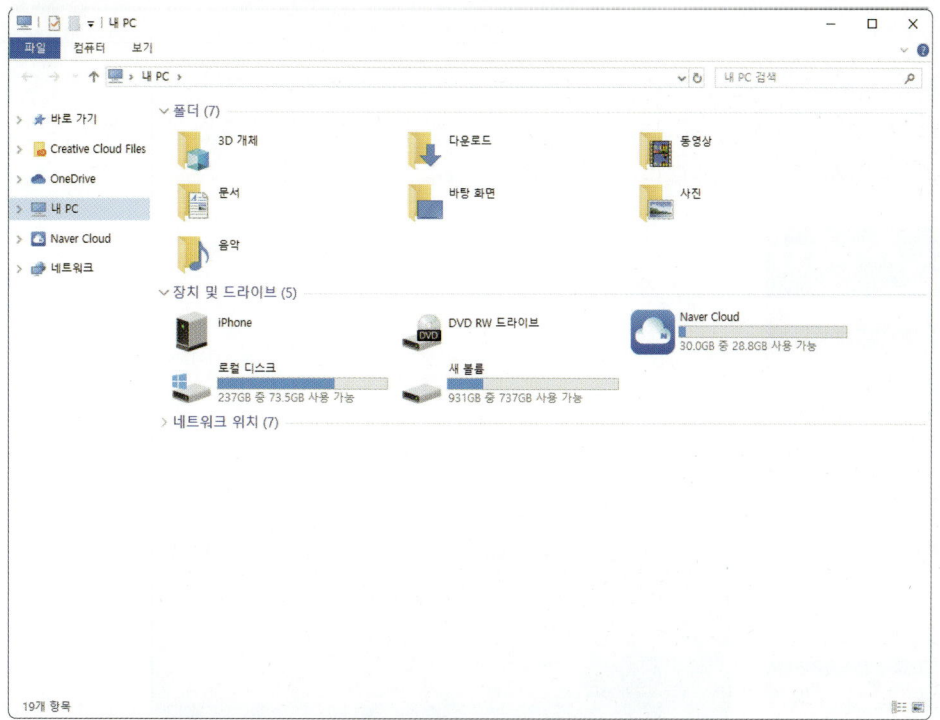

③ 사진이 저장되어 있는 폴더를 클릭한 후 Ctrl + C 키를 눌러 복사합니다. 여기서는 '쁘띠프랑스' 폴더를 선택하고 복사했습니다.

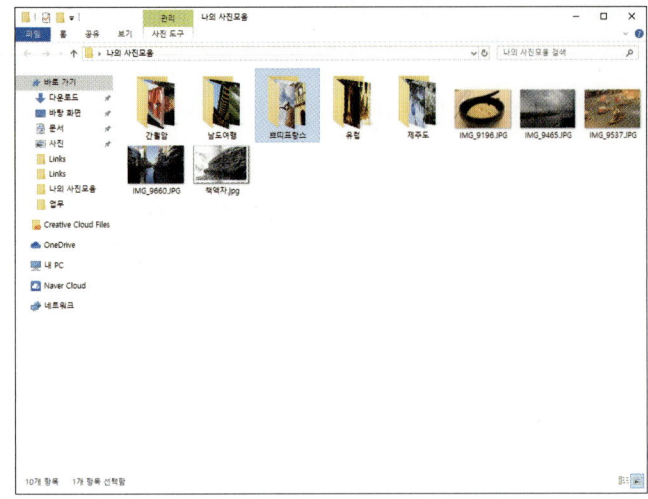

④ [내 PC]-[Naver Cloud]-[개인 폴더]로 이동하고 Ctrl + V 키를 눌러 붙여넣기합니다.

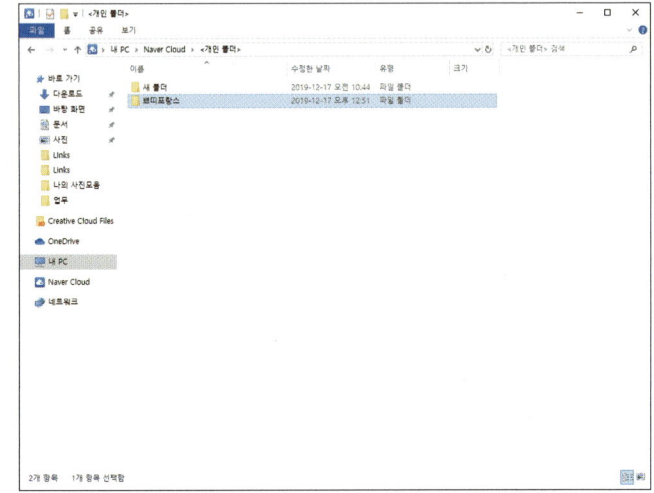

⑤ 작업표시줄 오른쪽에 있는 트레이 영역에서 [클라우드(☁)] 아이콘을 마우스 오른쪽 버튼으로 클릭하고 [로그아웃]을 클릭합니다. 클라우드 탐색기가 로그아웃 되었습니다.

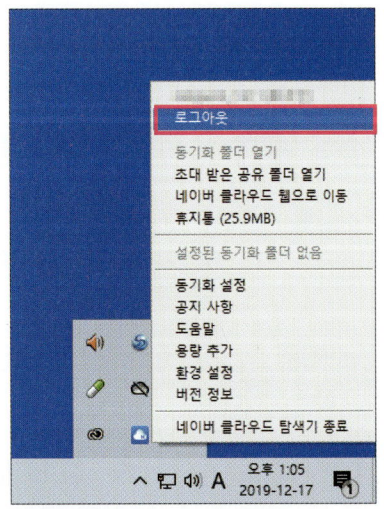

34

"혼자 풀어 보세요"

1 인터넷 익스플로러를 열고, 네이버 클라우드에 폴더를 만들고 사진을 올려보세요.

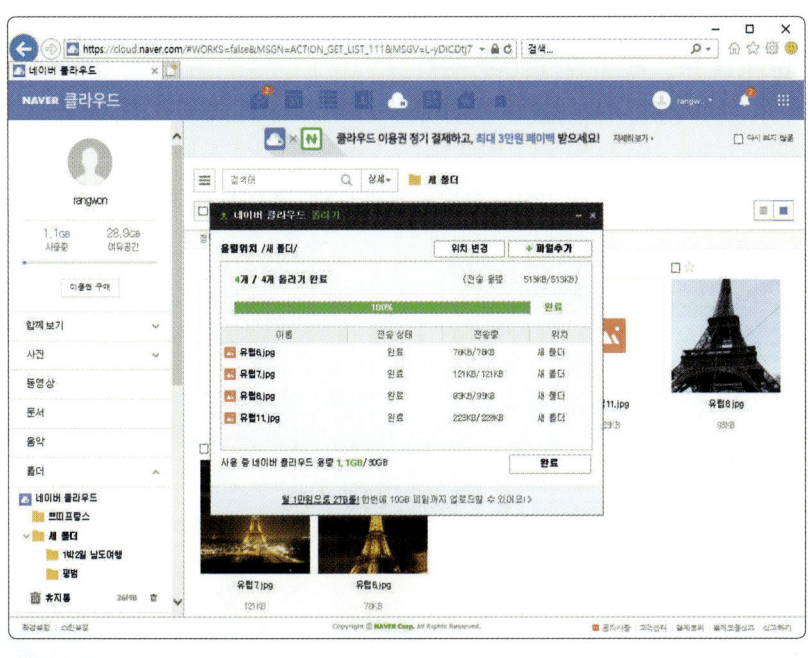

2 네이버 클라우드 탐색기에 로그인하여 [내 PC]에 저장된 사진을 클라우드 폴더에 복사해 보세요.

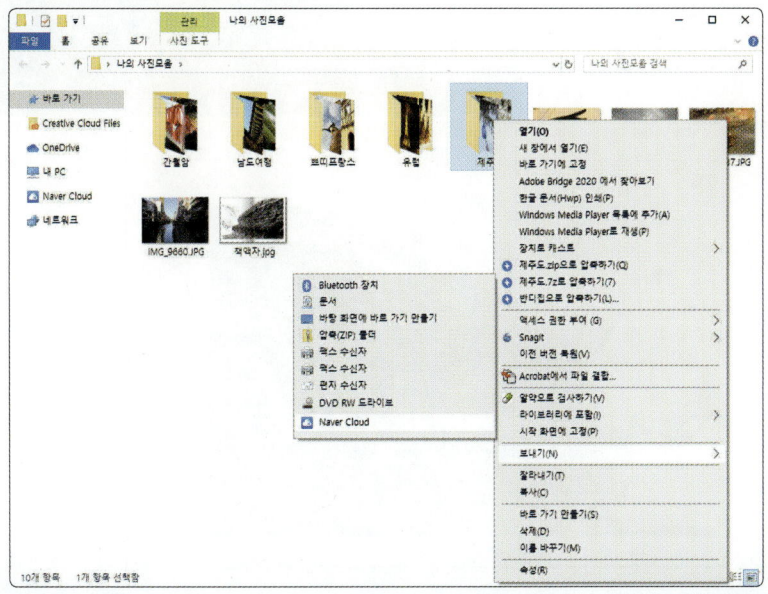

04 사진 보정 포토스케이프 기능 익히기

포토스케이프를 설치하는 방법과 사진을 편리하게 편집, 보정하는 방법을 알아봅니다.

- 포토스케이프를 다운받아 설치해 봅니다.
- 컴퓨터에 저장되어 있는 사진을 포토스케이프로 전체 화면 보기, 슬라이드쇼, 무소실 회전을 해봅니다.
- 포토스케이프를 이용하여 세피아, 무채색, 흑백 사진을 만들어 봅니다.
- 블로그 프로필 사진을 만들어 봅니다.
- 사진의 밝기와 색상을 보정해 봅니다.

배울 내용 미리보기

01 포토스케이프 다운받아 설치하기

포토스케이프는 네이버 소프트웨어에서 무료로 다운받아 설치할 수 있습니다.

1 네이버 검색창에 '네이버 소프트웨어'를 검색하여, 네이버 소프트웨어 사이트로 들어갑니다. '포토스케이프'를 검색합니다. 검색된 포토스케이프를 클릭합니다.

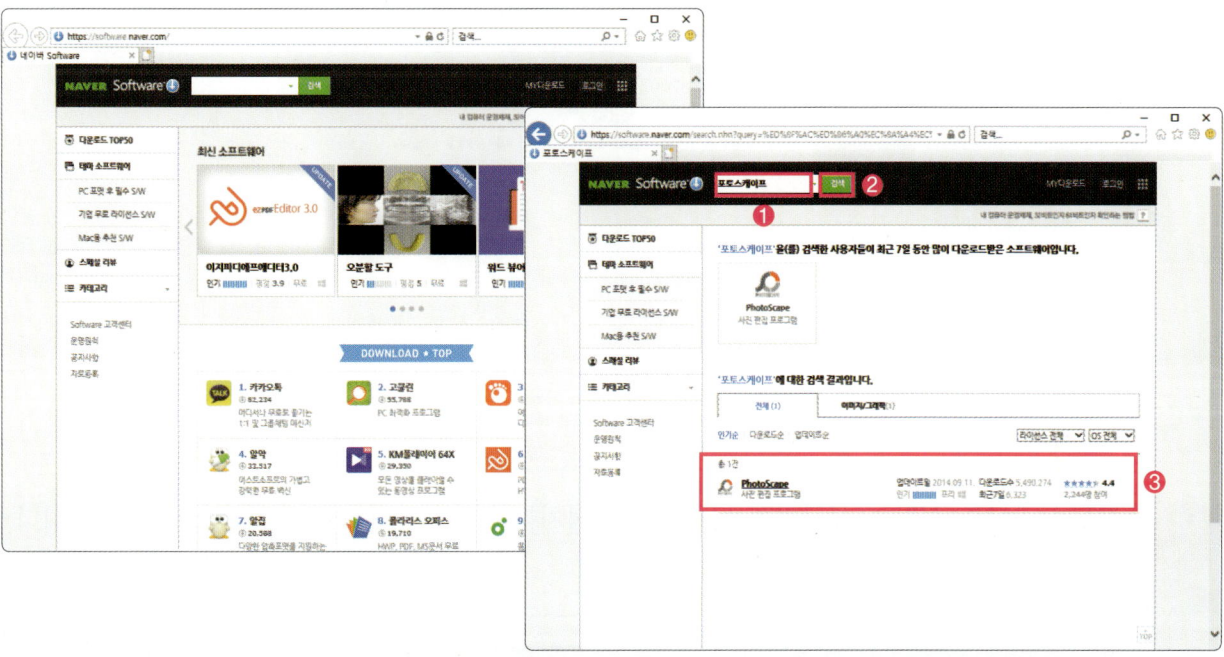

2 [무료 다운로드] 버튼을 클릭합니다. 다운로드 대화상자가 나타나면 [다운로드] 버튼을 클릭합니다.

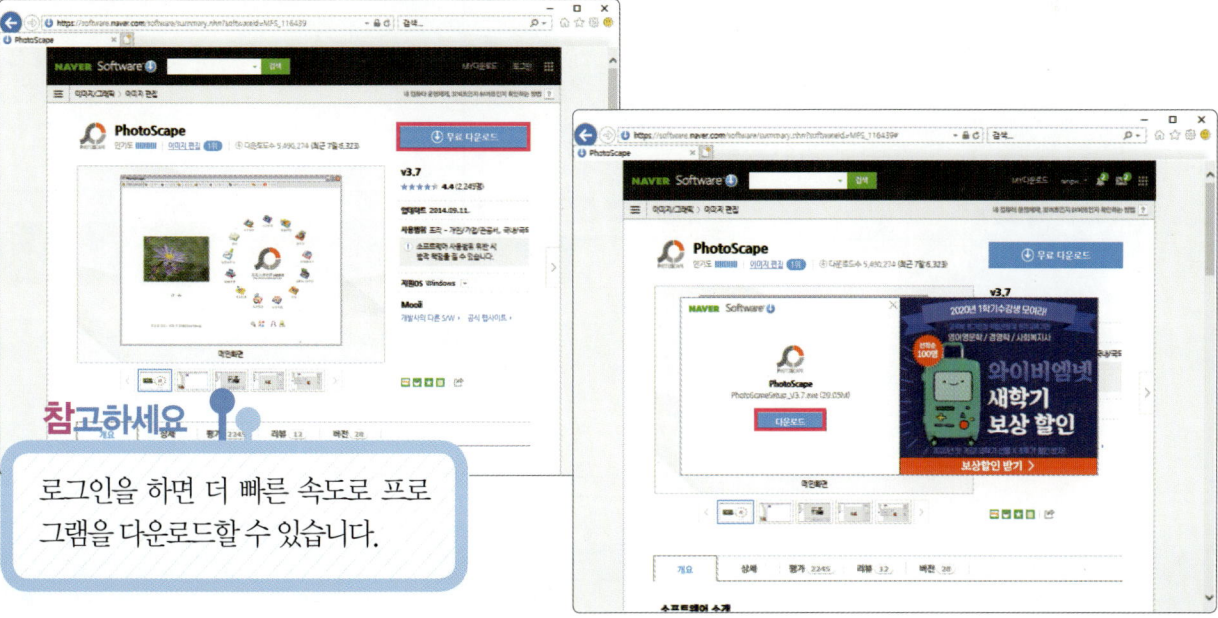

참고하세요
로그인을 하면 더 빠른 속도로 프로그램을 다운로드할 수 있습니다.

③ 하단의 [실행] 버튼을 클릭합니다. 다운로드가 완료되면 바로 설치가 시작됩니다.

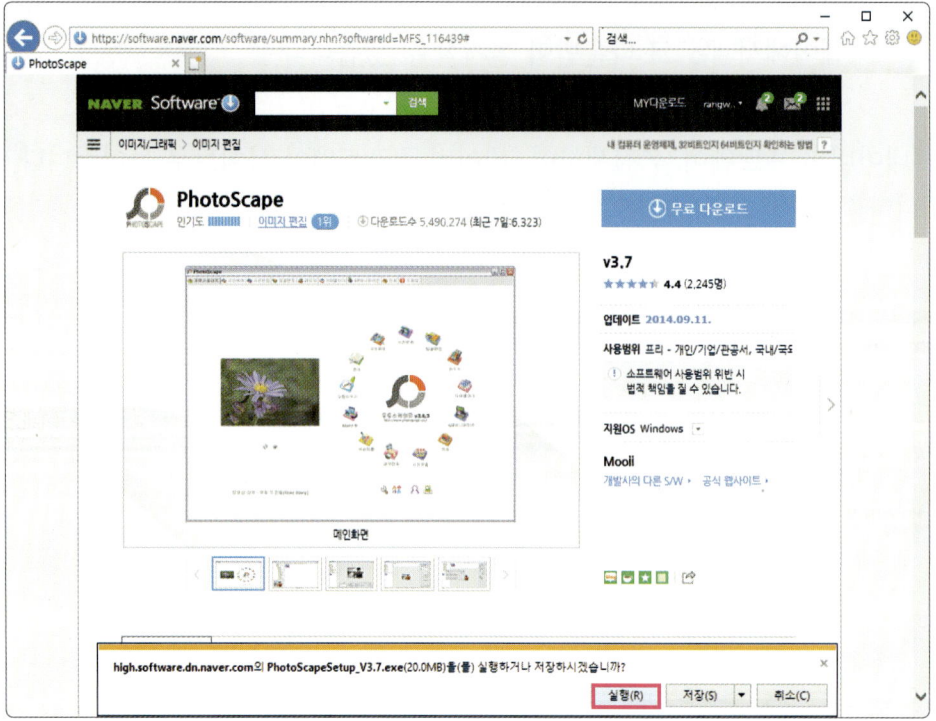

④ 포토스케이프 설치 대화상자가 나타나면, [설치] 버튼을 클릭하고 설치과정을 진행합니다. 설치가 완료되면 [마침] 버튼을 클릭합니다.

 # 포토스케이프를 이용한 사진 보기 기능 익히기

폴더에 있는 사진을 작은 사진 목록으로 보면서 사진 전체 화면 보기, 슬라이드쇼, 무손실 회전을 할 수 있습니다.

① 포토스케이프를 실행 한 후 [사진뷰어]를 클릭합니다. 상단 메뉴 탭에서 [사진뷰어]를 클릭해도 됩니다.

② [사진뷰어] 화면으로 이동하여 사진이 있는 폴더를 찾아 클릭하면 폴더에 저장되어 있는 사진이 작은 목록으로 보여집니다. 작은 사진목록을 클릭하면 미리보기 영역에 사진이 보여집니다.

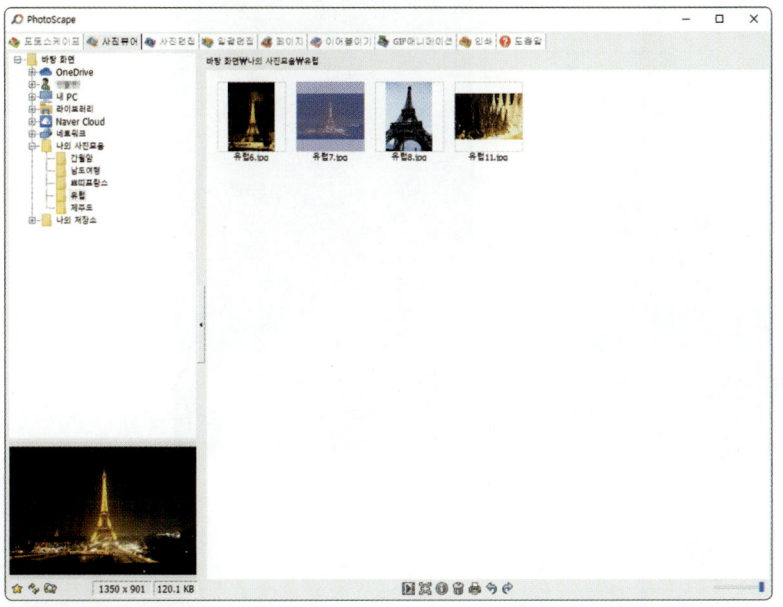

③ 작은 사진목록에서 확대하고 싶은 사진을 더블클릭하거나, 마우스 오른쪽 버튼을 누르고 [전체화면보기]를 클릭합니다.

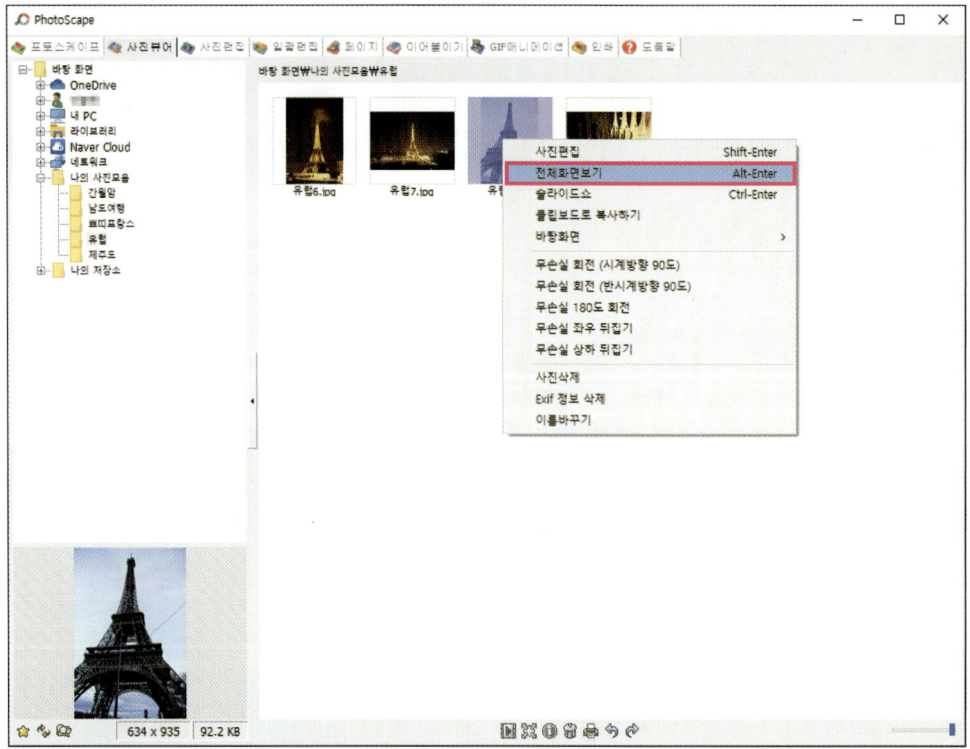

④ 사진이 모니터에 전체 화면으로 확대되어 보여집니다. 확대된 사진을 더블클릭하거나 Esc 키를 누르면 전체화면보기가 취소됩니다.

참고하세요

[전체화면보기]에서 이전/다음 사진을 보기 위해 키보드의 왼쪽/오른쪽 방향키를 누릅니다. 마우스 휠이나 키보드의 위/아래 방향키를 누르면 사진이 확대/축소가 됩니다.

⑤ 사진이 있는 폴더를 클릭하고 하단 가운데에 있는 도구 모음에서 [슬라이드쇼(▶)]를 클릭합니다.

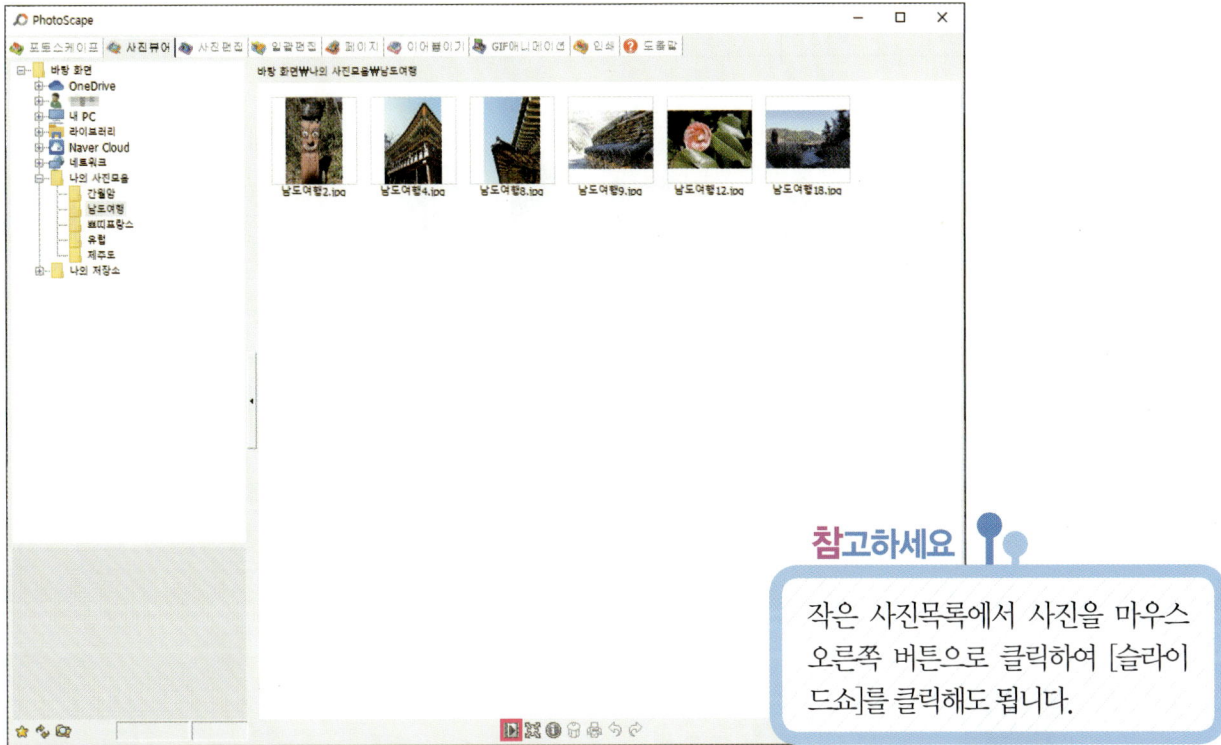

참고하세요
작은 사진목록에서 사진을 마우스 오른쪽 버튼으로 클릭하여 [슬라이드쇼]를 클릭해도 됩니다.

⑥ [슬라이드쇼] 창에서 마우스 오른쪽 버튼을 클릭하여 [표시시간]을 클릭하고 사진의 재생 시간을 [5초]로 설정합니다. Esc 키를 누르면 슬라이드쇼가 종료됩니다.

참고하세요
슬라이드쇼가 진행될 때 마우스 오른쪽 버튼을 클릭하면 슬라이드쇼 메뉴가 나타납니다. 사진의 크기를 조절하여 보여주는 [늘이기, 페이퍼 풀, 이미지 풀] 등을 클릭하여 볼 수 있습니다. 마음에 드는 사진은 [바탕화면]을 클릭하여 모니터의 배경이미지로 지정할 수 있습니다.

7 가로로 회전되어 있는 사진을 마우스 오른쪽 버튼을 클릭하고 [무손실 회전(반시계방향 90도)]를 클릭하여 회전합니다.

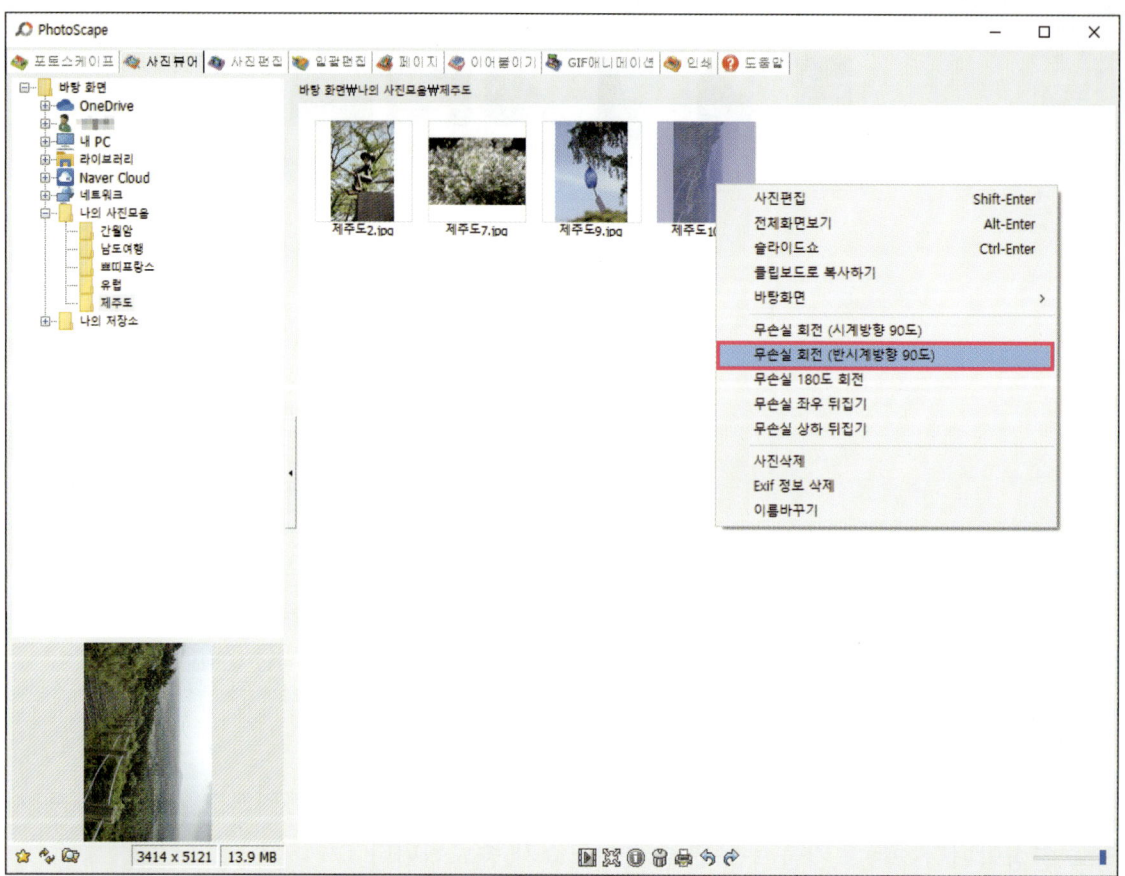

참고하세요

- 사진의 방향을 변경해주는 방법은 사진을 마우스 오른쪽 버튼으로 클릭하여 나타나는 메뉴를 이용합니다.

❶ 무손실 회전 : 시계방향 90도, 반시계방향 90도, 180도 회전을 클릭합니다.
❷ 무손실 뒤집기 : 좌우 뒤집기, 상하 뒤집기를 클릭하여 사진에 적용합니다.

[왼쪽 하단에 위치한 도구()들의 사용법

- 폴더 즐겨찾기(★) : [폴더를 즐겨찾기에 추가]를 클릭하여 사진이 저장되어 있는 폴더에 이동이 편리합니다.
- 새로고침(🔄) : 폴더 목록과 사진 목록을 새로 읽어들입니다.
- Windows 탐색기(📁) : 현재 보여 지고 있는 폴더가 윈도우 탐색기로 실행됩니다.

포토스케이프로 분위기 있는 사진 만들기

디지털 카메라로 촬영된 사진을 세피아, 무채화를 적용하고 멋진 액자도 만들어 봅니다.

1 [사진편집] 탭을 클릭하고 사진이 저장된 폴더를 찾아 클릭합니다. 폴더 창 아래 작은 사진 목록에서 사진을 클릭하여 선택합니다.

2 [기본] 탭에서 세피아(Sepia)를 클릭합니다. 무채화(Grayscale)를 클릭합니다.

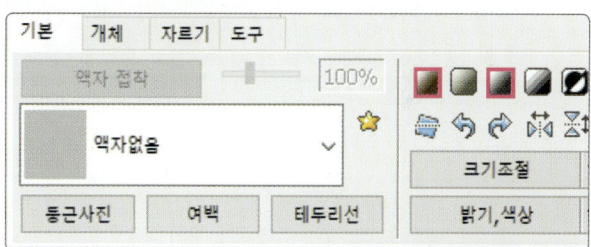

세피아(Sepia)

무채화(Grayscale)

43

③ [기본] 탭에서 [액자]를 클릭하고, 액자 리스트에서 [책 01]을 찾아 클릭합니다.

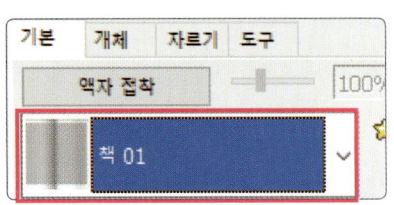

④ 오른쪽 하단에 [저장] 버튼을 클릭하고, [저장] 대화상자가 나타나면 [JPEG 저장품질]을 조절하여 [다른 이름으로 저장] 버튼을 클릭합니다. 파일이름을 '책액자'로 입력하고 [저장] 버튼을 클릭합니다.

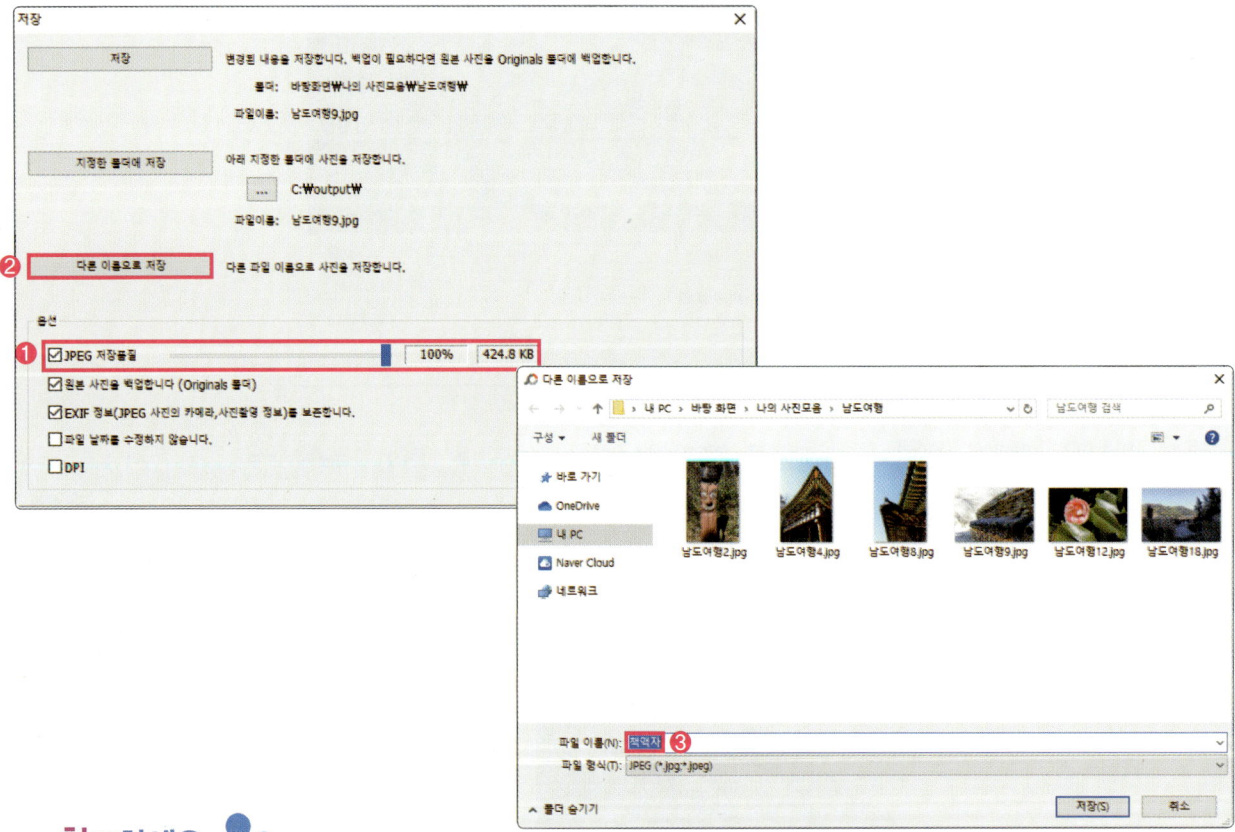

참고하세요

[저장] 대화상자 옵션

❶ 저장 : 변경된 내용을 저장하고 원본사진은 Originals 폴더를 만들어 저장됩니다.

❷ 지정한 폴더에 저장 : 폴더지정 버튼(…)을 클릭하여 사진을 저장할 폴더를 지정하여 저장합니다. 폴더를 만들어서 저장할 수 있습니다.

블로그 프로필 사진 만들기

블로그 프로필 사진은 가로 161px 썸네일 이미지로 생성됩니다. 포토스케이프를 이용하여 사진을 자르고, 크기를 조절하여 블로그 프로필 사진을 만들겠습니다.

1 블로그 프로필에 넣을 사진을 선택합니다. [자르기] 탭을 클릭하고 [자유롭게 자르기]를 클릭하여 [1:1]을 선택합니다.

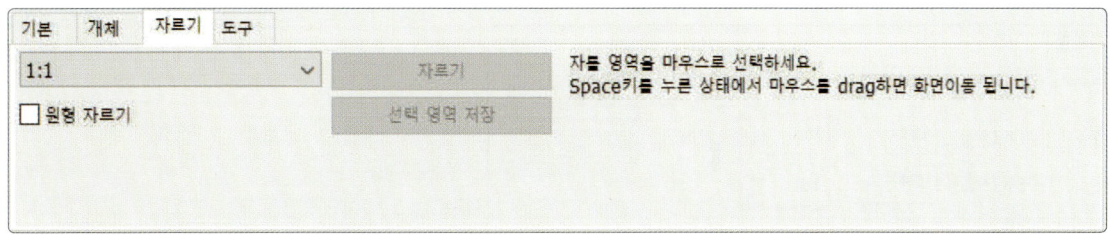

2 사진 위에서 마우스를 드래그하여 자르기할 영역을 지정합니다. 모서리의 조절점을 드래그하여 수정할 수 있습니다. [자르기] 버튼을 클릭합니다.

참고하세요

선택영역 안쪽에서 드래그하여 자르기 영역의 위치를 수정할 수 있으며, 선택 영역 바깥쪽을 클릭 하면 자르기가 취소됩니다.

③ [기본] 탭을 클릭하고 [크기조절] 버튼을 클릭합니다. [크기조절] 대화상자가 나타나면 가로 픽셀 값을 '161'로 입력하고 [확인] 버튼을 클릭합니다.

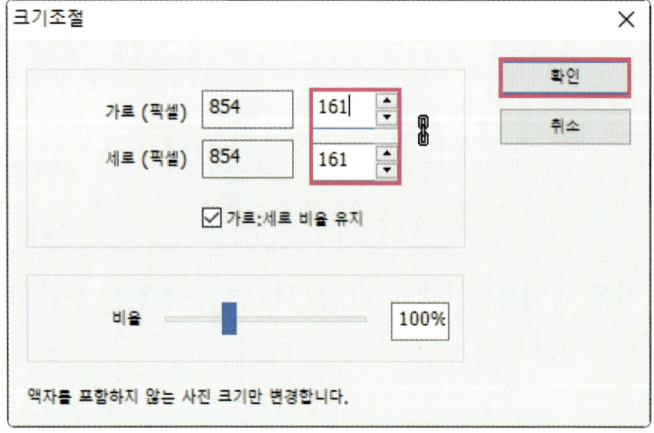

④ 오른쪽 하단에 [저장] 버튼을 클릭하고, [저장] 대화상자가 나타나면 파일의 저장 위치를 지정하기 위해 폴더선택 버튼(…)을 클릭하여 [지정한 폴더에 저장]을 클릭합니다. [폴더 찾아보기] 대화상자가 나타나면 [새 폴더 만들기] 버튼을 클릭하고 '블로그사진'으로 폴더의 이름을 입력하고 [확인] 버튼을 클릭합니다.

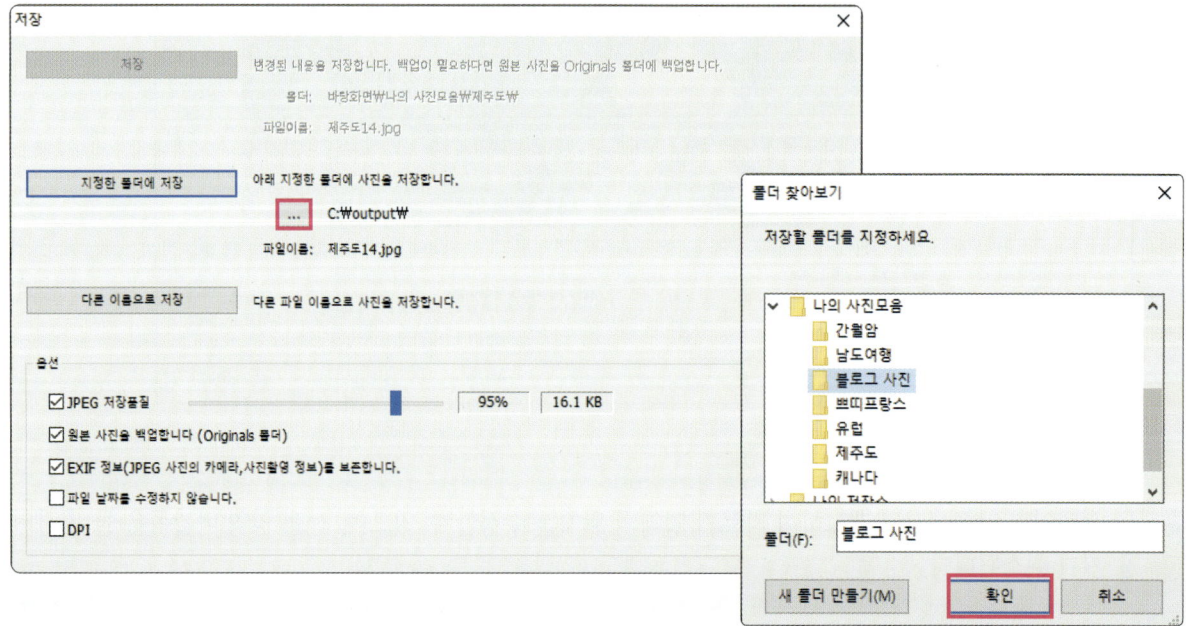

5 [저장] 대화상자에서 [JPEG 저장품질]을 '100%'로 설정하고 용량을 확인합니다. 사진의 용량이 작아졌습니다.

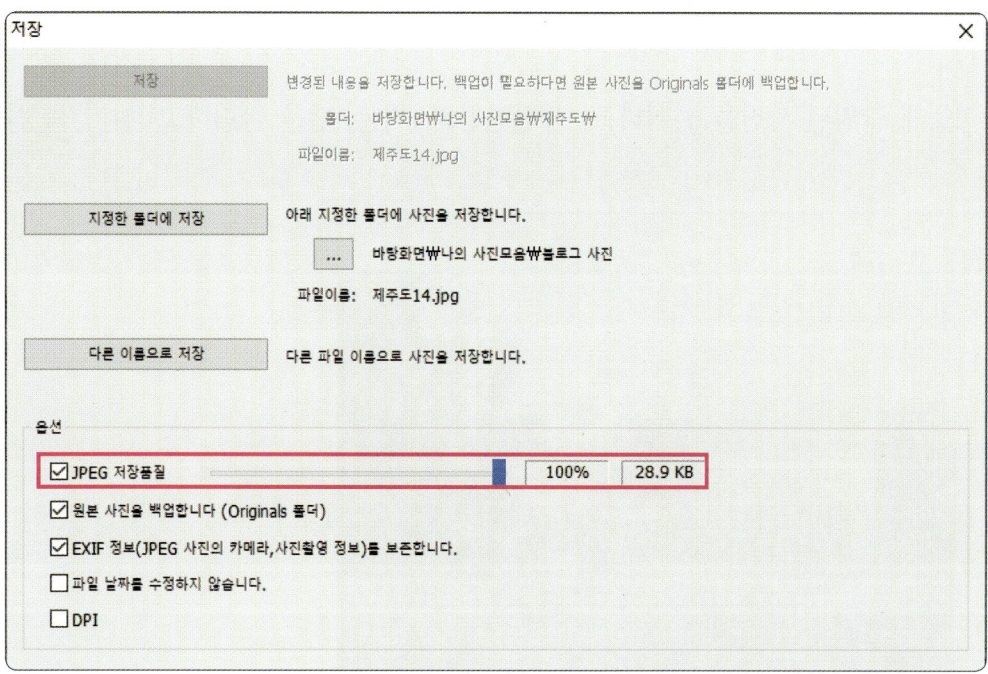

6 [지정한 폴더에 저장]을 클릭하면 프로필 사진이 저장됩니다.

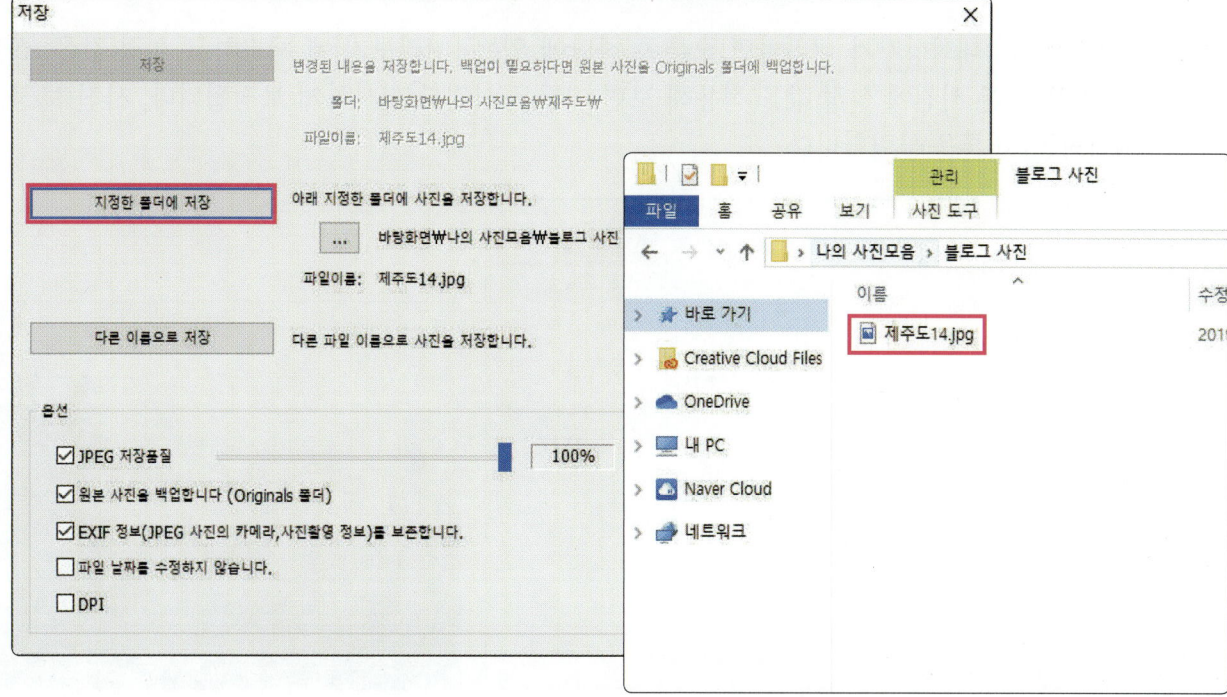

 # 사진 밝기와 색상 보정하기

포토스케이프의 밝기, 색상 기능을 이용하여 사진을 보정합니다.

1 전체적으로 어둡게 촬영된 사진을 선택하고, 사진편집의 [기본] 탭을 클릭하고 [밝기,색상] 버튼을 클릭합니다.

2 [밝기,색상] 대화상자가 나타나면 오른쪽 하단에 있는 [미리보기]에 체크하고 설정 값을 조절해 보세요. 여러분 사진에 설정 값을 적용해 보면 어두운 사진도 화사하게 보정됩니다. 사진 보정을 마친 후 [확인] 버튼을 클릭합니다

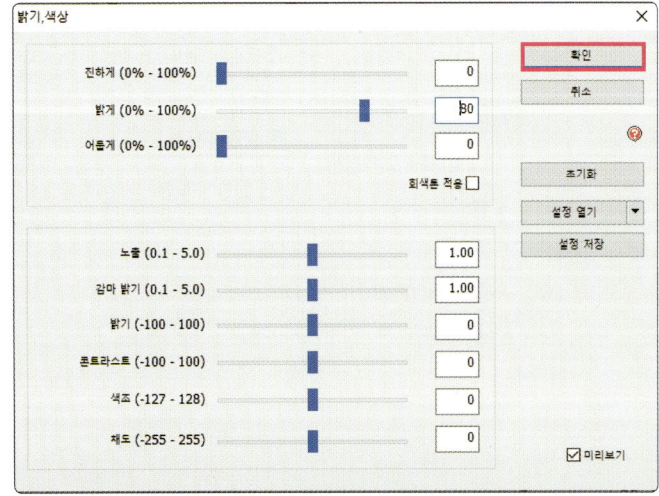

③ 실내에서 촬영하여 노랗게 나오거나 파랗게 나온 사진을 선택합니다. [밝기, 색상] 버튼의 오른쪽 삼각형(▼) 버튼을 클릭합니다.

④ 사진의 밝기와 색상을 보정해 주는 메뉴가 나타나면 [색편향제거]를 클릭합니다.

⑤ [색편향제거] 대화상자가 나타나면 사진에서 빼고 싶은 색상을 선택하고 레벨을 조절하여 [확인] 버튼을 클릭합니다. 여기에서는 주황 색상을 제거하였습니다.

⑥ 사진의 화이트 밸런스를 조절하기 위해 [밝기, 색상] 버튼의 오른쪽 삼각형(▼) 버튼을 클릭한 후 [화이트밸런스]를 선택합니다.

⑦ 사진에서 흰 부분을 마우스로 클릭하여 클릭한 색을 기준으로 원래 색을 찾아줍니다. 예로 흰 접시, 흰 옷, 흰 벽면과 같이 흰 곳을 찾아 클릭하면 됩니다.

⑧ 적용할까요? [예(Y)]를 클릭합니다. 실내에서 붉게 촬영된 사진이 보정된 것을 확인할 수 있습니다.

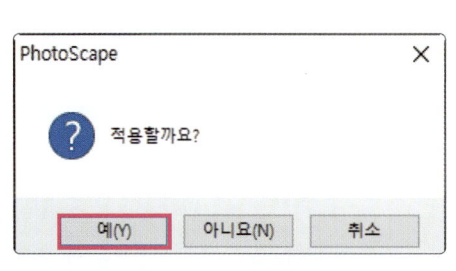

"혼자 풀어 보세요"

1 포토스케이프를 이용하여 내 PC에 저장된 사진을 컴퓨터에서 전체화면으로 확인해 보세요.

2 포토스케이프를 이용하여 프로필 사진을 만들어 보세요.

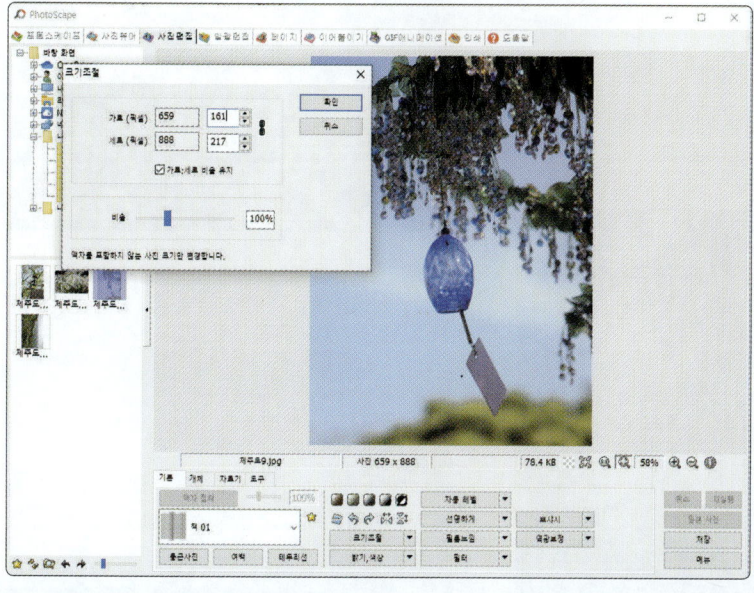

05 포토스케이프를 이용한 사진 편집하기

사진 편집에 관련된 기능들을 예제로 살펴보고, 포토스케이프의 숨겨진 기능들을 찾아 활용하는 방법을 알아봅니다.

- 뽀샤시 효과를 적용해 봅니다.
- 커브를 이용하여 어두운 사진을 밝게 보정해 봅니다.
- 필터 기능을 이용하여 다양한 분위기의 사진을 연출해 봅니다.
- 기울어진 사진의 수평, 수직을 맞추어 봅니다.

배울 내용 미리보기

화사하고, 뽀샤시한 사진 만들기

피부를 매끄럽게 하거나, 인물 위주의 사진에 뽀샤시 기능을 이용하여 화사하고 뽀샤시한 사진을 만들 수 있습니다.

1 인물이 강조된 사진을 선택하고, 사진 편집의 [기본] 탭에 [뽀샤시] 버튼의 오른쪽 삼각형(▼) 버튼을 클릭하고 [강]을 클릭합니다.

2 뽀샤시 효과가 적용되었습니다. 오른쪽 하단의 원본사진을 클릭하여 원래의 사진으로 복구 시킵니다. 이번에는 보다 다양하게 뽀샤시 효과를 적용하기 위해 [뽀샤시] 버튼을 클릭합니다.

③ [뽀샤시] 대화상자가 나타나고, 종류에서 일반모드, 진한모드, 밝은모드를 선택하여 적합한 효과를 선택하고 레벨, 흐리게, 콘트라스트 값을 조절합니다.

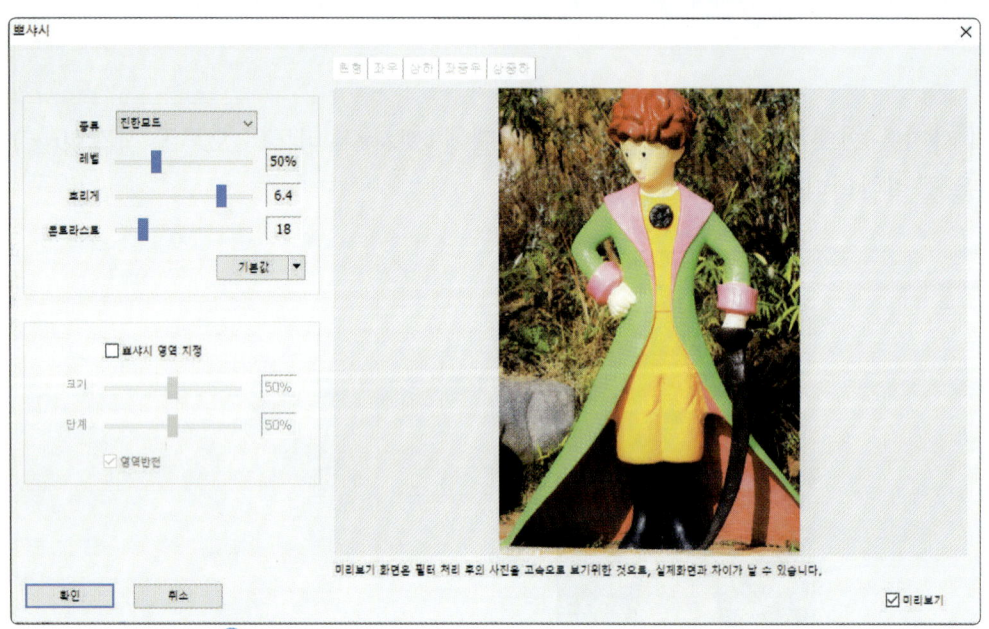

참고하세요

레벨, 흐리게, 콘트라스트 값을 조절하다가 기본값 버튼을 클릭하면 일반모드로 변경됩니다. 미리보기 체크를 풀어서 원본 사진과 효과 적용 사진을 비교해 보세요.

④ [뽀샤시 영역 지정]에 체크하여 인물 중심 부분에 클릭하고 크기와 단계 값을 설정하여 인물 중심으로 뽀샤시 효과를 적용합니다.

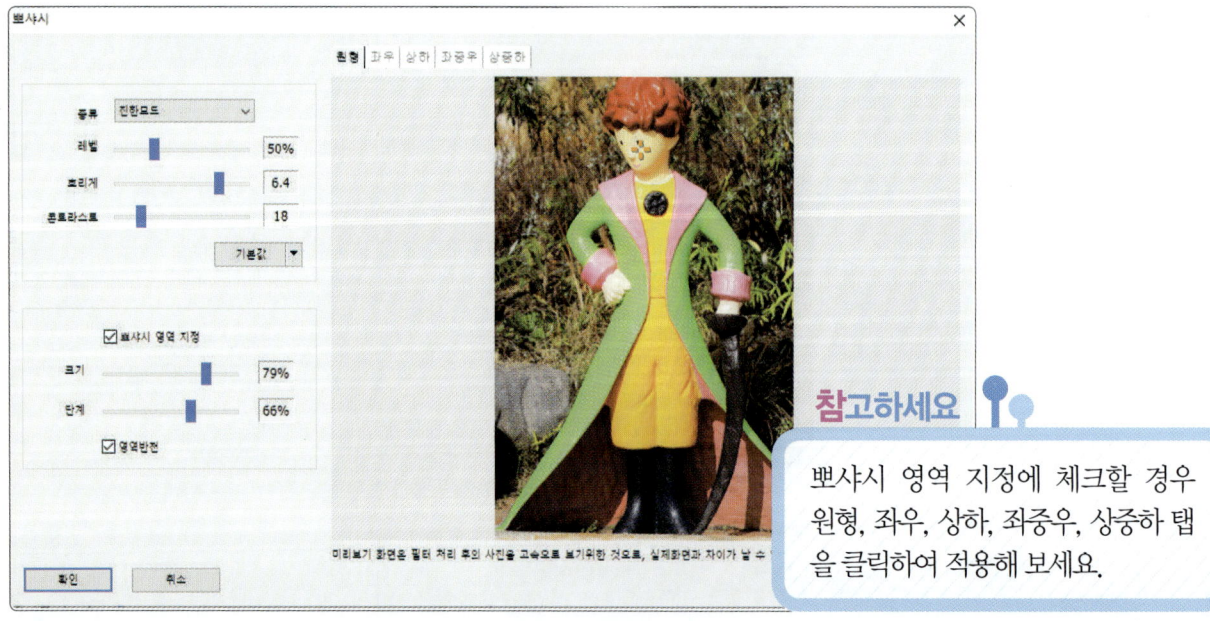

참고하세요

뽀샤시 영역 지정에 체크할 경우 원형, 좌우, 상하, 좌중우, 상중하 탭을 클릭하여 적용해 보세요.

어두운 사진 밝기와 명도 부드럽게 보정하기

멋지게 찍힌 사진이 너무 어둡게 나왔다면 포토스케이프의 밝기 기능을 이용하여 어두운 사진도 밝게 보정할 수 있습니다.

1 어둡게 촬영된 사진을 선택하고, 사진 편집의 [기본] 탭을 클릭합니다.

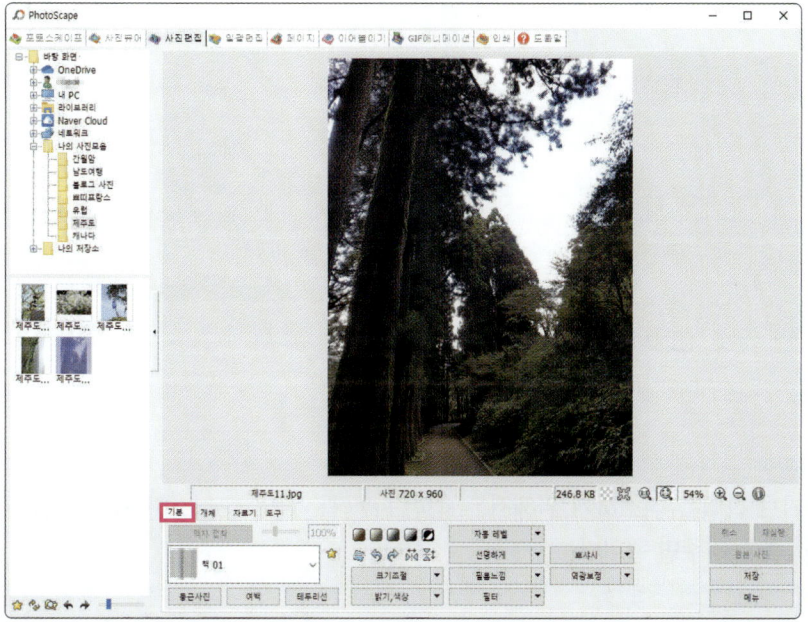

2 [밝기, 색상] 버튼의 오른쪽 삼각형(▼) 버튼을 클릭하고 [색상 커브] 버튼을 클릭합니다.

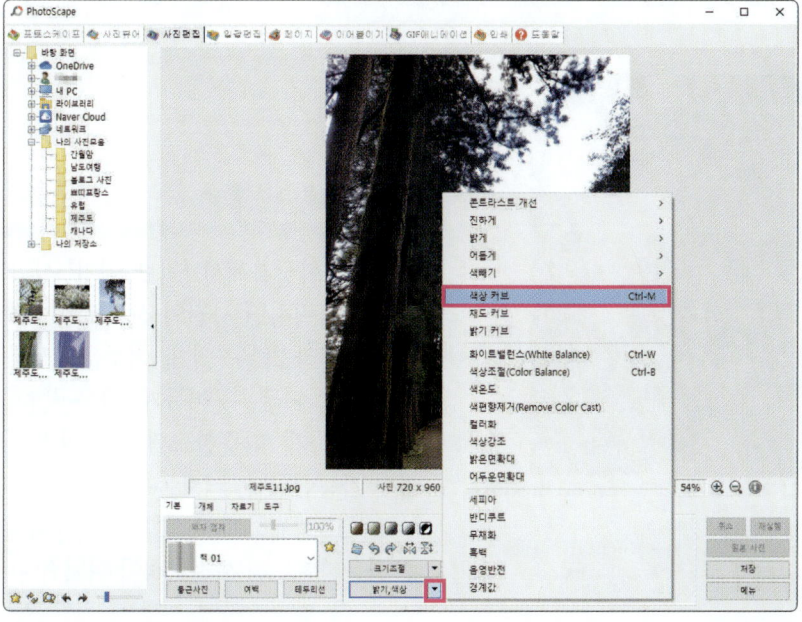

55

③ [커브] 대화상자가 나타나면, [색상 커브] 탭의 대각선에서 클릭하여 위쪽으로 드래그하면 사진의 색상이 밝아집니다. [채도 커브] 탭을 클릭하고 대각선에서 클릭하여 위쪽으로 또는 아래쪽으로 드래그합니다. 위쪽으로 드래그하면 채도가 높아지고, 아래쪽으로 드래그하면 채도가 낮아집니다.

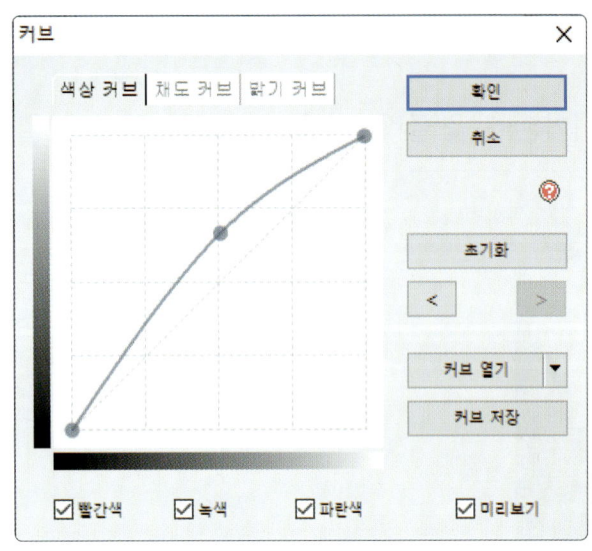
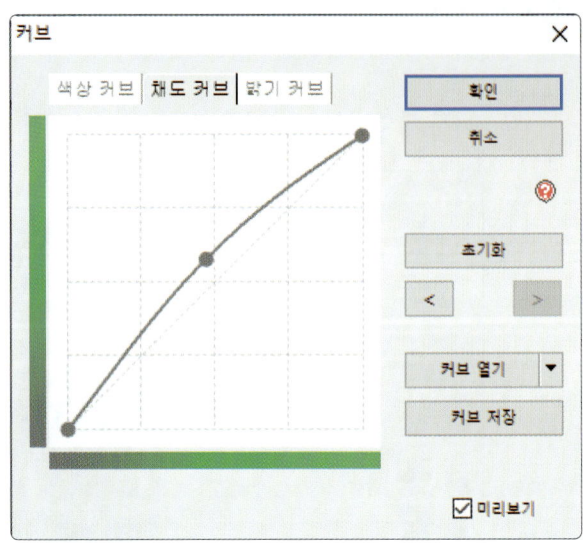

참고하세요

[커브]를 사용할 때 마지막 커브 작업을 취소하기 위해서는 Ctrl + Z 를 누르고, 취소한 커브 작업을 다시 적용하기 위해서는 Ctrl + Y 를 눌러주면 됩니다.

④ [밝기 커브] 탭을 클릭하고 대각선을 위쪽으로 드래그하여 전체적인 밝기를 표현해 봅니다. 사진 보정이 완료되면 [확인] 버튼을 클릭합니다.

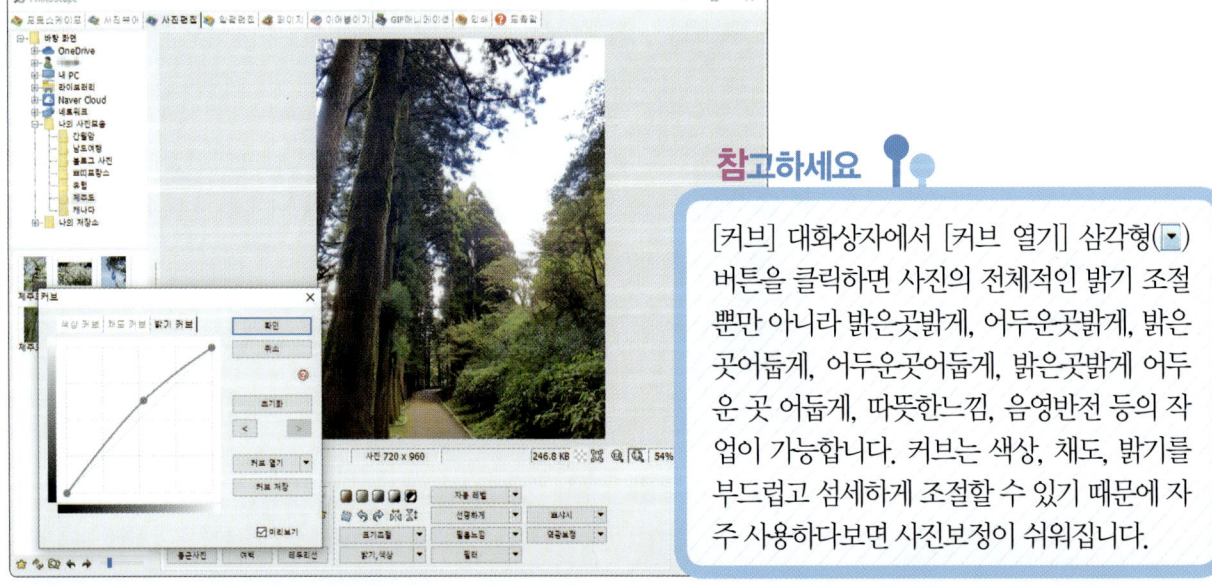

참고하세요

[커브] 대화상자에서 [커브 열기] 삼각형(▼) 버튼을 클릭하면 사진의 전체적인 밝기 조절뿐만 아니라 밝은곳밝게, 어두운곳밝게, 밝은곳어둡게, 어두운곳어둡게, 밝은곳밝게 어두운 곳 어둡게, 따뜻한느낌, 음영반전 등의 작업이 가능합니다. 커브는 색상, 채도, 밝기를 부드럽고 섬세하게 조절할 수 있기 때문에 자주 사용하다보면 사진보정이 쉬워집니다.

03 필터 효과로 다양한 사진 연출하기

1 편집할 사진을 선택하고 사진편집의 [기본] 탭을 클릭합니다.

2 [필터]의 목록 단추를 클릭하고 [필름느낌] – [필름느낌]을 클릭합니다.

③ [필름느낌] 대화상자가 나타나면 영화를 선택하여 사진에 적용된 모습을 미리볼 수 있습니다.

④ [필터] 버튼을 클릭하고 [비네팅]-[비네팅]을 클릭합니다.

⑤ 사진의 주변부를 어둡게 표현해주는 비네팅 효과는 10개의 비네팅 효과를 체크하여 적용할 수 있습니다.

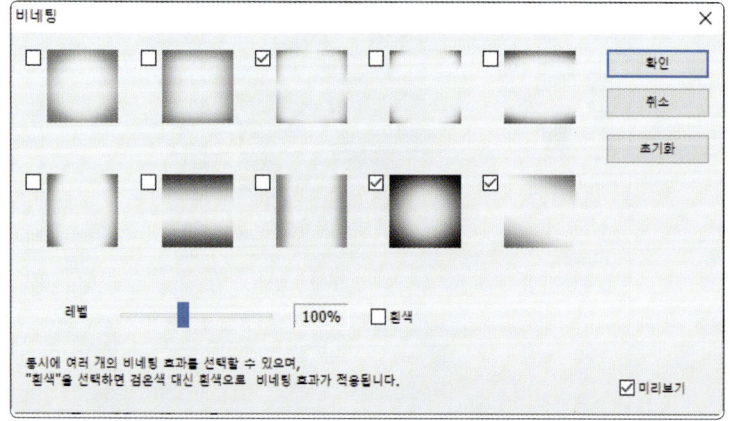

기울어진 사진의 수평·수직 맞추기

1. 건물이나 풍경사진의 경우 수평 또는 수직 방향이 기울어져 촬영됐을 때 [사진편집] 탭 – [기본] 탭 회전( ) 버튼을 클릭하여 맞추어 줍니다.

2. [회전] 대화상자가 나타나면 [수평맞추기] 탭에서 아래 조절바를 왼쪽 또는 오른쪽으로 드래그하여 수평 회전합니다. [확인] 버튼을 클릭합니다.

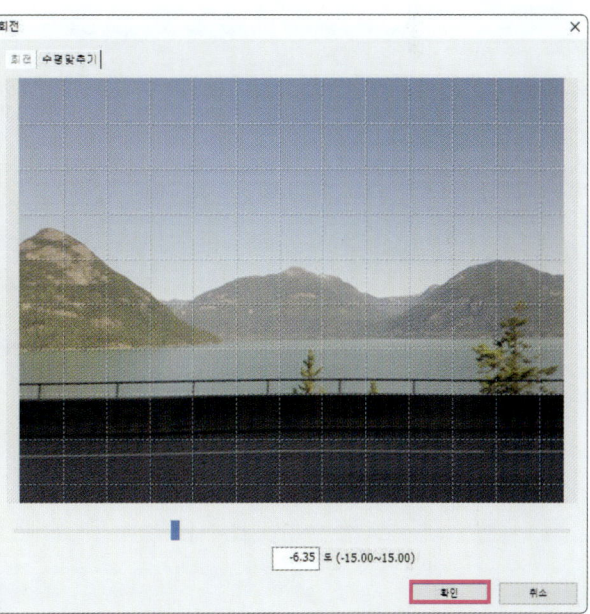

"혼자 풀어 보세요"

1 어둡게 촬영된 사진을 포토스케이프를 이용하여 색상 명도와 채도를 보정해 보세요.

2 포토스케이프의 사진편집을 열고 촬영한 사진을 선택하여 다양한 필터와 박스를 적용해 보세요.

"혼자 풀어 보세요"

3 포토스케이프의 사진편집을 열고, 들뜬테두리 06 액자를 적용하고, 뽀샤시 효과와 다양한 필름느낌을 적용해 보세요.

4 포토스케이프의 사진편집을 열고 붉게 또는 푸르스름하게 촬영된 사신을 선택하고 색편향제거와 화이트밸런스를 적용해 보세요.

블로그 메뉴 글 관리하기

블로그에서는 각 주제를 관리하기 편리하게 컴퓨터의 폴더와 같은 형식으로 구성할 수 있는데, 이를 카테고리라 합니다. 각 카테고리는 필요에 의해 언제든지 변경하거나 추가할 수 있습니다. 각 카테고리를 만들고 내용을 추가해 봅니다. 다른 블로거가 만든 블로그를 방문해서 참고해 보는 것은 내 블로그의 구성에 도움이 됩니다.

- 사진을 블로그 프로필에 삽입해 봅니다.
- 기본적으로 제공되는 네이버 카테고리 메뉴를 나만의 개성 있는 카테고리로 변경하고 추가해 봅니다.
- 포스트에 글쓰기를 해 봅니다.

배울 내용 미리보기

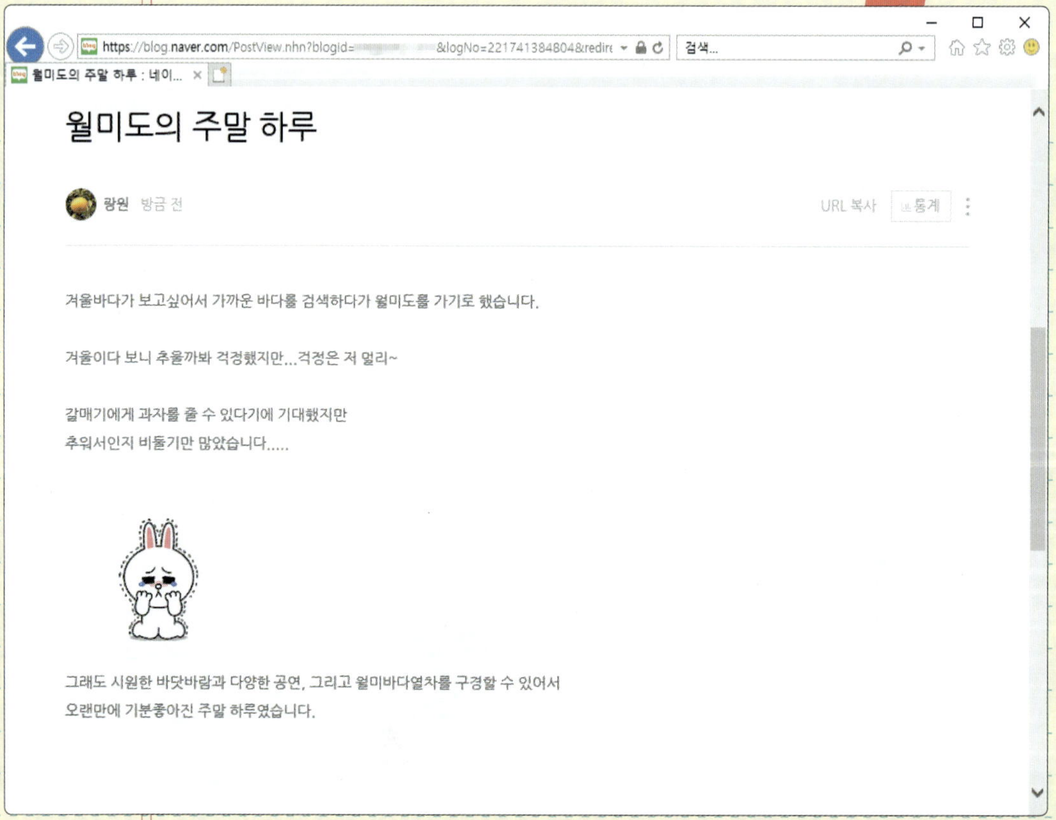

 블로그에 프로필 사진 넣기

네이버 블로그에서 나만의 개성있는 프로필을 만들어 봅니다.

1 블로그 메인에서 블로그 이름 밑에  단추를 클릭합니다.

참고하세요

블로그 메인에서 [프로필 이미지를 등록하세요.]의 이미지를 클릭해도 됩니다.

2 블로그명과 별명과 소개 글을 간단히 입력하고 내 블로그 주제를 내림목록 단추를 클릭하여 선택합니다. 블로그 프로필 사진의 등록 단추를 클릭합니다.

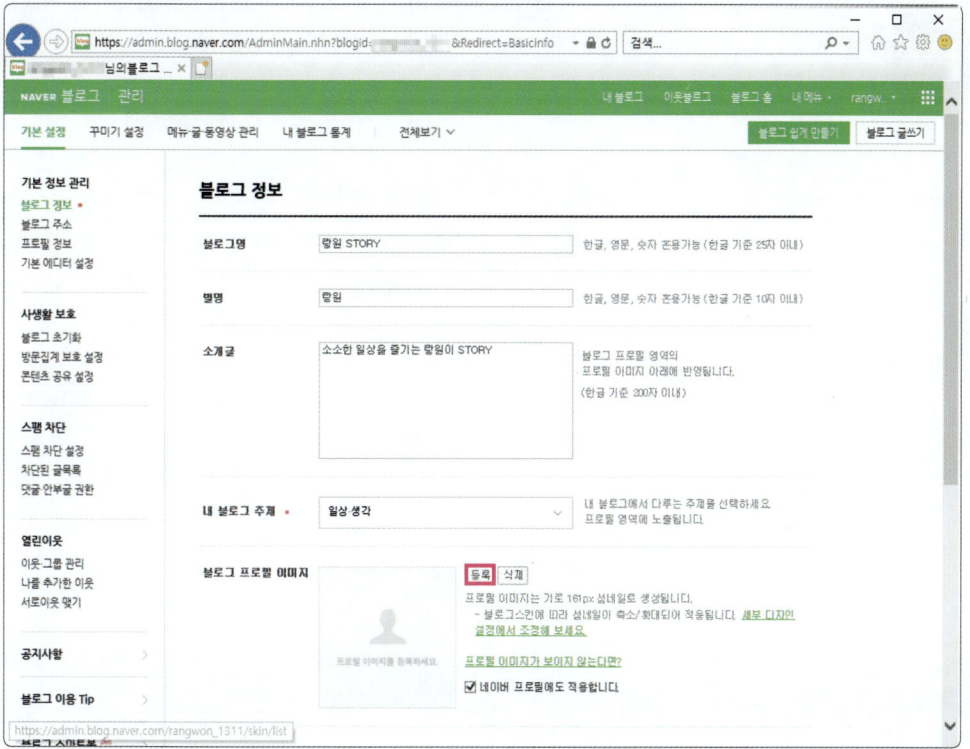

③ [이미지 첨부] 대화상자에서 사진을 삽입하기 위해 [찾아보기] 단추를 클릭합니다.

④ 블로그의 프로필 사진을 선택하고 열기를 선택한 후 [이미지 첨부] 대화상자가 다시 나타나면 [확인]을 클릭합니다.

5 블로그 프로필 사진이 등록된 것을 확인하고 [확인]을 클릭합니다.

6 상단 메뉴에서 [내 블로그] 버튼을 클릭하면 블로그로 이동합니다.

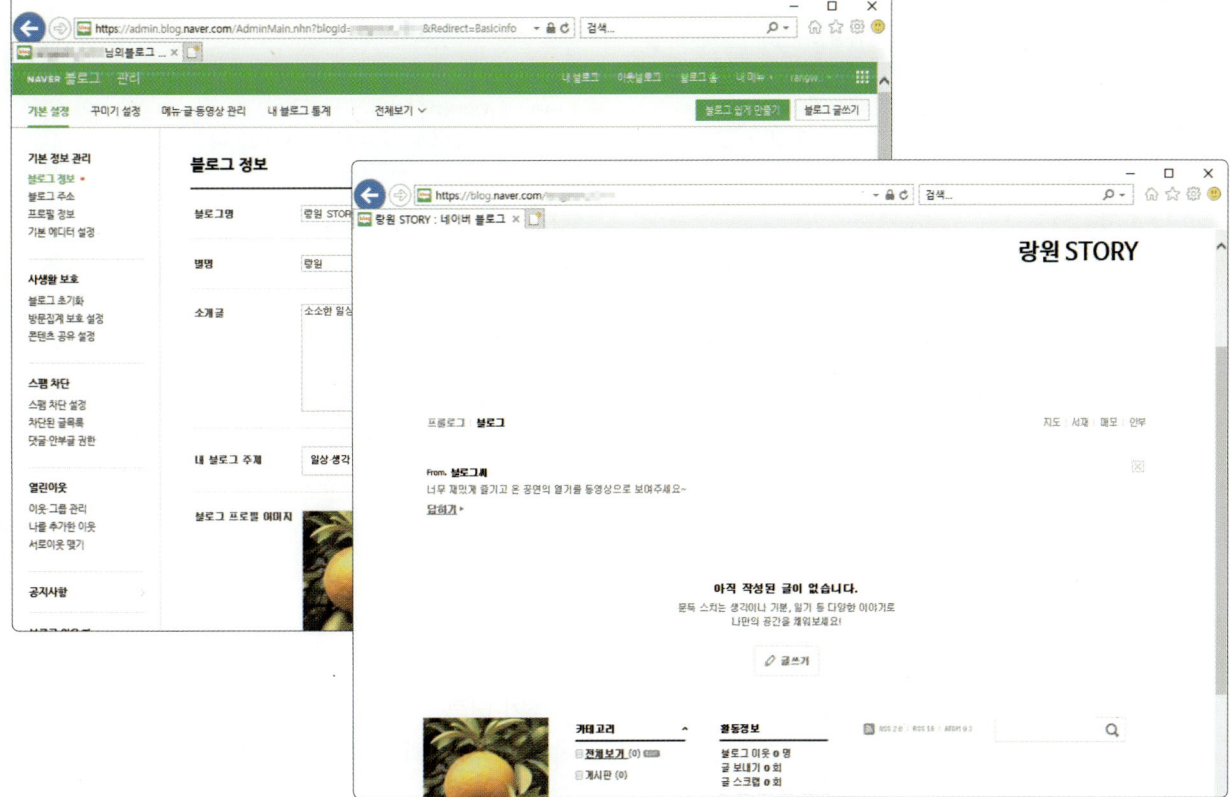

02 블로그 카테고리 만들기

1 블로그 메인에서 카테고리의 전체보기의 오른쪽 EDIT 아이콘을 클릭합니다.

2 [카테고리 추가] 버튼을 클릭하고 카테고리 명을 입력합니다.

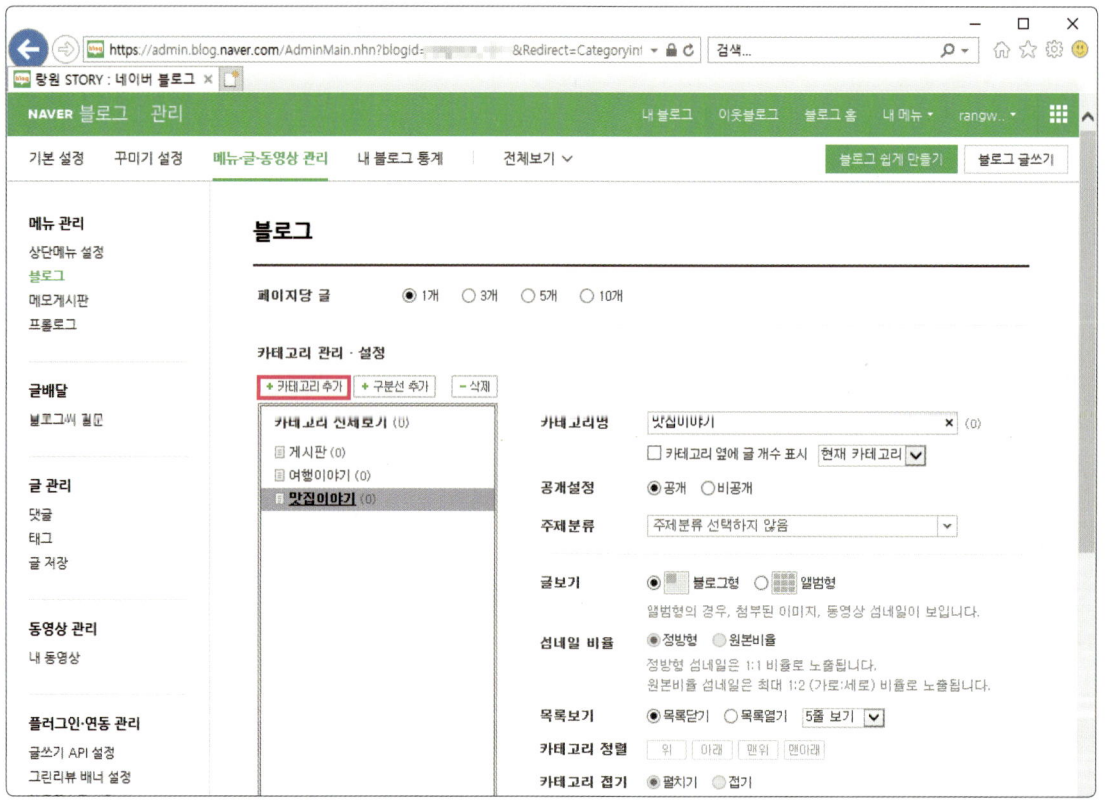

참고하세요

카테고리 전체보기를 클릭하고 다시 카테고리 명을 입력해야 메인으로 카테고리를 설정할 수 있습니다. 여행이야기 카테고리가 추가된 상태에서 다시 카테고리 추가 버튼을 클릭하면 여행이야기 하위 메뉴로 맛집이야기가 들어가게 됩니다. 카테고리를 추가해보고 삭제해보면서 익혀봅니다.

③ 카테고리 메뉴를 모두 설정하고 나면 화면 하단의 [확인]을 클릭하고 '성공적으로 반영되었습니다.' 메세지가 나타나면 다시 [확인]을 클릭합니다.

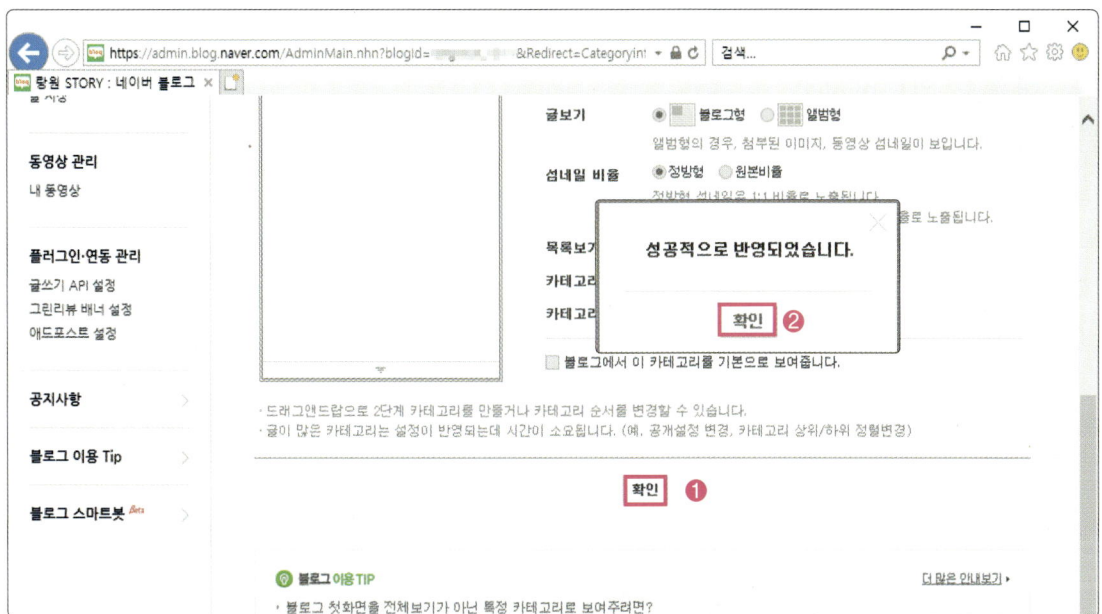

④ 상단 메뉴의 [내 블로그]를 클릭하여 변경된 블로그 화면을 확인합니다.

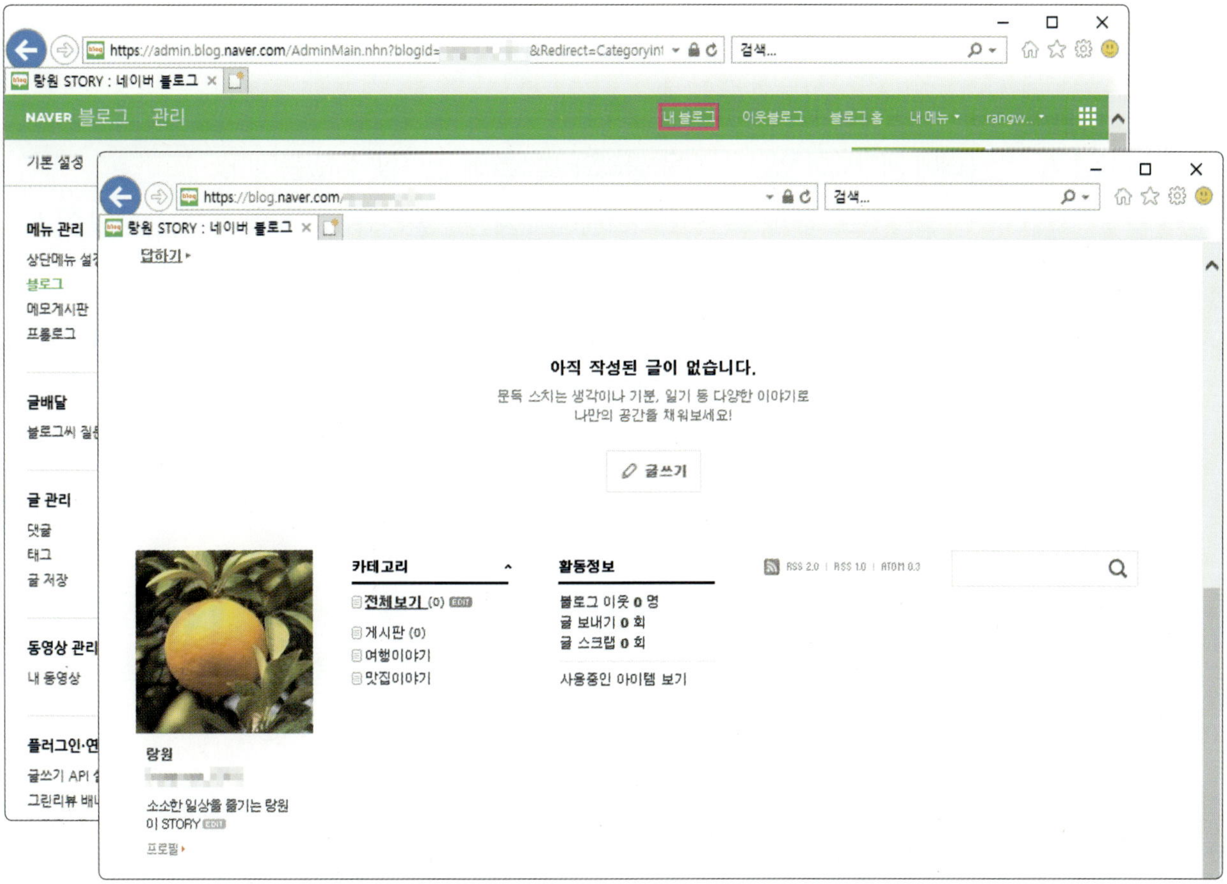

03 포스트 글쓰기

1 포스트 글쓰기를 하기 위해 [글쓰기] 단추를 클릭합니다. 내용을 입력하고 오른쪽 상단의 [발행] 버튼을 클릭합니다. 카테고리를 [게시판]으로 정한 후 [발행] 버튼을 클릭합니다.

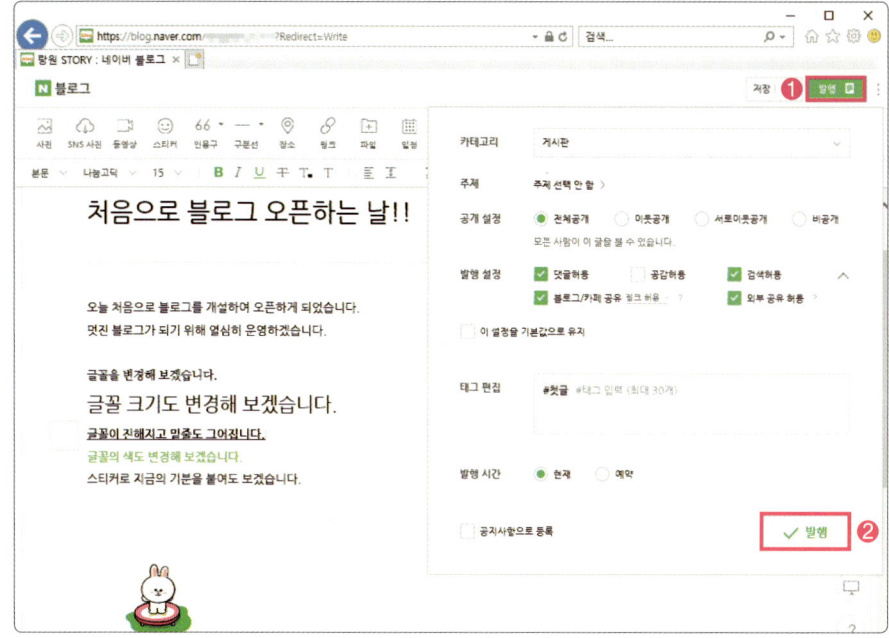

참고하세요

글쓰기 도구

❶ **사진 추가** : 컴퓨터에 저장되어 있는 사진을 불러와 포스트에 첨부할 수 있습니다.

❷ **SNSN 사진 추가** : 클라우드, 페이스북, 인스타그램에서 사진을 불러와 포스트에 첨부할 수 있습니다.

❸ **동영상 추가** : 일반 동영상과 360VR 동영상, 동영상 링크를 포스트에 첨부할 수 있습니다.

❹ **스티커 추가** : 여러 종류의 스티커를 붙여 현재 기분과 감정을 포스트에 붙여서 표현할 수 있습니다.

❺ **인용구 추가** : 감명받은 글이나 소설의 한 구절 등 인용구를 입력할 수 있습니다.

❻ **구분선 추가** : 포스트의 내용에서 구분을 짓고자 할 때 사용하면 내용을 구분할 수 있습니다.

❼ **장소 추가** : 맛집, 약속 장소 등 지도로 장소로 등록하고자 할 때 사용하면 포스트에 지도가 표시됩니다.

❽ **링크 추가** : 링크를 공유할 때 사용하면 URL이 입력되어 쉽게 사이트로 접속이 가능합니다.

❾ **파일 추가** : 첨부파일을 공유할 때 사용하면 포스트에 첨부파일이 등록됩니다.

❿ **일정 추가** : 약속 시간, 약속 날짜 등 날짜와 장소, URL을 등록하여 일정을 베너형식으로 보여줍니다.

⓫ **소스코드 추가** : 프로그래밍 소스 코드를 전용 글꼴과 스타일로 구분할 때 사용합니다.

⓬ **표 추가** : 계획표나 시간표 등을 표로 작성할 때 사용합니다.

⓭ **수식 추가** : 수식 편집기로 수식을 등록할 때 사용합니다.

"혼자 풀어 보세요"

1 다음과 같이 [일상이야기] 카테고리를 만들어 보세요.

2 일상이야기에 글쓰기를 해 보세요.

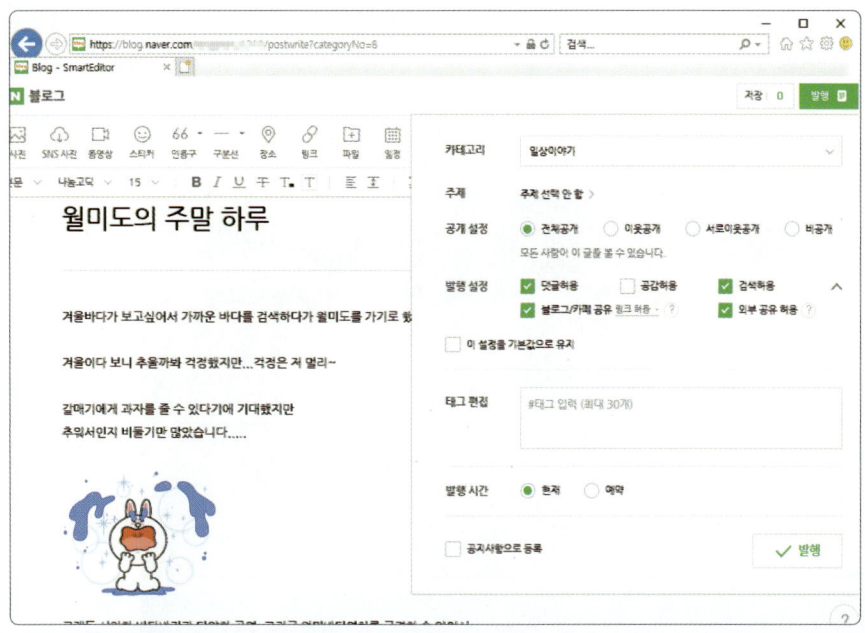

07 다양한 포스트 쓰기

블로그는 텍스트 형태의 글 뿐 아니라 사진 또는 그림과 같은 이미지 파일을 이용하여 보다 다양한 형태로 구성할 수 있습니다. 유익하거나 재미있는 내용의 글과 멋진 이미지 파일을 더해, 밋밋해질 수 있는 블로그를 한 단계 업그레이드된 웹페이지로 구현해 봅니다.

- 블로그에 포스트 사진을 넣어봅니다.
- SNS에서 사진을 불러와 봅니다.
- 사진을 편집하여 봅니다.

배울 내용 미리보기

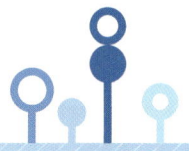

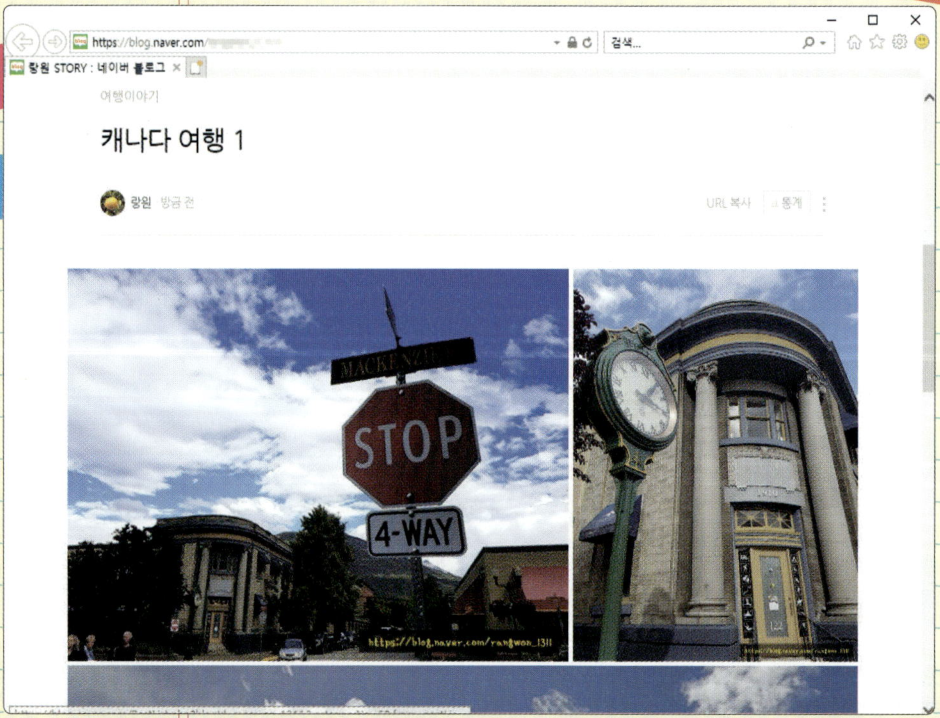

01 포스트 사진 넣기

1 글쓰기를 클릭하고 글쓰기 도구의 [사진 추가🖼]를 클릭합니다.

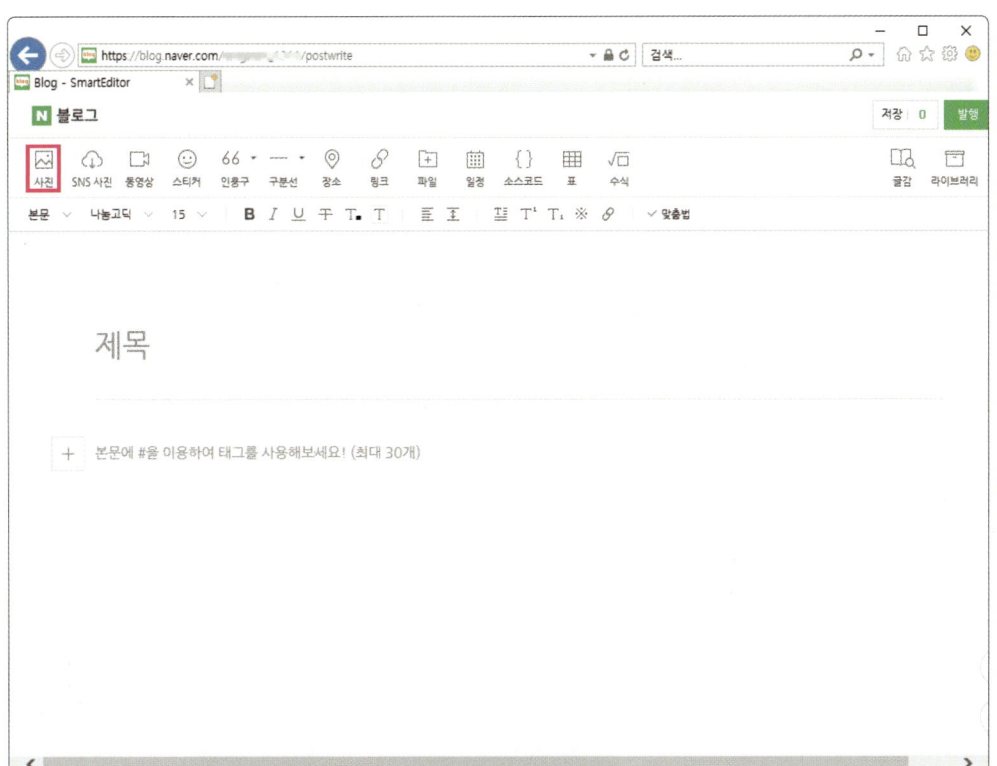

2 [업로드할 파일 선택] 창에서 필요한 사진을 선택한 후 [열기]를 클릭합니다.

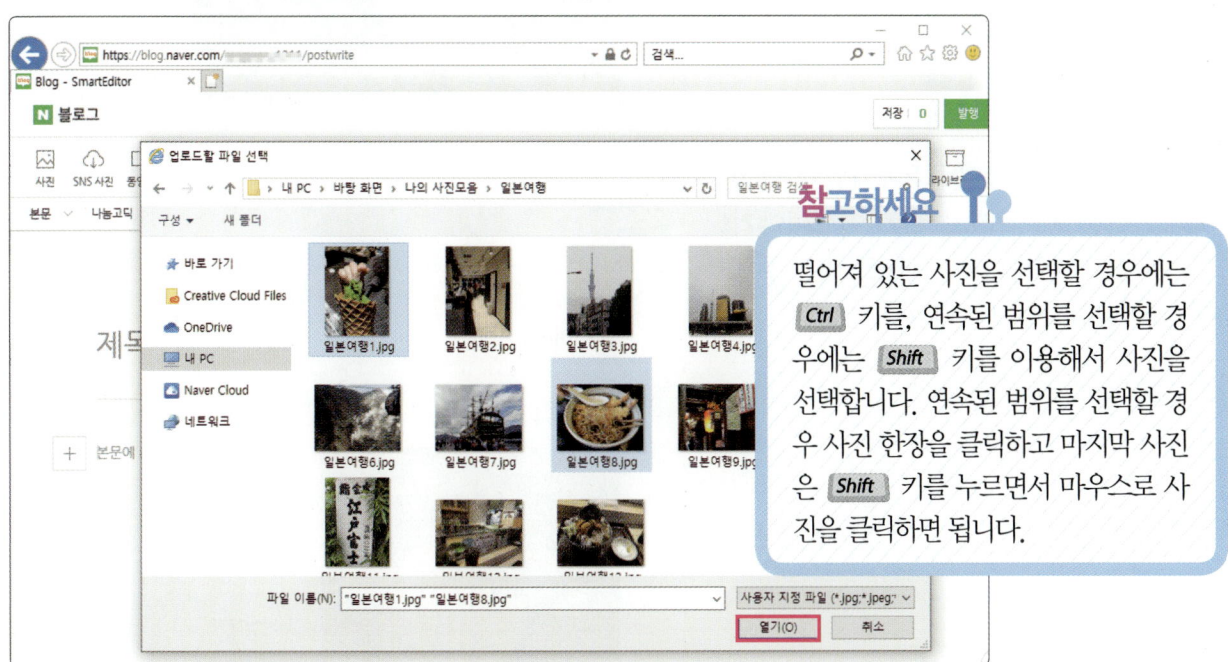

참고하세요

떨어져 있는 사진을 선택할 경우에는 Ctrl 키를, 연속된 범위를 선택할 경우에는 Shift 키를 이용해서 사진을 선택합니다. 연속된 범위를 선택할 경우 사진 한장을 클릭하고 마지막 사진은 Shift 키를 누르면서 마우스로 사진을 클릭하면 됩니다.

③ [사진 첨부 방식] 대화상자가 나타나면 개별 사진을 선택합니다.

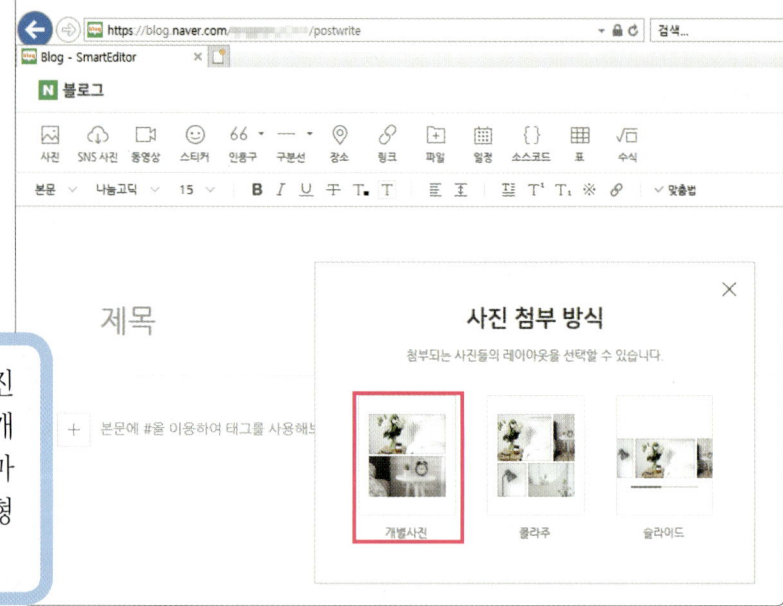

참고하세요

사진이 두 개 이상 선택된 경우에 [사진 첨부 방식] 대화상자가 나타납니다. 개별사진, 콜라주, 슬라이드 형식 중에 마음에 드는 레이아웃을 선택하면 해당 형식으로 포스트에 첨부됩니다.

④ 화면에 사진이 삽입되었습니다. 라이브러리에서 대표 이미지를 선택하고 사진과 사진 사이에 블로그에 올릴 내용을 입력합니다.

⑤ 내용 입력이 완료되면 [발행]을 클릭한 후 카테고리를 [여행이야기]로 선택합니다. [발행] 버튼을 클릭하여 블로그에 저장합니다.

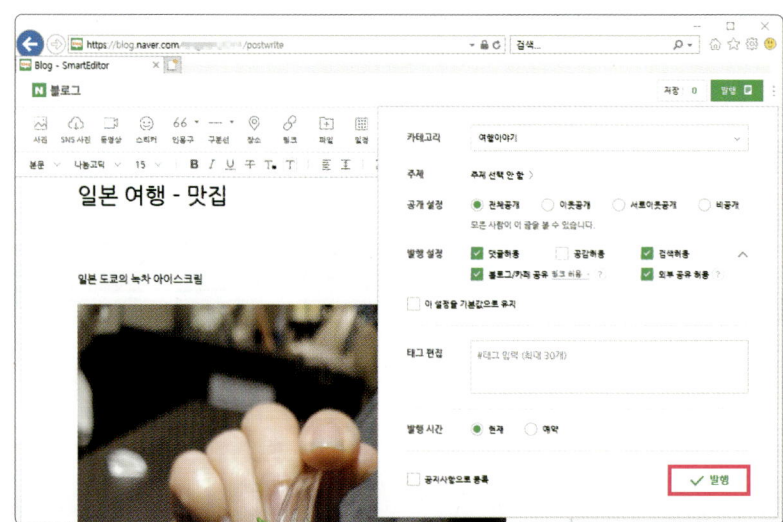

 ## SNS를 이용하여 사진 불러오기

1 글쓰기를 클릭하고 글쓰기 도구의 [SNS 사진(☁)]을 클릭합니다.

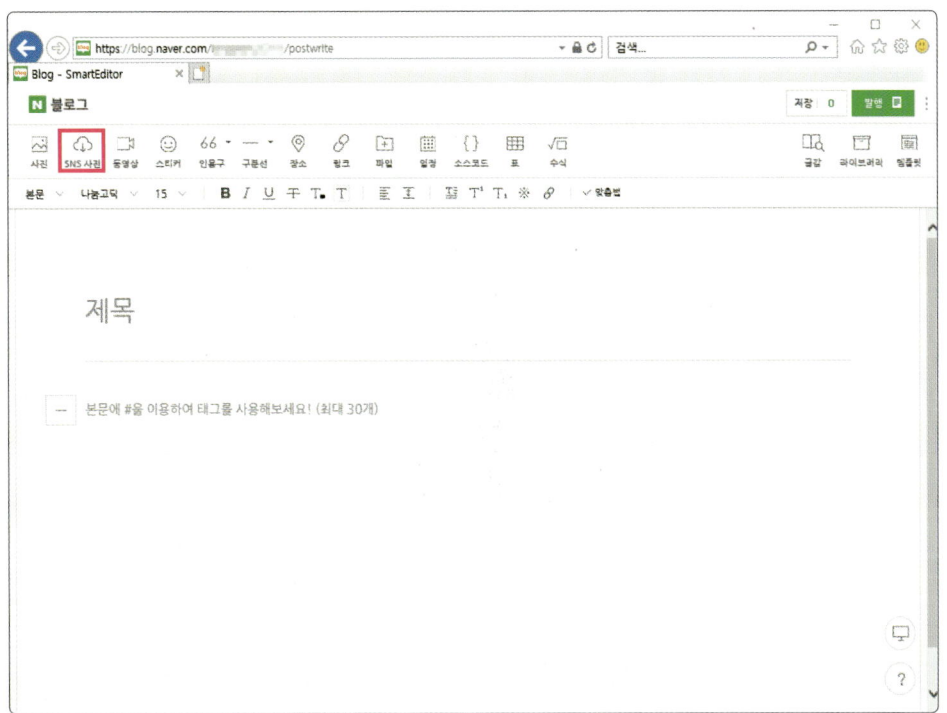

2 [사진 불러오기] 창에서 [클라우드]를 클릭합니다.

③ [네이버 클라우드 사진 추가] 창에서 필요한 사진을 선택한 후 [사진 추가] 버튼을 클릭합니다. [사진 첨부 방식]에서 콜라주를 선택합니다.

④ 화면에 콜라주 방식으로 사진이 삽입되었습니다.

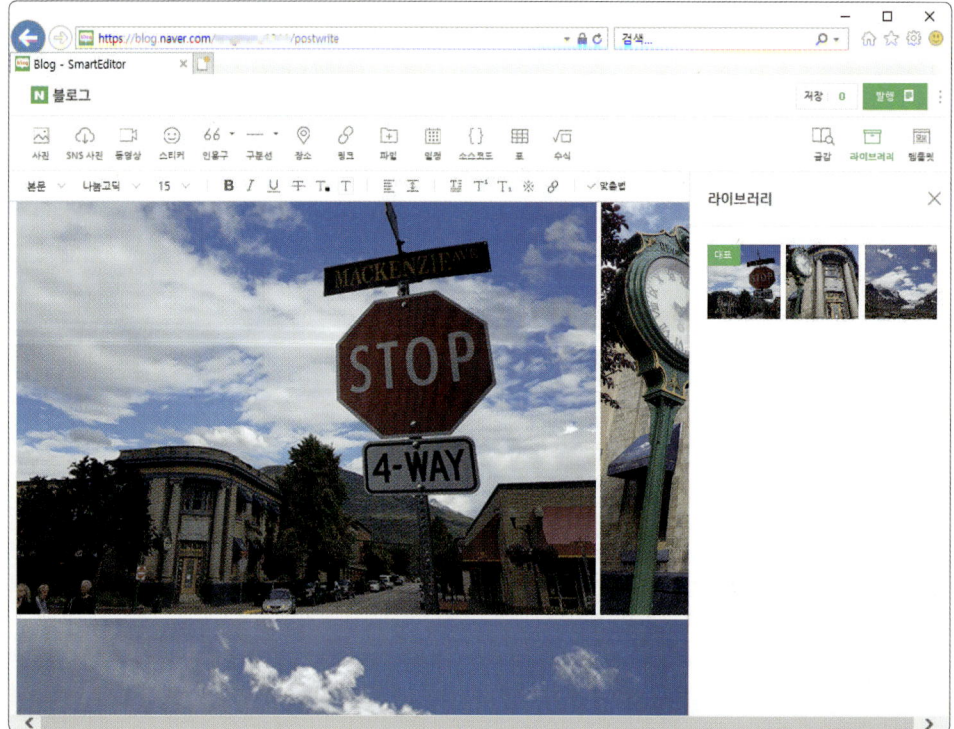

03 사진 편집하기

1 편집할 사진을 선택한 후 더블클릭하거나 [사진 편집(✨)] 아이콘을 클릭하면 사진을 편집할 수 있습니다.

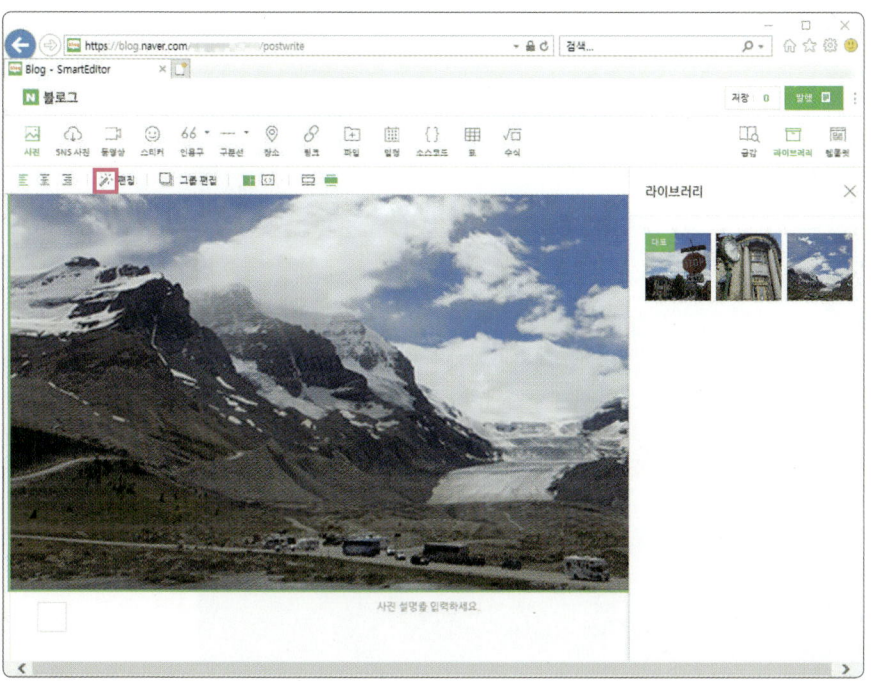

2 [필터]를 선택한 후 원하는 필터를 적용해 봅니다.

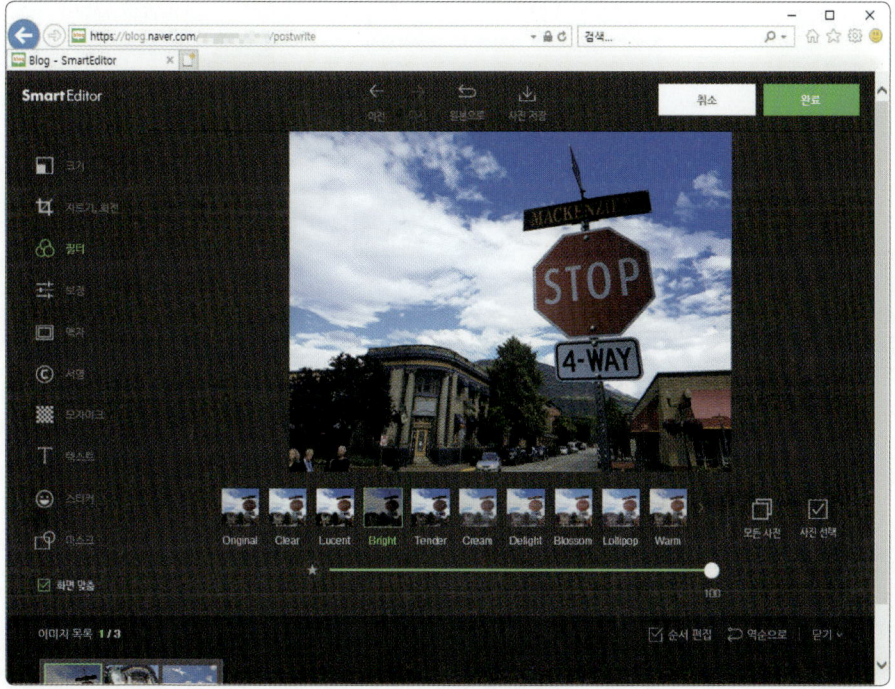

③ [서명]을 선택하고 서명의 종류를 [텍스트]로 선택합니다. 서명의 서체와 크기, 색상을 설정하여 조정합니다. 3장의 사진에 서명을 넣기 위해 [모든 사진]을 클릭한 다음 [완료] 버튼을 누릅니다.

참고하세요

사진 아래의 [화면에 맞춤 ☑화면맞춤]에 체크하면 쉽게 서명을 배치할 수 있습니다. 서명을 모든 사진에 적용하고 싶으면 [모든 사진(🖼)]을 누르면 됩니다.

④ 사진에 편집된 내용이 적용됩니다.

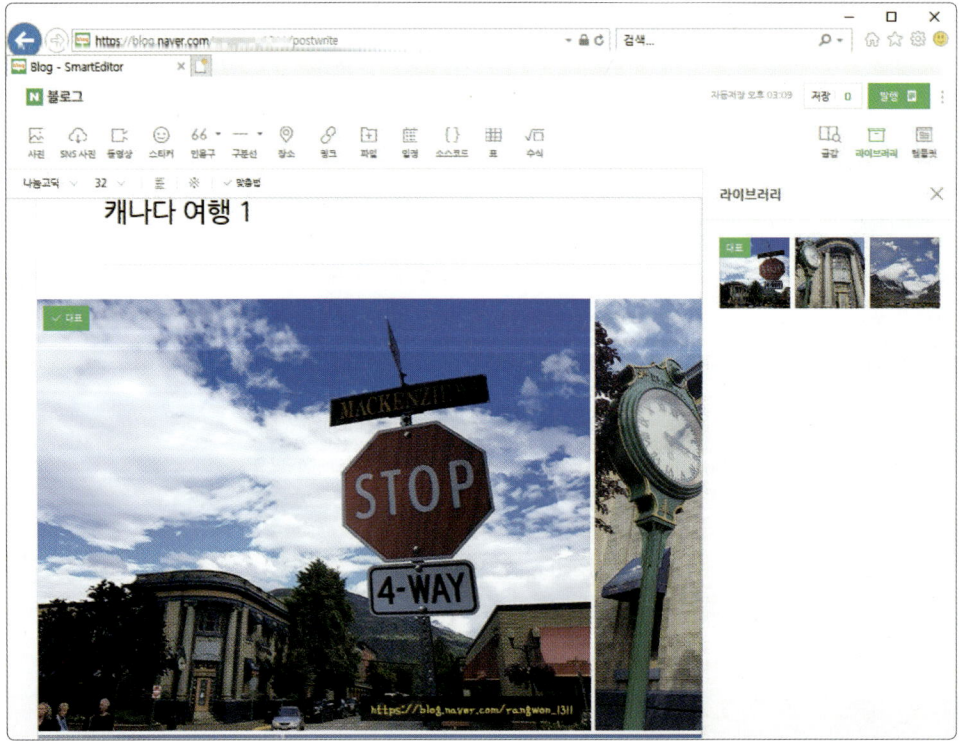

"혼자 풀어 보세요"

1 다른 SNS를 이용하여 사진을 불러와 보세요.

2 사진 편집을 이용하여 사진의 크기를 변경해 보세요.

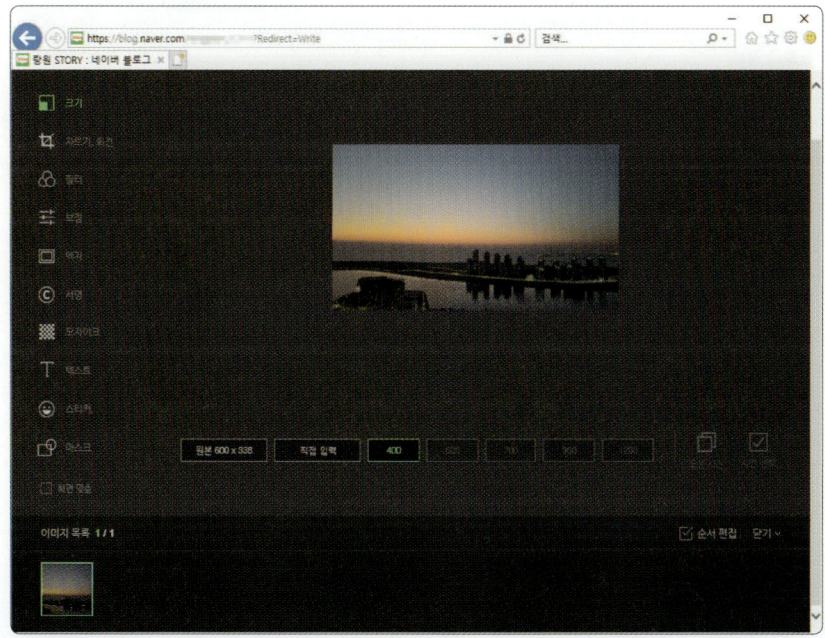

블로그 관리 기본설정과 이웃 추가하기

블로그의 제목과 소개할 글 및 블로그 주소, 프로필은 기본설정에서 변경이 가능합니다. 또한 기본설정 창에는 다른 사람의 블로그를 이웃으로 등록할 수 있도록 도와주는데, 이웃 및 서로이웃의 형태로 등록도 가능합니다. 또한 이웃은 그룹형태로 묶어 편리하게 관리를 할 수 있습니다.

 블로그의 기본 정보를 관리해 봅니다.
 이웃을 추가하고 그룹으로 관리해 봅니다.

배울 내용 미리보기

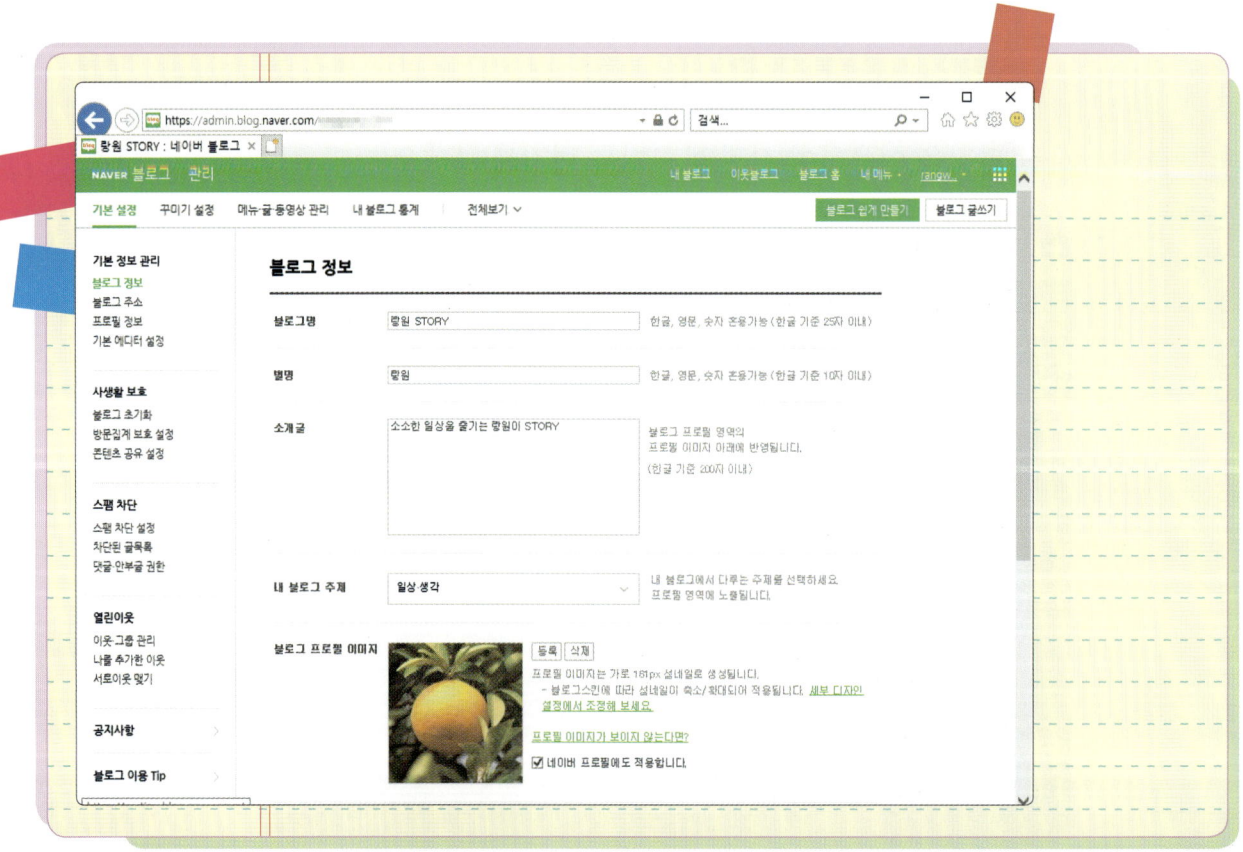

 # 블로그 기본정보 관리하기

1 ※관리를 클릭하고 [기본 설정]에서 [기본 정보 관리]의 [블로그 정보]를 클릭합니다.

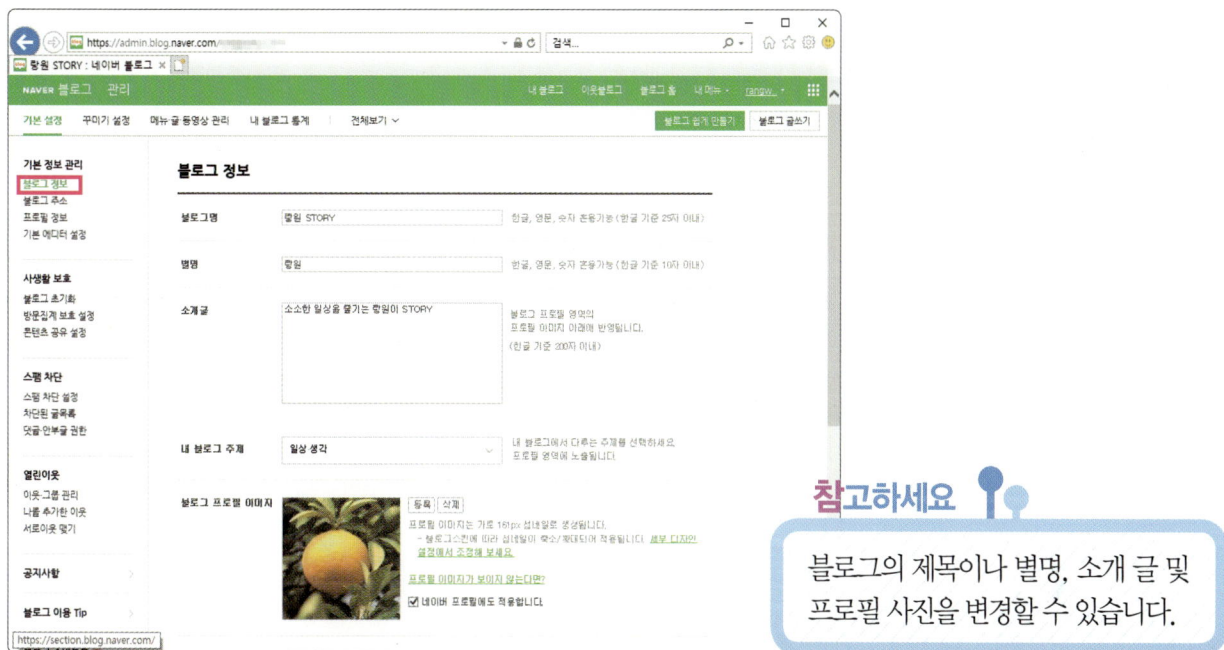

참고하세요
블로그의 제목이나 별명, 소개 글 및 프로필 사진을 변경할 수 있습니다.

2 [기본 설정]에서 [기본 정보 관리]의 [블로그 주소]를 클릭합니다.

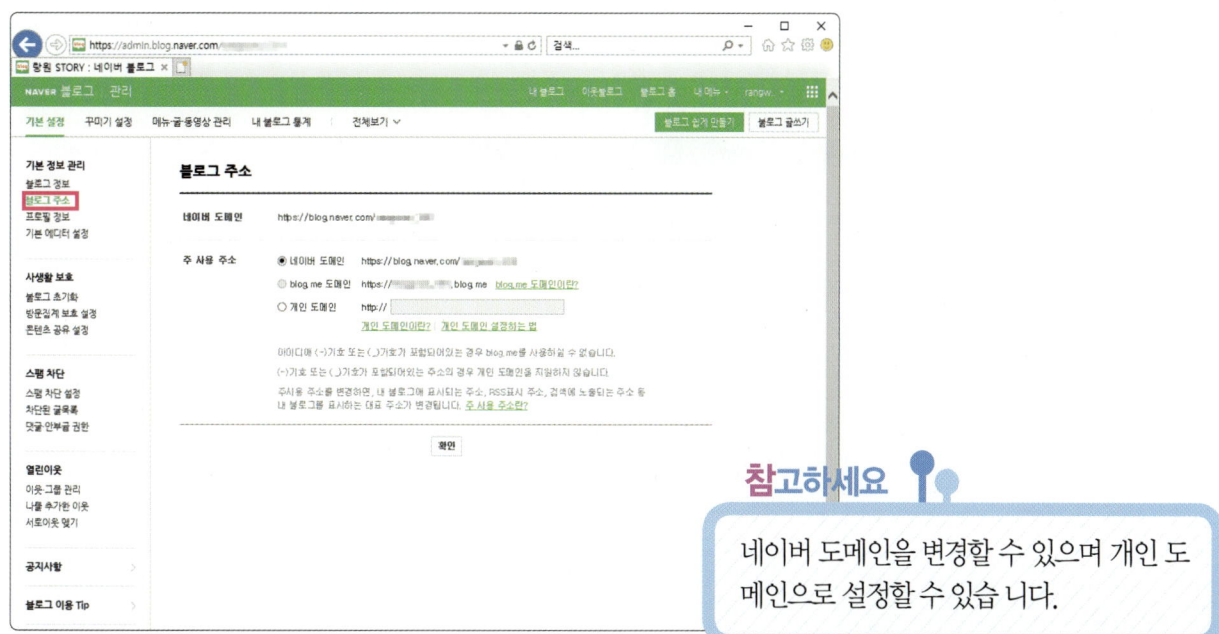

참고하세요
네이버 도메인을 변경할 수 있으며 개인 도메인으로 설정할 수 있습니다.

③ [기본 설정]에서 [기본 정보 관리]의 [프로필 정보]를 클릭합니다.

 참고하세요

이름, 성별 등의 프로필 정보를 전체공개, 이웃공개, 서로이웃공개, 비공개로 변경할 수 있습니다.

02 이웃 추가하기

① [관리]를 클릭하고 [기본 설정]에서 [열린이웃]의 [이웃·그룹관리]를 클릭합니다. [열린이웃(RSS)추가] 단추를 클릭하고, 주소 직접입력을 네이버 블로그로 선택하고 블로그 주소에서 이웃으로 추가할 아이디를 입력하여 블로그 주소를 완성합니다. 새 그룹 만들기에 여행을 입력하고 [추가] 단추를 클릭합니다.

② [이웃추가 완료] 대화상자에서 [확인]을 클릭하면 이웃으로 추가됩니다.

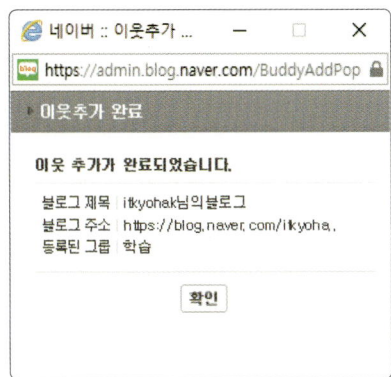

③ 이번에는 직접 이웃으로 추가할 블로그로 이동한 후 이웃추가를 해 보겠습니다. 인터넷 주소창에 'http://blog.naver.com/blogpeople'을 입력하여 이동한 후, 프로필 옆의 [이웃추가] 단추를 클릭합니다.

④ '이웃'이나 '서로이웃'을 맺습니다.에 체크하고 [다음] 단추를 클릭합니다.

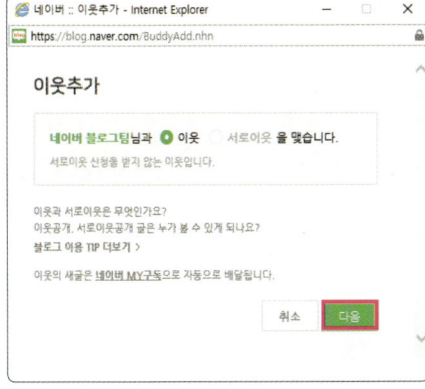

5 [그룹추가] 단추를 클릭한 후 [정보]로 입력하고 [다음] 단추를 클릭합니다.

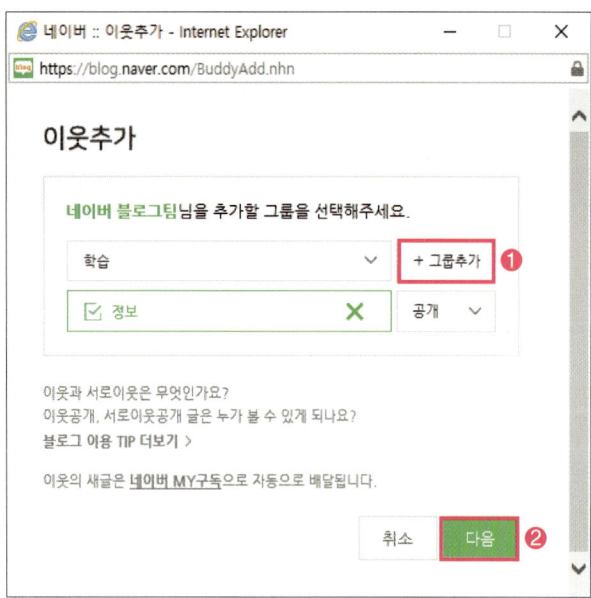

6 이웃추가가 완료되면 해당 이웃과 가까운 이웃이 추천으로 나타납니다. 이웃추가를 원하면 같은 방법으로 이웃추가를 합니다. 여기서는 [닫기] 단추를 클릭합니다.

"혼자 풀어 보세요"

1 블로그 정보에서 별명을 변경해 보세요.

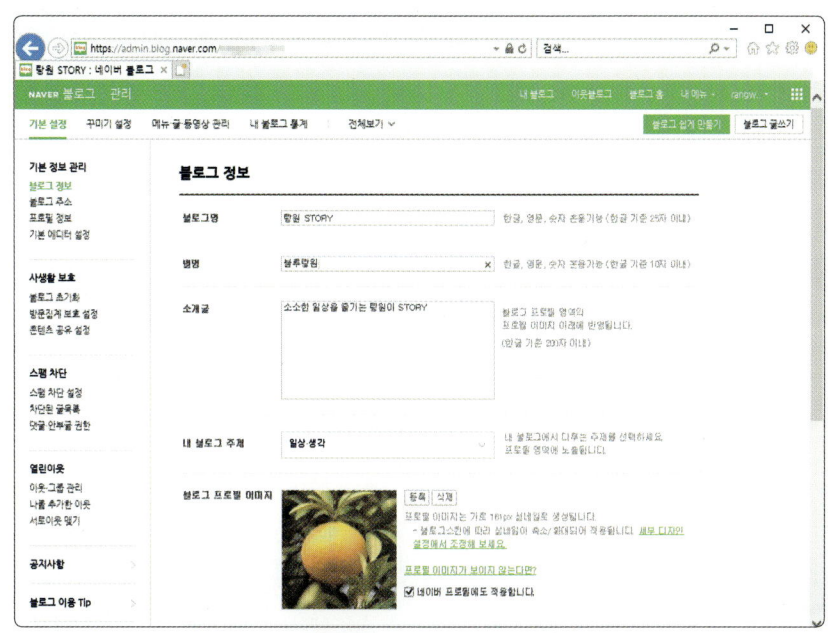

2 내블로그로 이동한 후 변경된 별명을 확인해 보세요.

09 블로그 레이아웃과 위젯 설정하기

다소 딱딱할 수 있는 블로그의 레이아웃을 웹페이지 내에서 제공하는 모양의 디자인으로 변경해 보고, 사용자에게 그래픽 유저 인터페이스를 통해 편리하게 사용할 수 있도록 도와주는 미니 애플리케이션인 위젯을 이용하여 달력, 카운터 등을 내 블로그에 달아 디자인해 봅니다.

▸▸ 블로그에서 레이아웃을 설정해 봅니다.
▸▸ 블로그에 위젯을 설정해 봅니다.

배울 내용 미리보기

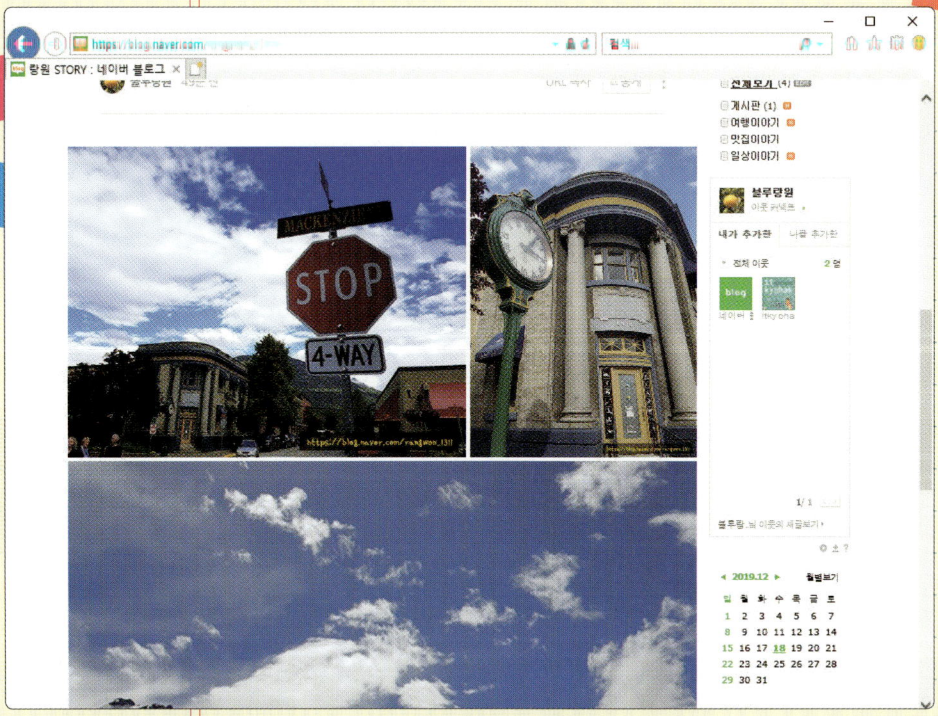

01 블로그 레이아웃 설정하기

1 [관리]를 클릭하고 [꾸미기 설정]에서 [디자인 설정]의 [레이아웃·위젯 설정]을 클릭합니다.

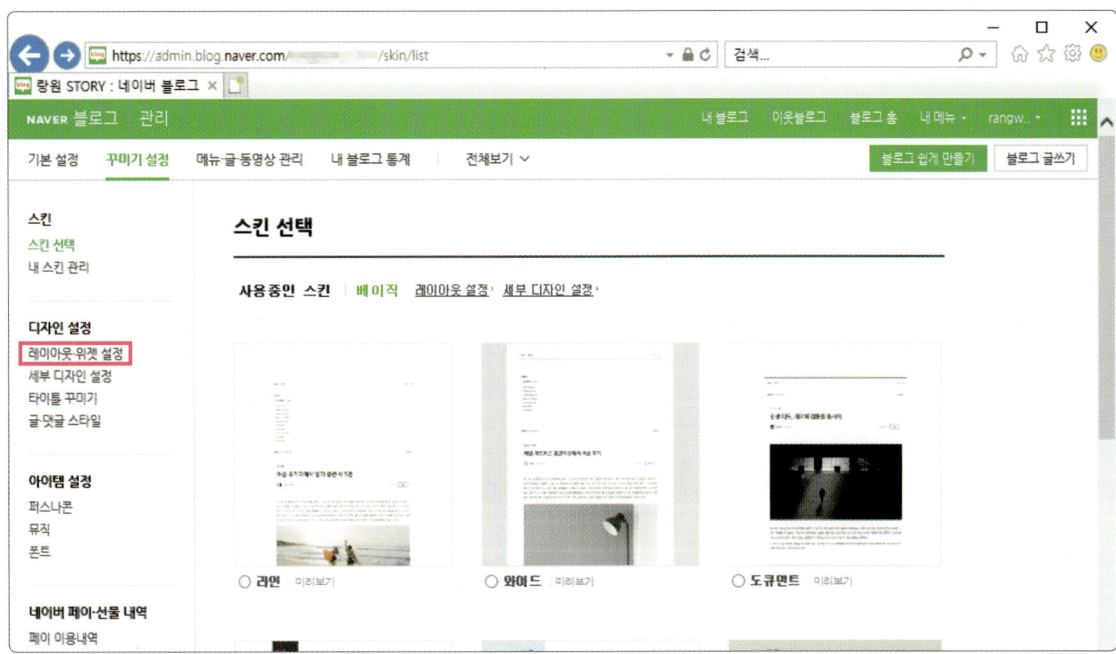

2 선택되어 있는 레이아웃은 사용 중인 레이아웃입니다. 원하는 레이아웃을 클릭하면 다음과 같은 대화상자가 나타납니다. [확인] 단추를 클릭합니다.

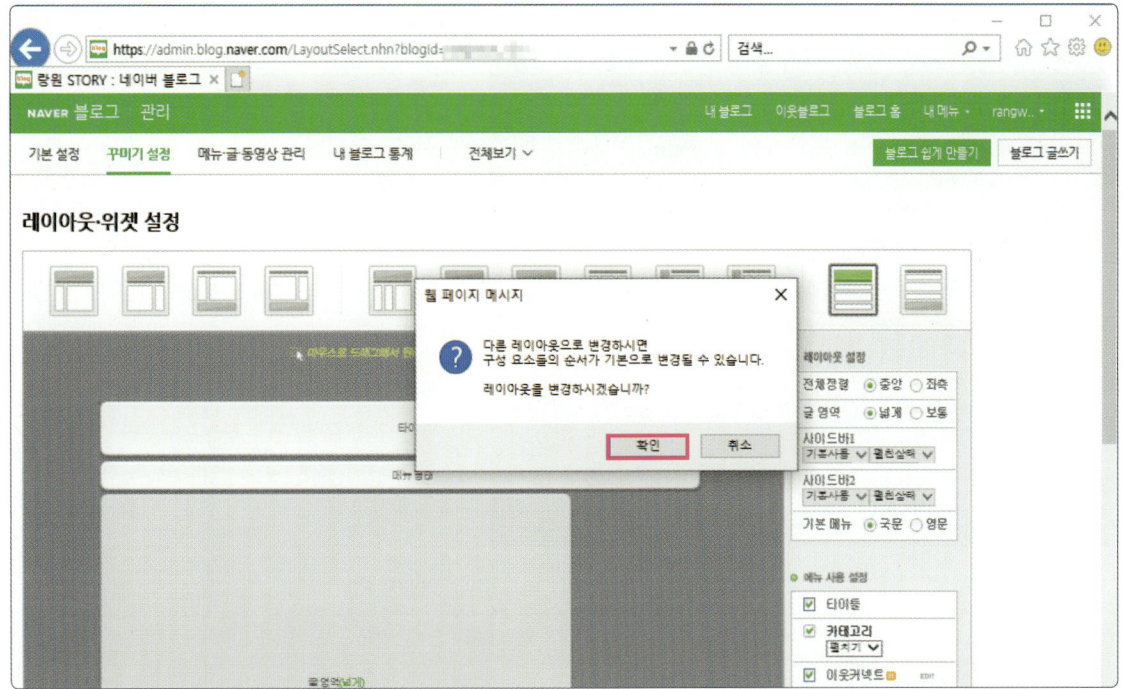

③ 새로운 레이아웃으로 변경될 모양을 보여줍니다.

④ 하단의 [적용]을 클릭하면 [웹 페이지 메시지] 대화상자가 나타납니다. [확인]을 클릭하면 블로그의 레이아웃이 변경됩니다.

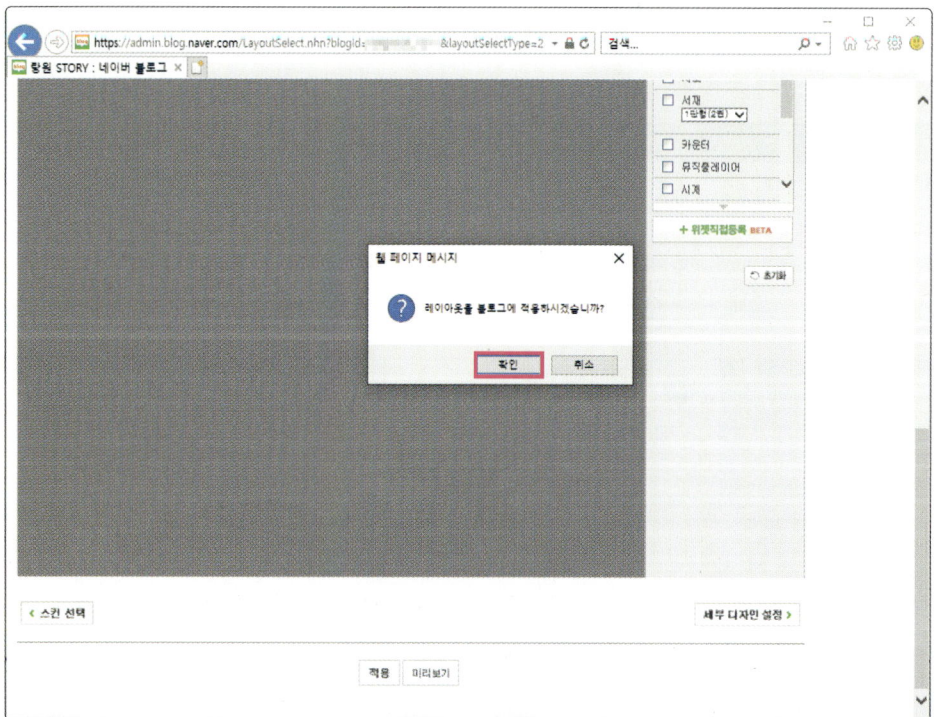

02 위젯 설정하기

1 [관리]를 클릭하고 [꾸미기 설정]에서 [디자인 설정]의 [레이아웃·위젯 설정]을 클릭합니다. 오른쪽 메뉴의 [위젯 사용 설정]에서 사용할 위젯을 클릭하여 선택합니다.

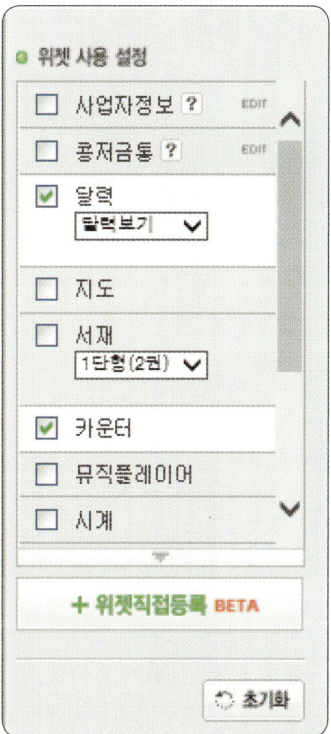

참고하세요

체크되어 있는 위젯의 체크 표시를 클릭하면 체크가 해제되고 위젯도 해제됩니다.

2 선택한 위젯이 적용된 것을 확인할 수 있습니다.

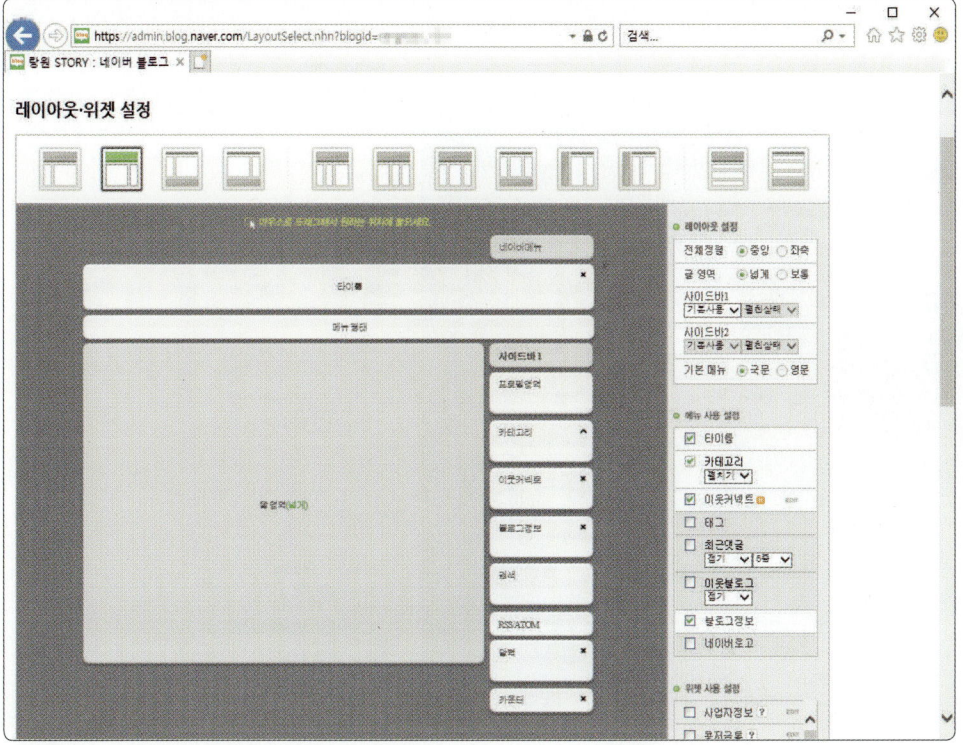

③ 위젯을 클릭한 후 드래그하여 자신이 원하는 위치에 옮겨봅니다.

④ 하단의 [적용] 단추를 클릭한 후 내 블로그에서 위젯이 설정되었는지 확인합니다.

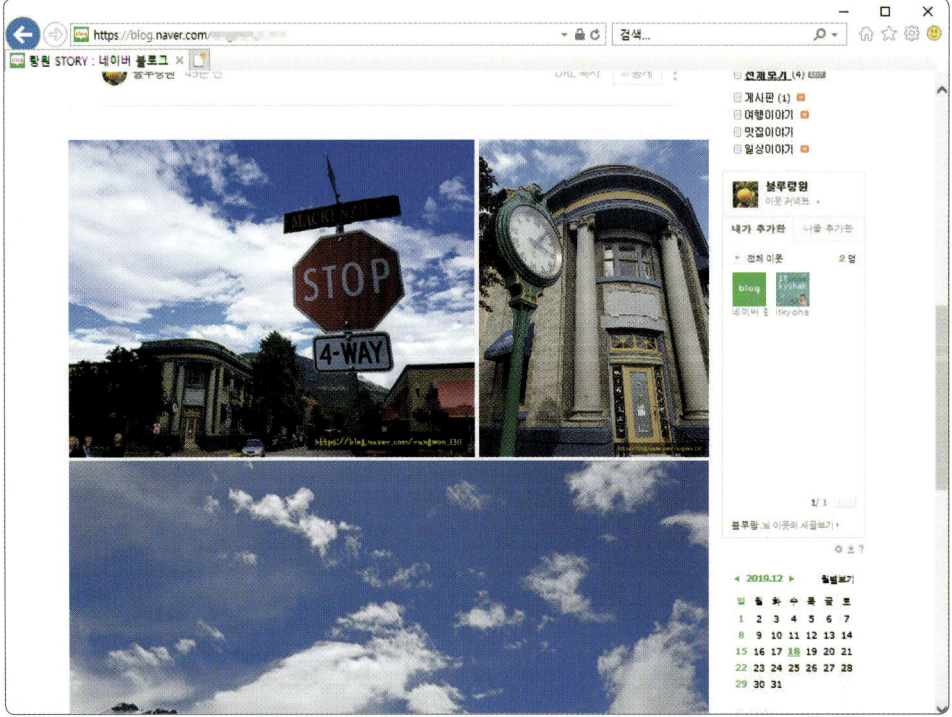

"혼자 풀어 보세요"

1 [위젯 사용 설정]에서 기본으로 제공하는 위젯의 [날씨] 위젯을 설정해 보세요.

2 [위젯 사용 설정]에서 기본으로 제공하는 위셋의 [달력]과 [카운터] 위젯을 해제해 보세요.

10 리모컨으로 세부 디자인 설정하기

스킨 배경, 타이틀, 블로그 메뉴 등 다양한 설정을 빠르게 변경하게 도와주는 기능을 리모콘이라 합니다. 관리메뉴에도 동일한 기능을 제공하지만, 리모콘은 내 메뉴 버튼에서 바로 실행이 가능하도록 구성되어 있습니다. 리모콘은 사용자가 자주 사용하는 기능을 모아놓은 기능입니다.

▶▶ 스킨 배경을 설정해 봅니다.
▶▶ 타이틀 디자인을 변경해 봅니다.
▶▶ 블로그 메뉴의 디자인을 변경해 봅니다.

배울 내용 미리보기

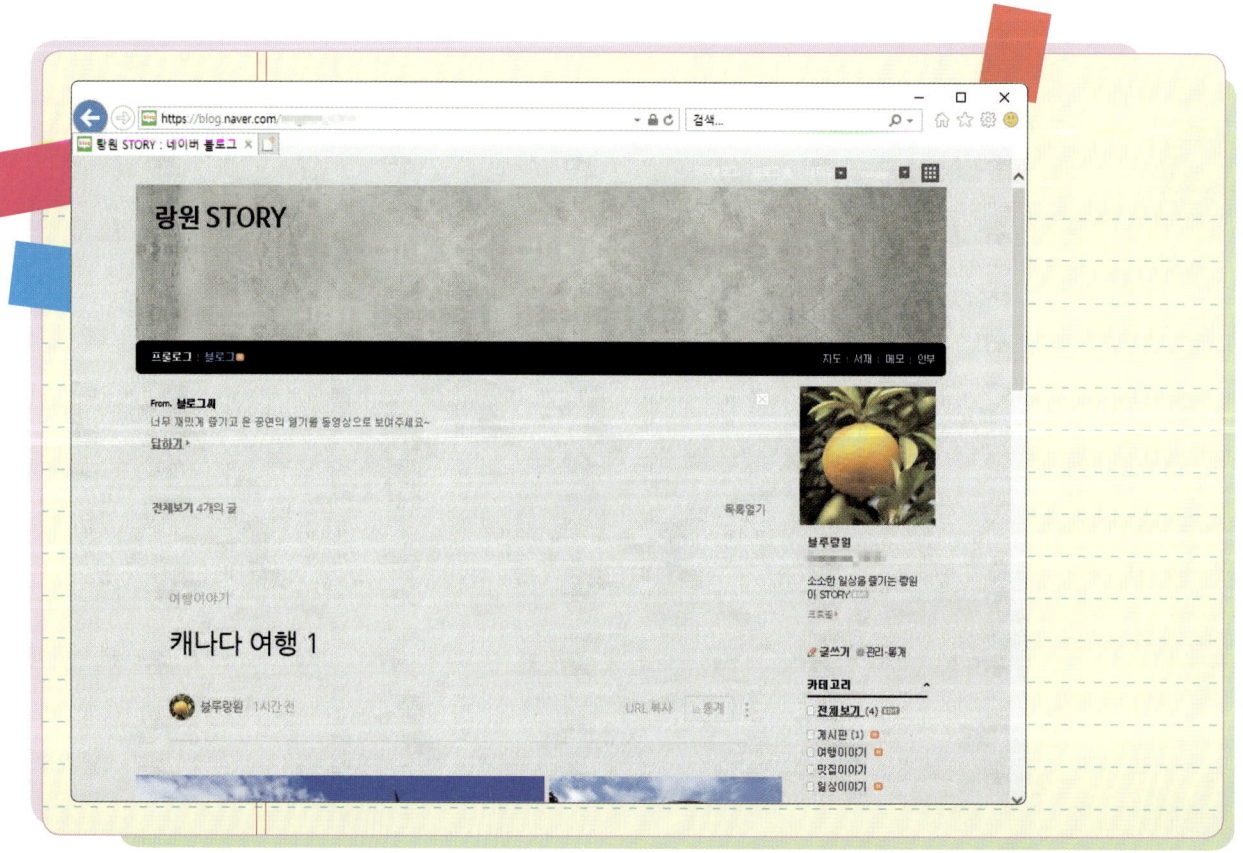

01 스킨 배경 설정하기

1 블로그 화면 상단의 [내메뉴]에서 [세부 디자인 설정]을 클릭합니다.

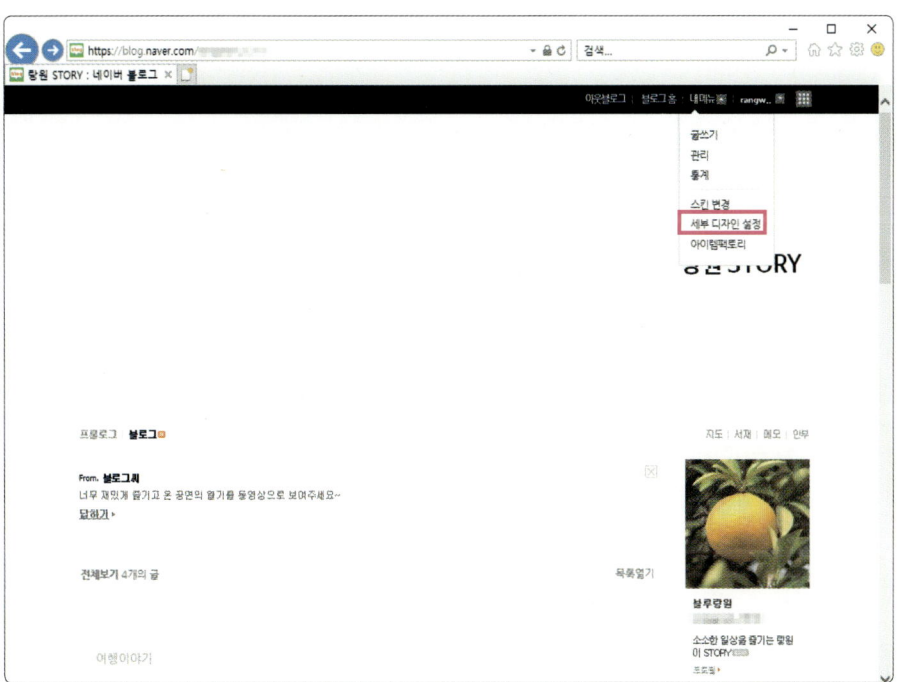

2 [스킨배경]으로는 스타일과 컬러, 그리고 사용자가 직접 스킨을 만들어 등록할 수 있습니다. 사용하고자 하는 스킨을 선택하면 스킨모양이 바뀝니다. 여기서는 스타일을 변경합니다.

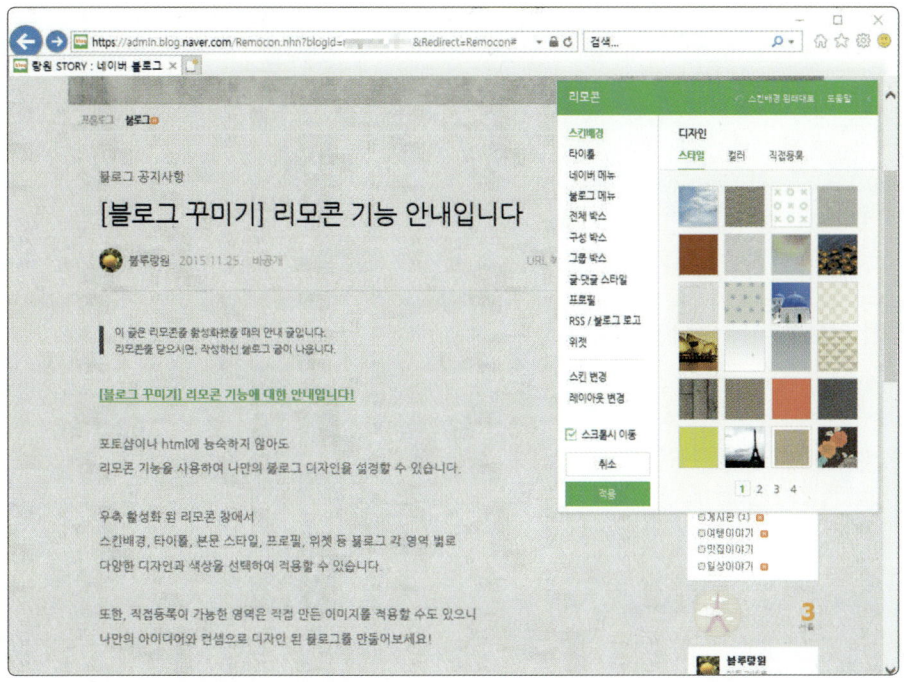

 타이틀 디자인 변경하기

1 [리모콘]에서 [타이틀]을 선택하고 [디자인] 탭의 [스타일]에서 원하는 디자인을 클릭하고 서체의 위치를 좌측 상단으로 변경합니다.

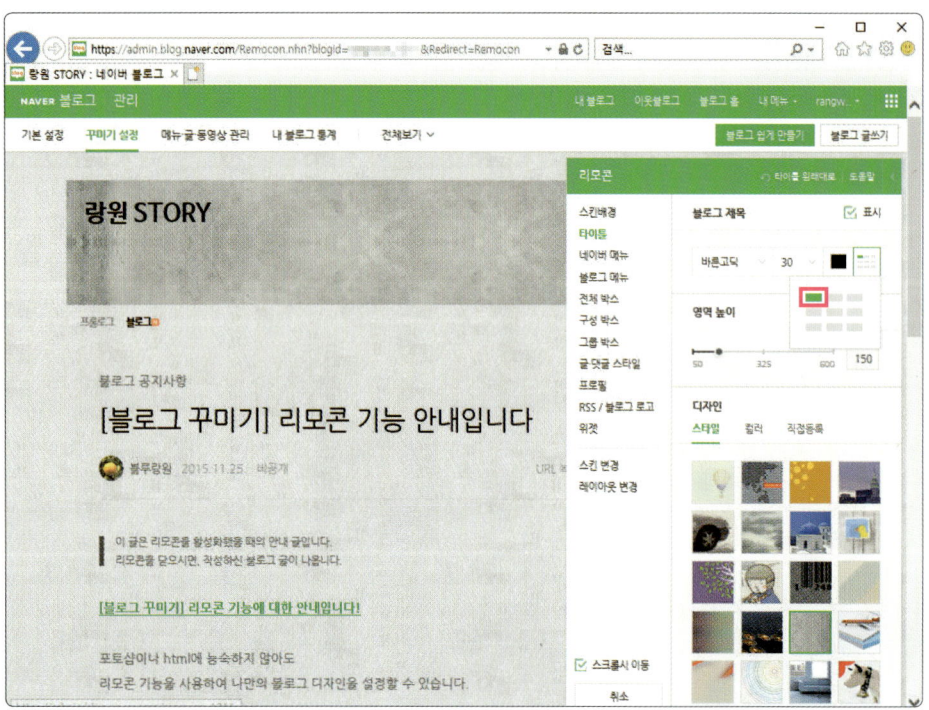

2 타이틀의 높이를 '180'으로 조정하고 [적용]을 클릭합니다.

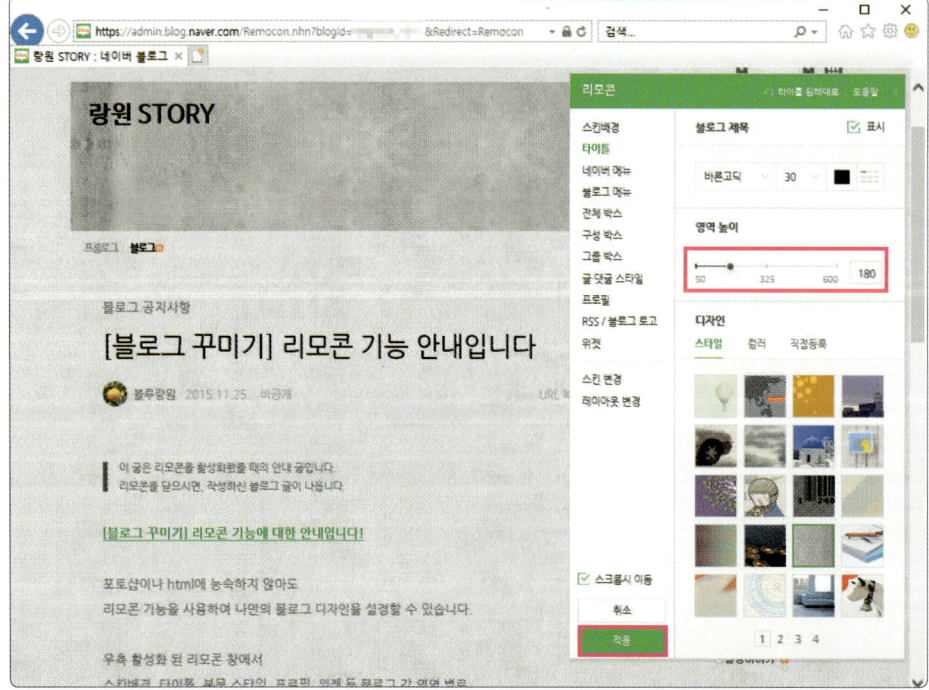

③ [세부 디자인 적용] 대화상자가 나타나면 [적용]을 클릭합니다.

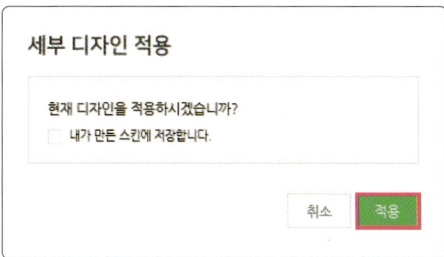

④ 다음과 같이 스킨과 타이틀이 변경된 것을 확인할 수 있습니다.

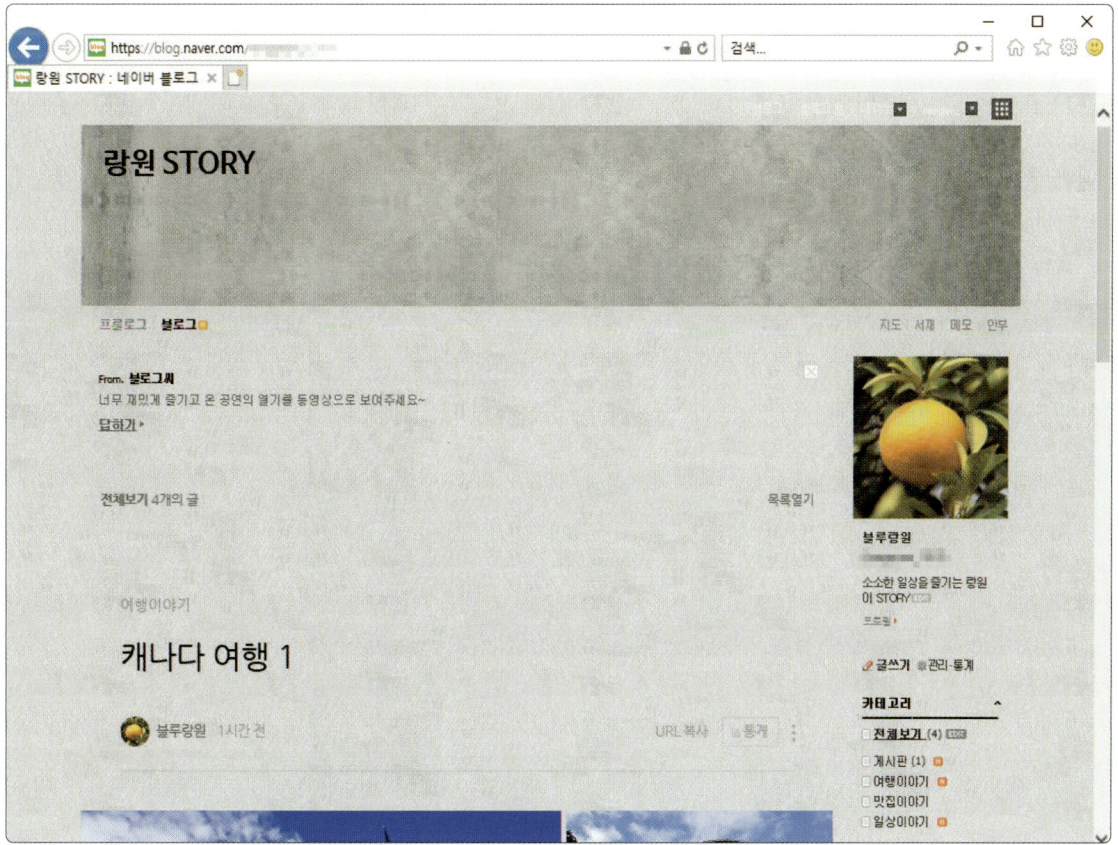

 ## 블로그메뉴 디자인 변경하기

1 [리모콘]에서 [블로그 메뉴]를 클릭합니다. [디자인]의 [스타일]에서 원하는 블로그메뉴 디자인을 선택한 다음 [적용]을 클릭합니다. [세부 디자인 적용] 대화상자가 나타나면 [적용]을 클릭합니다.

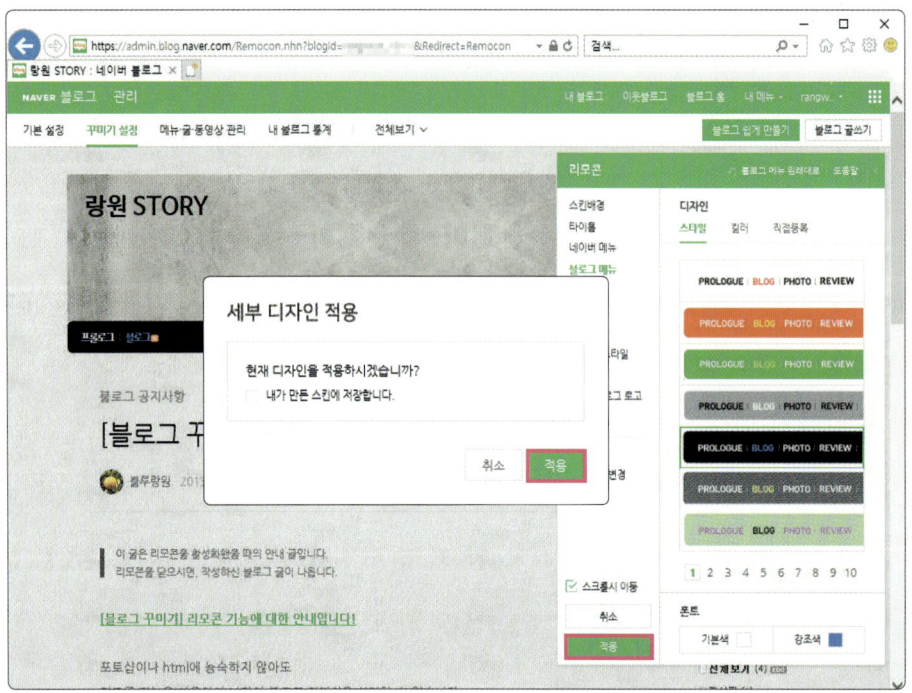

2 다음과 같이 [블로그 메뉴]의 디자인이 변경된 것을 확인할 수 있습니다.

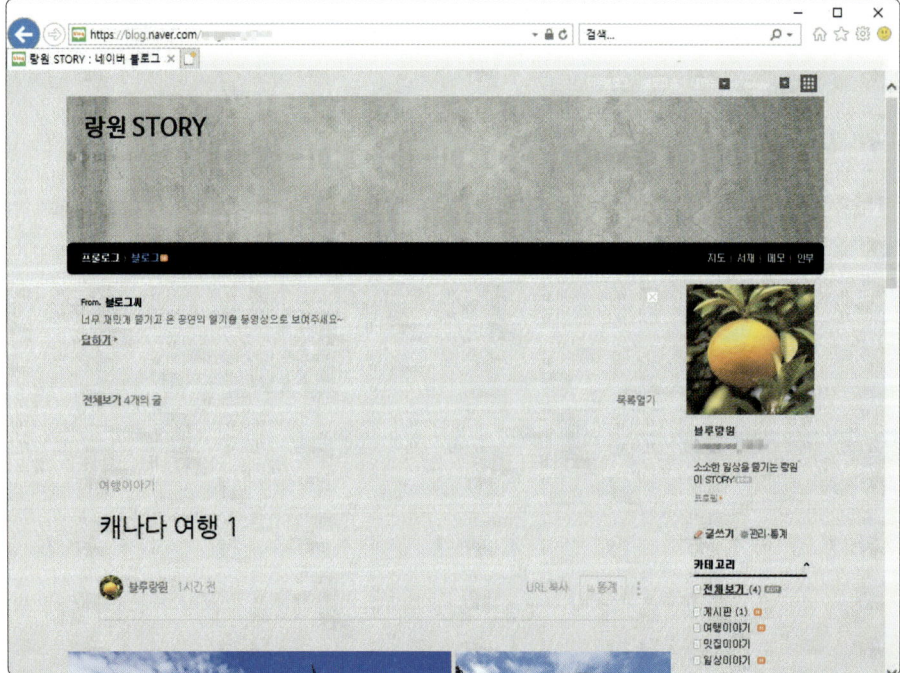

"혼자 풀어 보세요"

1 리모콘을 이용해서 [구성박스]의 디자인을 변경해 보세요.

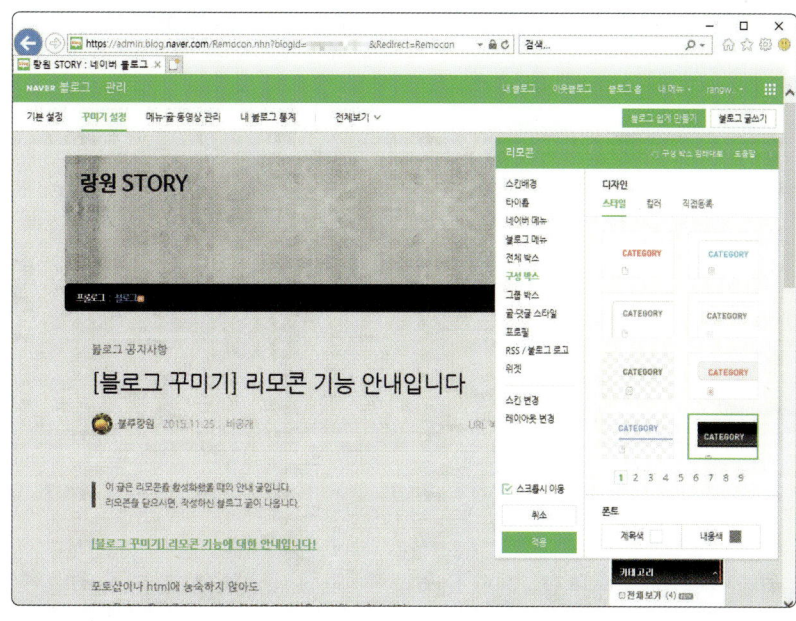

2 [내블로그]에서 변경된 [구성박스]를 확인해 보세요.

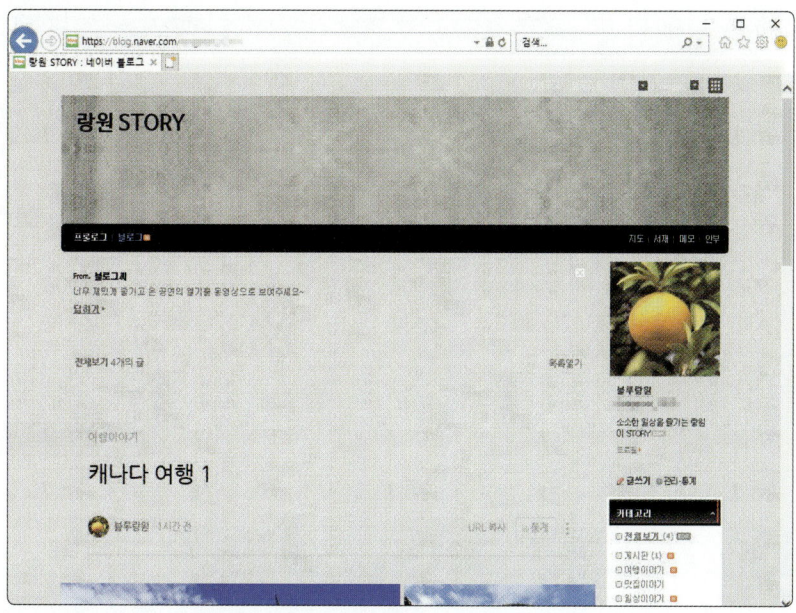

아이템 설정하기

댓글에 ID와 함께 표시되는 사용자 아이콘을 퍼스나콘이라 부릅니다. 또한 시스템에서 제공하는 기본 글자 폰트 외에 다양한 새로운 글자 폰트를 적용할 수도 있습니다. 무료로 구할 수 있는 폰트를 적용해서 블로그 제목, 블로그 주요 메뉴, 포스트 제목, 글 작성 등의 영역별 폰트를 모두 다르게 설정해 봅니다.

▶▶ 무료 퍼스나콘을 설정해 봅니다.
▶▶ 블로그 제목, 주요 메뉴, 포스트 제목, 글 작성 등의 폰트를 설정해 봅니다.

배울 내용 미리보기

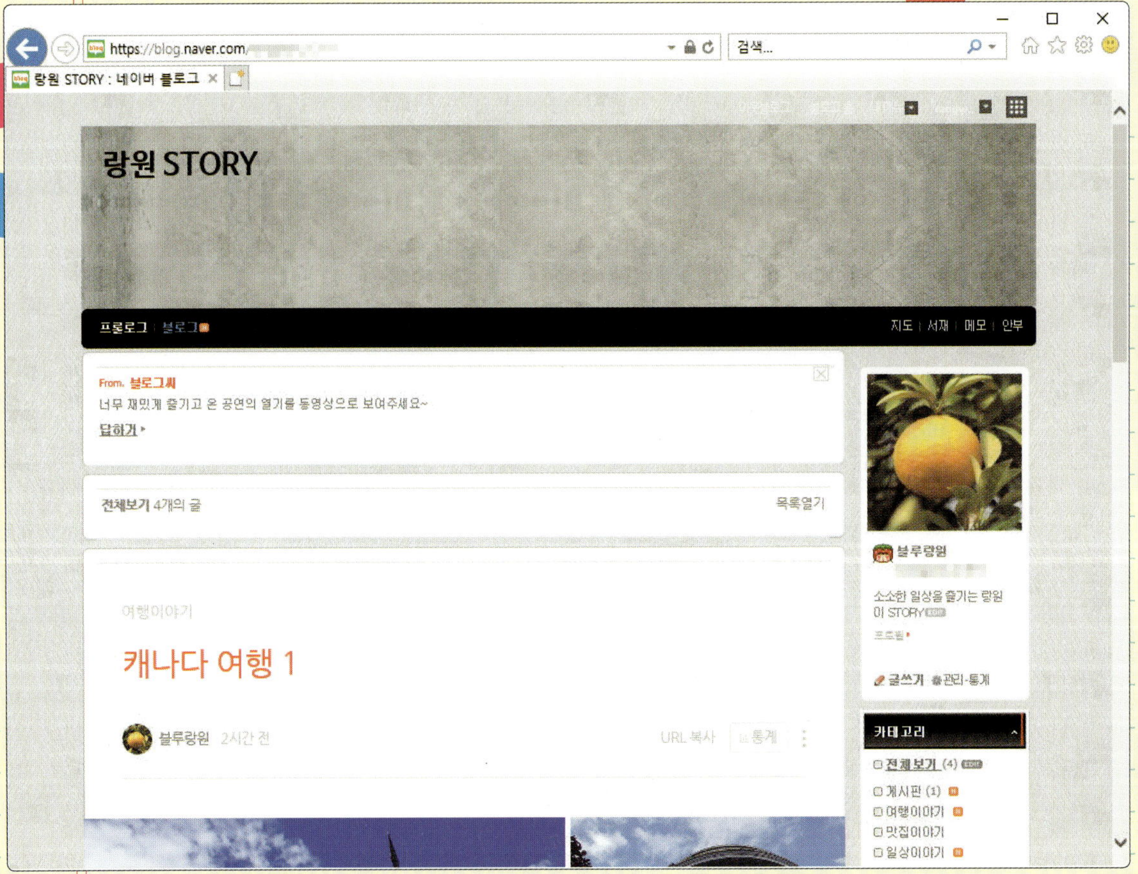

01 퍼스나콘 설정하기

1 [관리]를 클릭하고 [꾸미기 설정]에서 [아이템 설정]의 [퍼스나콘]을 클릭합니다.

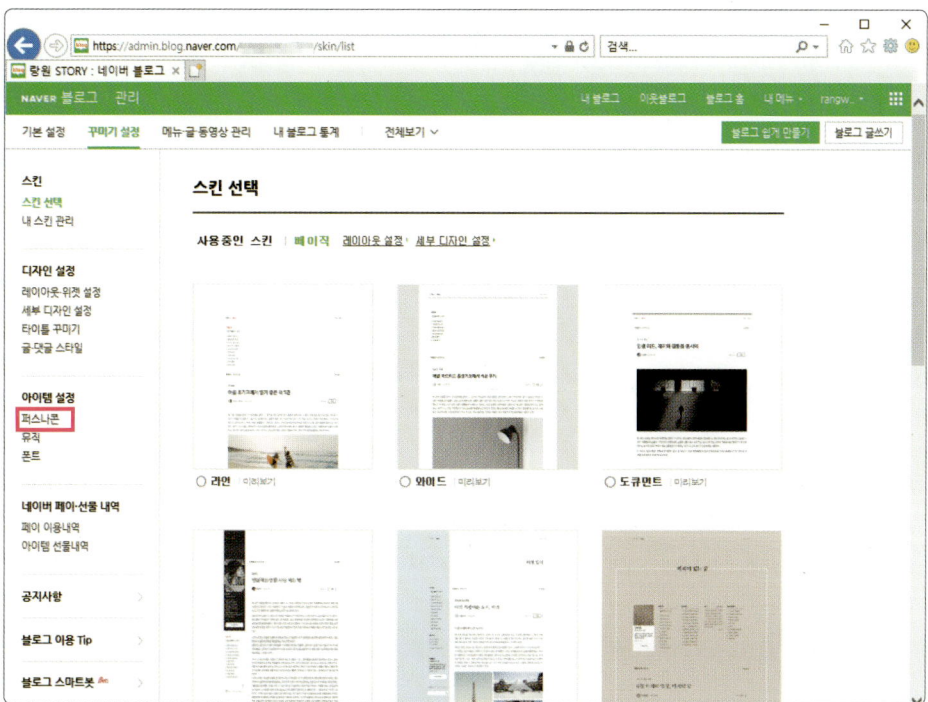

2 [무료 퍼스나콘 전체 보기]를 클릭합니다.

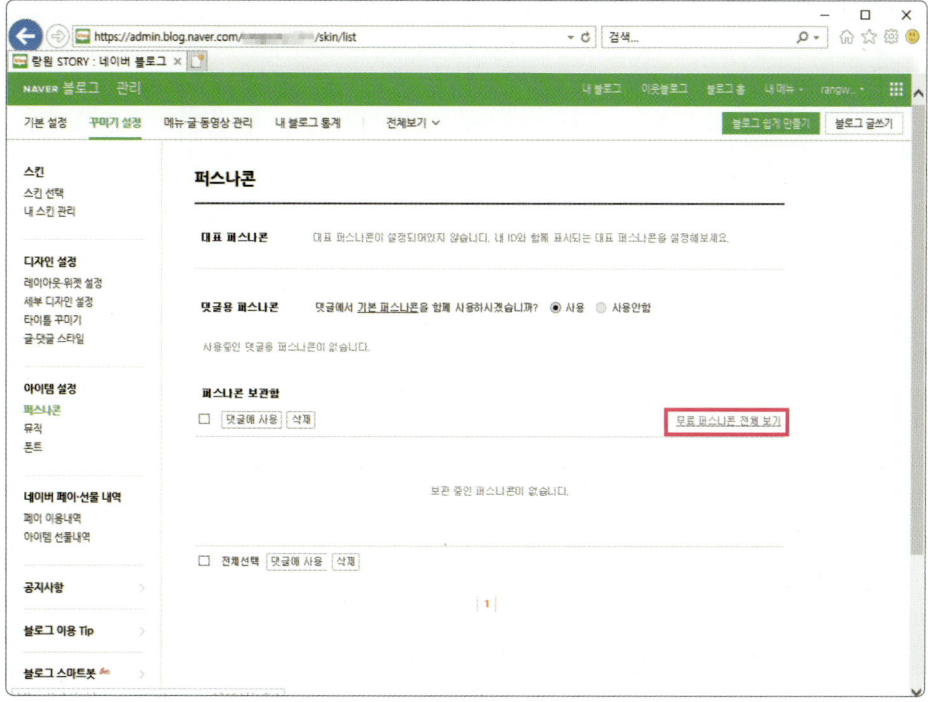

③ 원하는 소재별이나 감정별로 클릭한 후 원하는 퍼스나콘에서 [담기]를 클릭합니다.

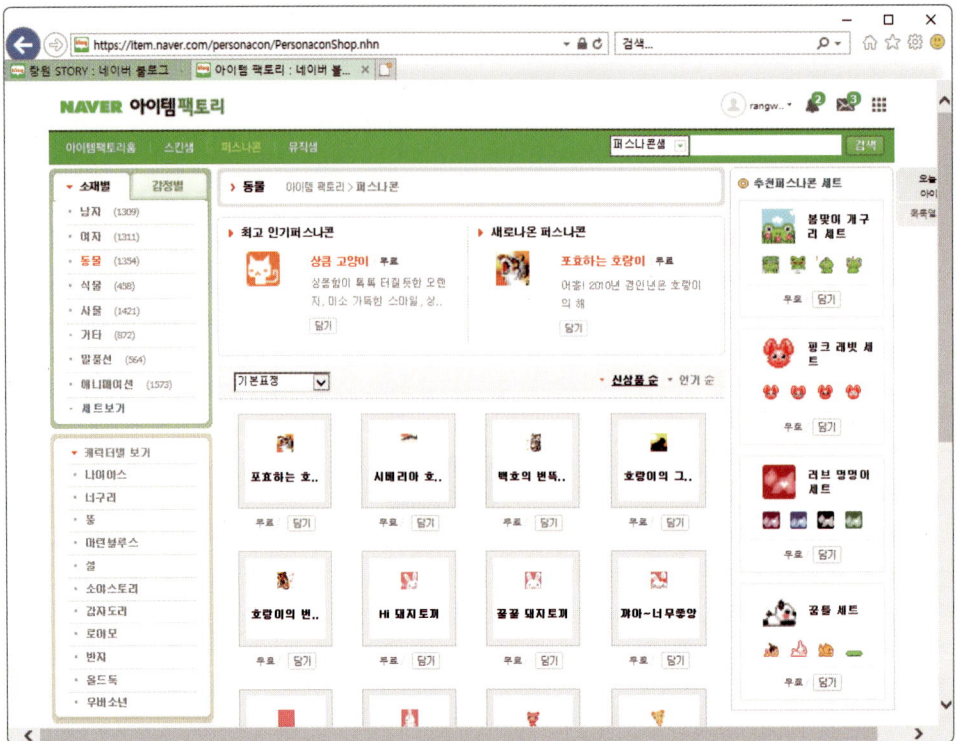

④ 선택된 퍼스나콘을 확인한 후 [블로그에 담기]를 클릭합니다.

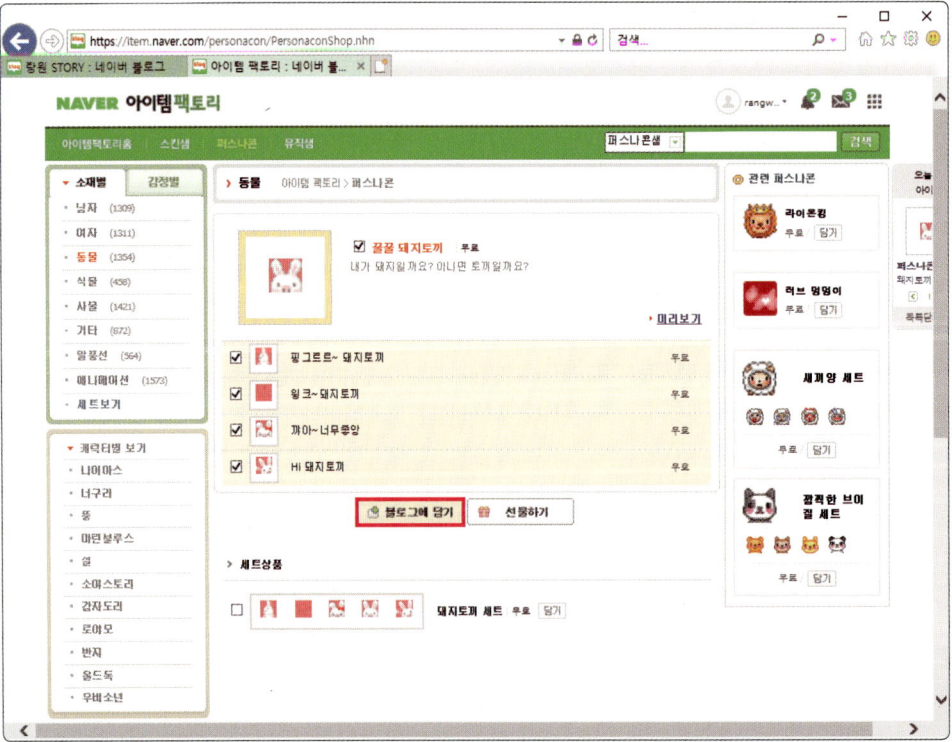

5 [아이템 담기] 대화상자가 나타나면 [대표퍼스나콘으로 설정]을 클릭합니다.

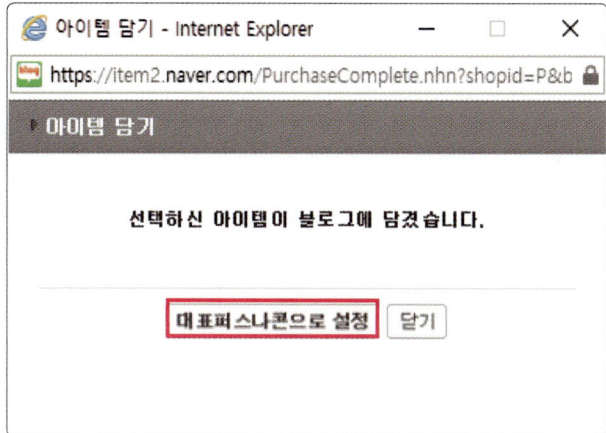

6 [웹 페이지 메시지] 대화상자가 나타나면 [확인]을 클릭합니다.

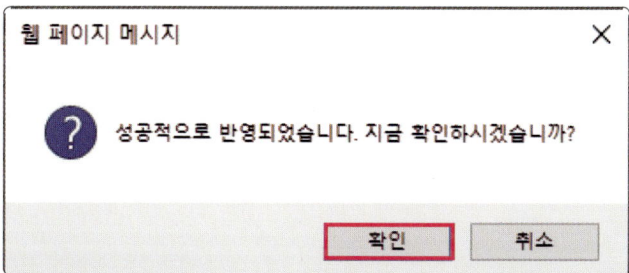

7 다음과 같이 대표 퍼스나콘이 설정되었습니다.

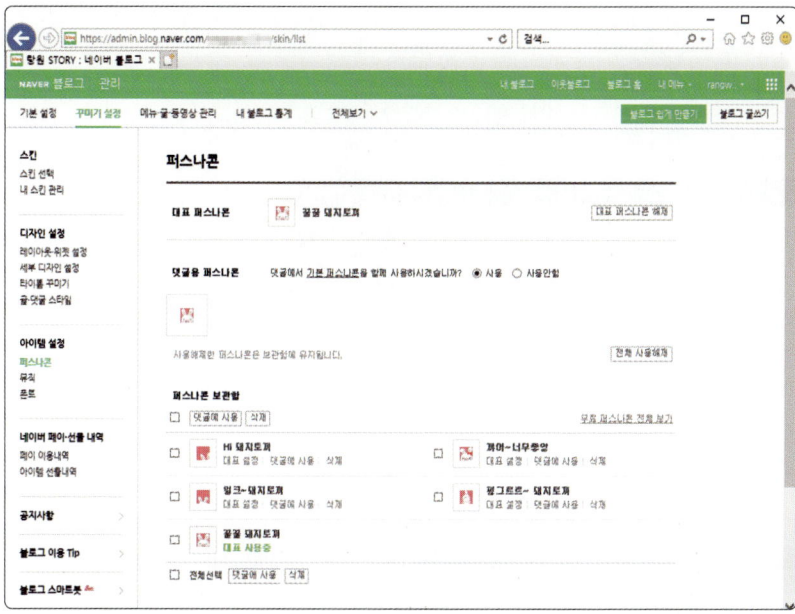

"혼자 풀어 보세요"

1 [리모콘]을 이용하여 [글·댓글 스타일]에서 [디자인]의 스타일을 변경해 보세요.

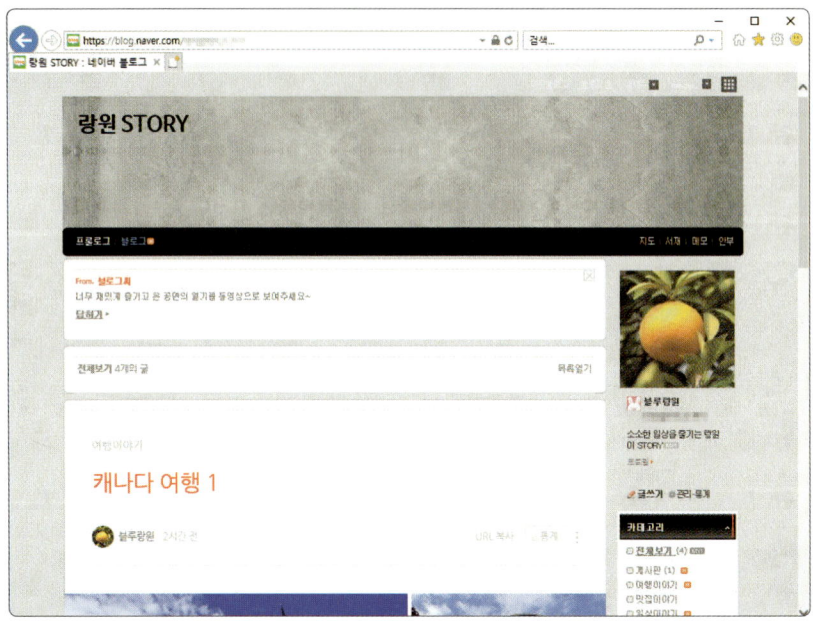

2 [리모콘]을 이용하여 [프로필]에서 [디자인]의 스타일을 변경해 보세요.

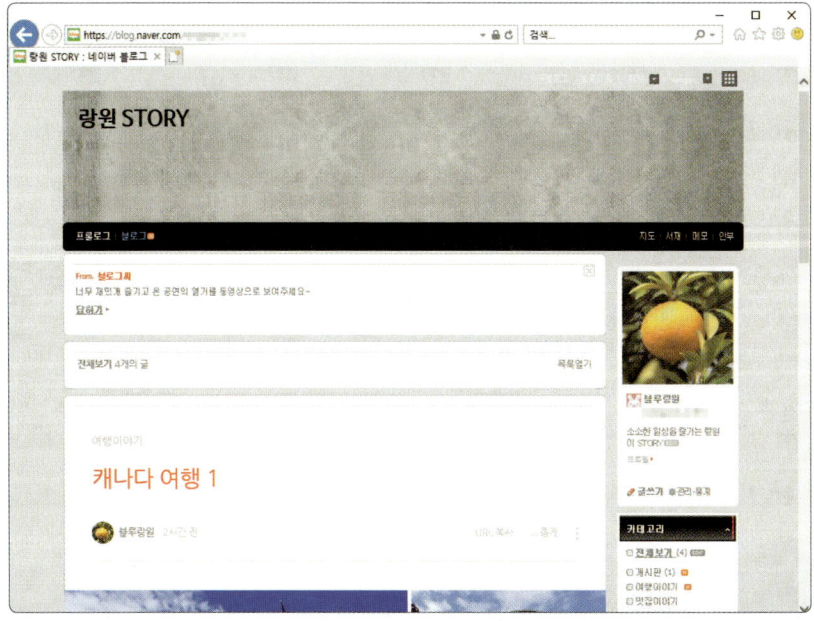

"혼자 풀어 보세요"

3 무료 퍼스나콘에서 [캐릭터별 보기]에서 '소야스토리' 퍼스나콘을 [블로그 담기] 해 보세요.

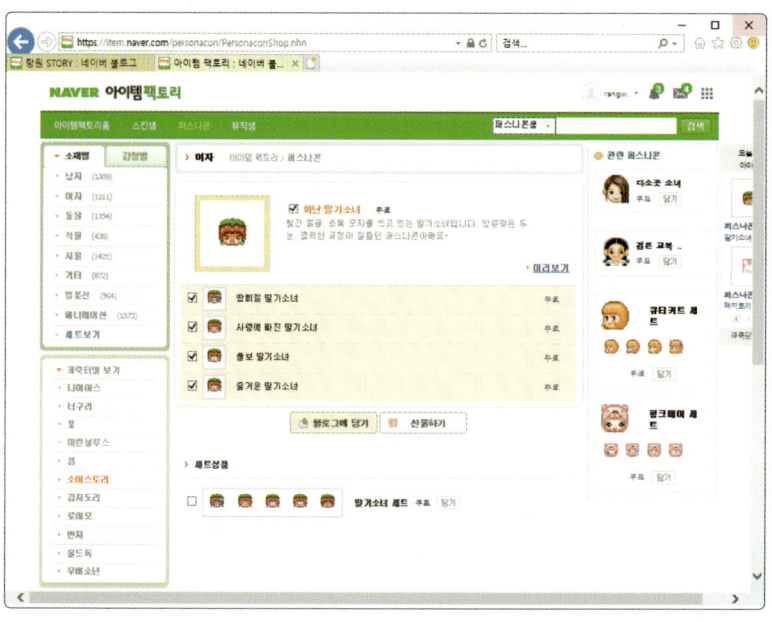

4 '소야스토리' 퍼스나콘을 [댓글용 퍼스나콘]으로 사용할 수 있도록 추가해 보세요.

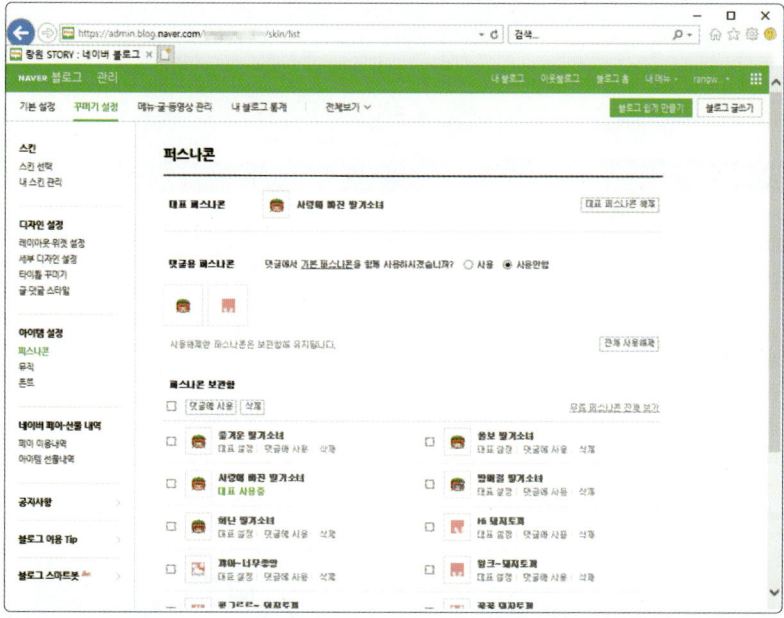

101

12 블로그 프롤로그 설정하기

블로그에서 주요한 카테고리를 일목요연하게 소개하는 것을 프롤로그라 합니다. 프롤로그에서는 포스트를 강조하는 형식이 있고 이미지를 강조하는 형식으로 꾸밀 수 있습니다. 대표하는 카테고리를 선정하여 배치하고 프롤로그 메뉴를 상단 메뉴에 추가해 봅니다.

▶▶ 프롤로그를 설정해 봅니다.
▶▶ 원하는 카테고리로 상단메뉴를 구성해 봅니다.

배울 내용 미리보기

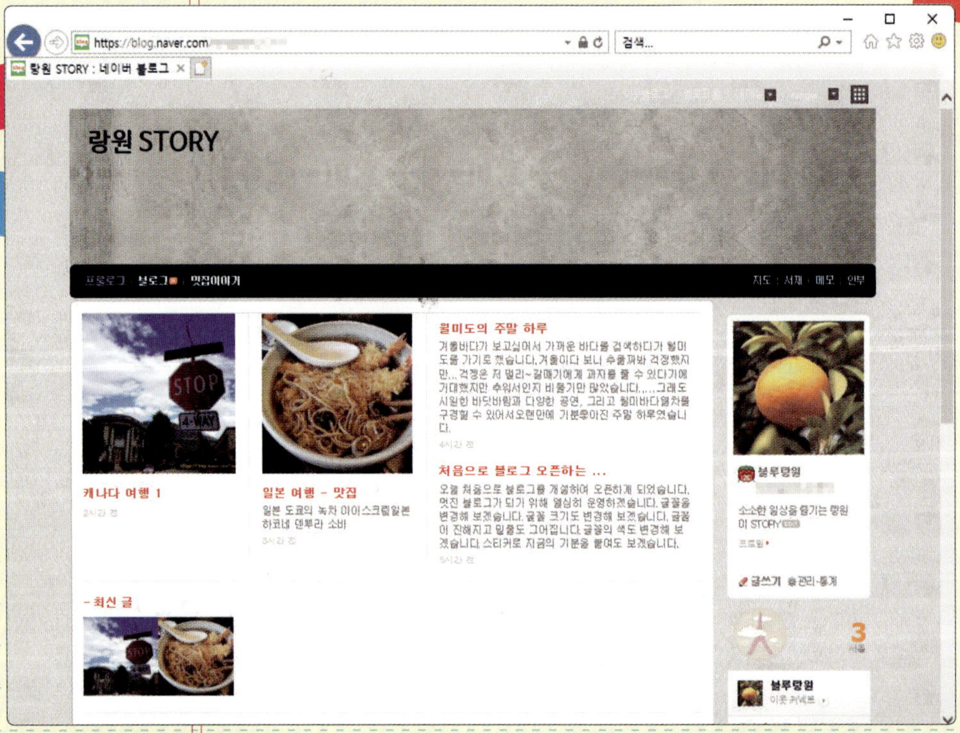

01 프롤로그 설정하기

1 [관리]를 클릭하고 [메뉴·글·동영상 관리]에서 [메뉴 관리]의 [프롤로그]를 클릭합니다.

2 보기 설정에서 글 강조를 선택하고, 메인목록과 이미지목록, 글목록 옆에 변경을 클릭하여 프롤로그에 보여주고 싶은 카테고리로 변경합니다. [확인]을 클릭하고 프롤로그에서 [확인]을 클릭합니다.

상단 메뉴 설정하기

1 ※관리를 클릭하고 [메뉴·글·동영상 관리]에서 [메뉴 관리]의 [상단메뉴 설정]을 클릭합니다.

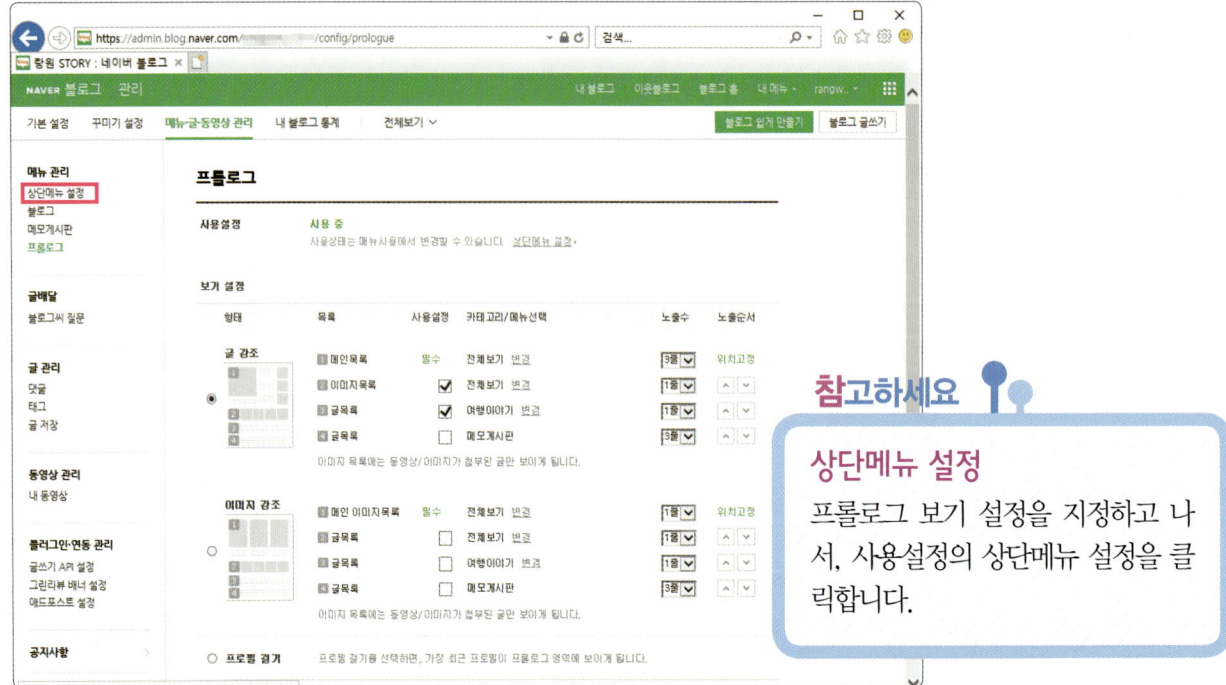

참고하세요

상단메뉴 설정
프롤로그 보기 설정을 지정하고 나서, 사용설정의 상단메뉴 설정을 클릭합니다.

2 프롤로그 대표메뉴의 단추를 선택하고 하단에서 [확인]을 클릭합니다.

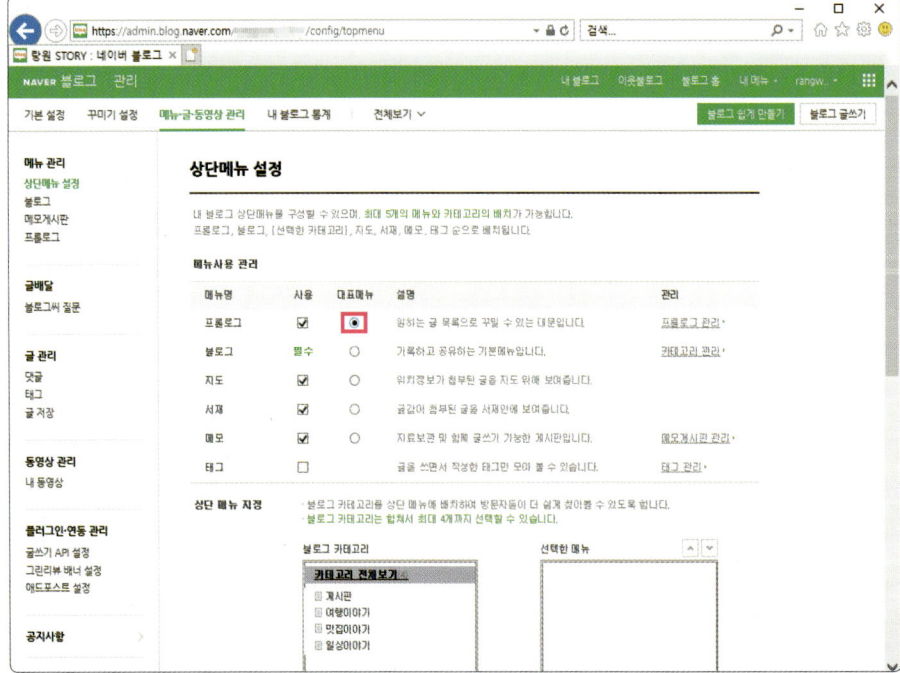

③ 상단 메뉴 지정의 블로그 카테고리에서 원하는 카테고리를 클릭한 후 [선택] 단추를 클릭합니다.

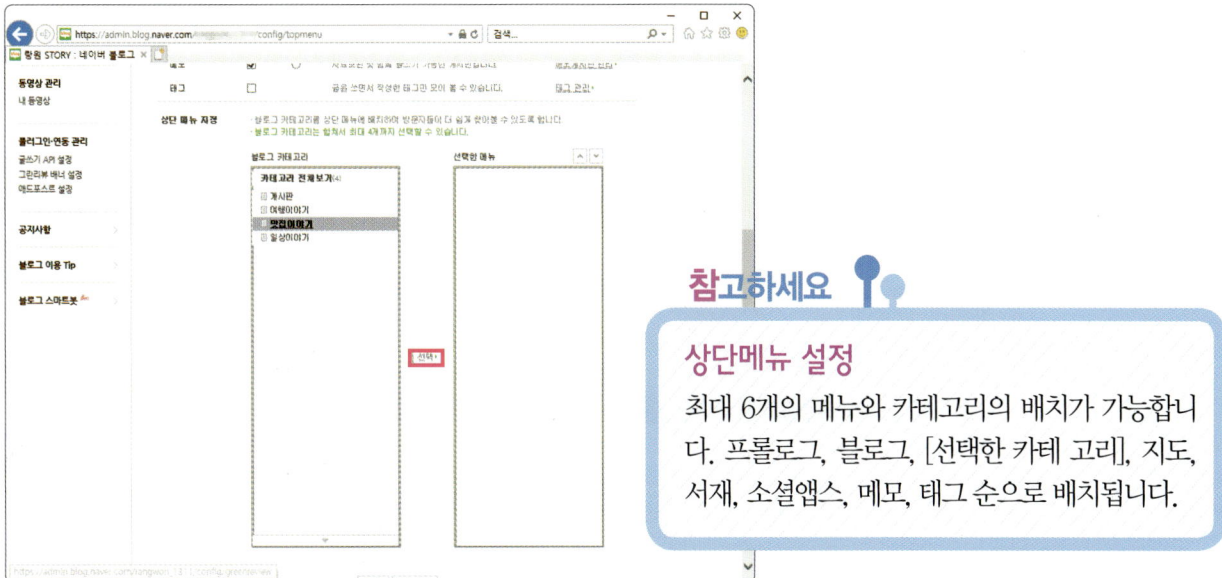

참고하세요

상단메뉴 설정
최대 6개의 메뉴와 카테고리의 배치가 가능합니다. 프롤로그, 블로그, [선택한 카테 고리], 지도, 서재, 소셜앱스, 메모, 태그 순으로 배치됩니다.

④ 하단의 [확인]을 클릭하여 [성공적으로 반영되었습니다.] 메시지가 나타나면 [확인]을 클릭합니다.

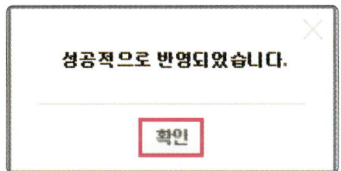

⑤ 내블로그로 이동하여 프롤로그가 설정되었는지 확인해 봅니다.

"혼자 풀어 보세요"

1 상단메뉴 설정에서 프롤로그 사용을 해제하고 블로그를 대표메뉴로 지정해 보세요.

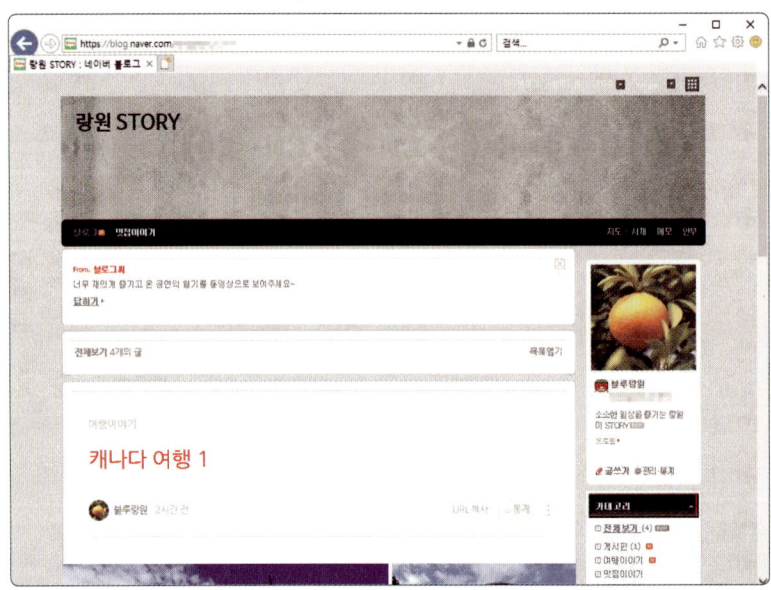

2 프롤로그를 이미지 강조형으로 지정한 후 프롤로그를 대표메뉴로 설정해 보세요.

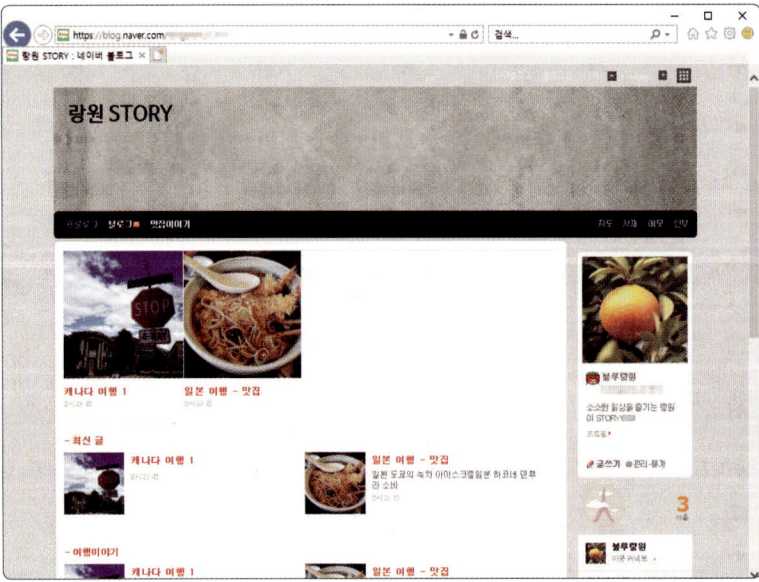

13 블로그 서명 만들기

포토스케이프를 이용하여 네이버 블로그 서명을 만드는 방법을 학습하며, 블로그 포스트에 삽입할 사진에 서명을 적용시켜 보도록 하겠습니다.

▶▶ 포토스케이프를 이용한 블로그 서명을 만들어 봅니다.
▶▶ 블로그에 서명을 적용해 봅니다.

배울 내용 미리보기 +

랑원이의 소소한 이야기

01 포토스케이프를 이용한 서명 만들기

1. 바탕화면 포토스케이프 아이콘()을 더블클릭하여 실행합니다. [사진편집]을 클릭하거나 [사진편집] 탭을 클릭합니다.

2. 포토스케이프에 저장되어 있는 투명한 이미지를 선택하기 위해 [컴퓨터] – [로컬디스크] – [Program Files] – [PhotoScape] – [icon] – [travel] 에 이동하고 배경이 투명하게 저장되어 있는 PNG 파일을 클릭합니다.

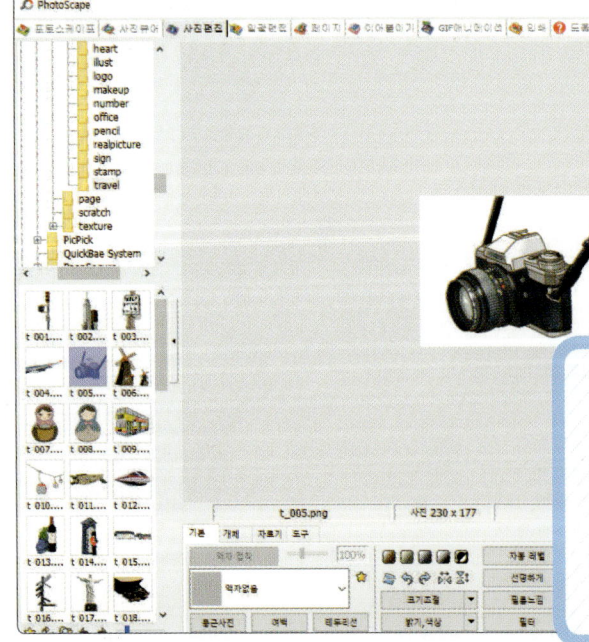

참고하세요

PNG 파일이란 하얀 배경을 투명하게 처리하여 만드는 이미지를 말합니다. 서명 이미지를 제외한 배경을 투명하게 만들기 위해 PNG 파일이 필요한데 포토스케이프에서는 PNG 파일을 만들기 위해 포토스케이프 설치 폴더의 icon 폴더에 저장되어 있는 PNG 파일을 열어 수정하여 서명 이미지를 만듭니다.

③ [자르기] 탭을 클릭하고 이미지의 하얀 빈 공간을 드래그하고 [자르기] 버튼을 클릭합니다.

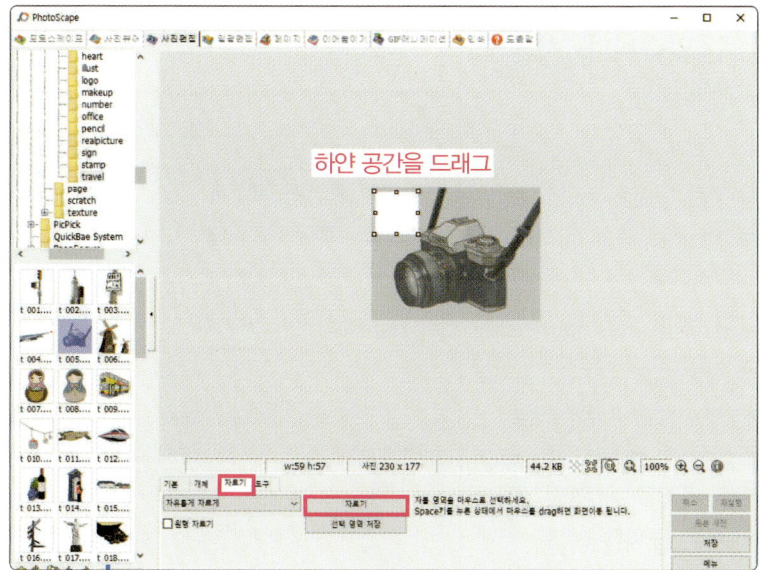

참고하세요
하얀 공간은 PNG 파일의 투명한 영역입니다.

④ [기본] 탭을 클릭하고, [크기조절] 버튼을 클릭합니다. [크기조절] 대화상자에서 [가로:세로 비율 유지] 체크를 해지하고, 가로 '400', 세로 '200'픽셀 이하로 설정한 다음 [확인] 버튼을 클릭합니다.

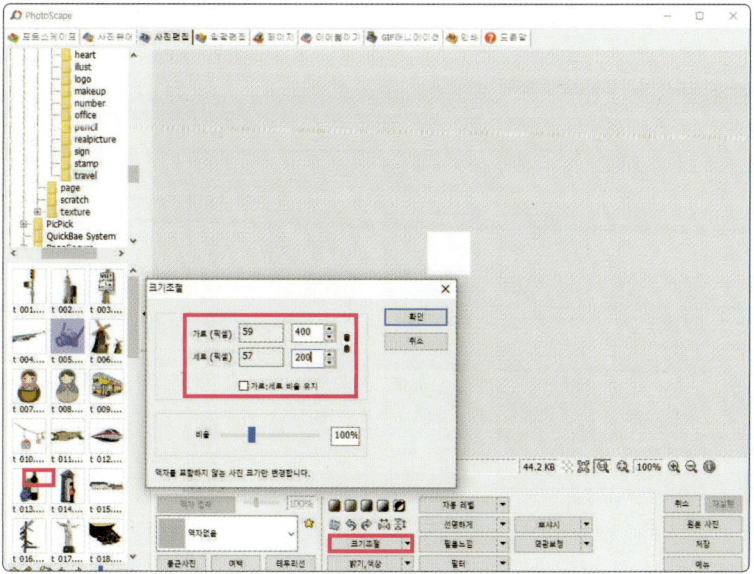

참고하세요
네이버 블로그 서명 이미지는 가로 400픽셀, 세로 200픽셀, 용량 200kb 이하로 저장합니다.

⑤ [개체] 탭을 클릭하고 (T)를 클릭합니다.

6 [글] 대화상자가 나타나면, 여러분 서명에 넣을 텍스트를 입력합니다. 글씨 서체와 크기, 색상, 외곽선, 그림자 등의 속성을 설정할 수 있습니다. 서명 입력을 마치고 [확인] 버튼을 클릭합니다.

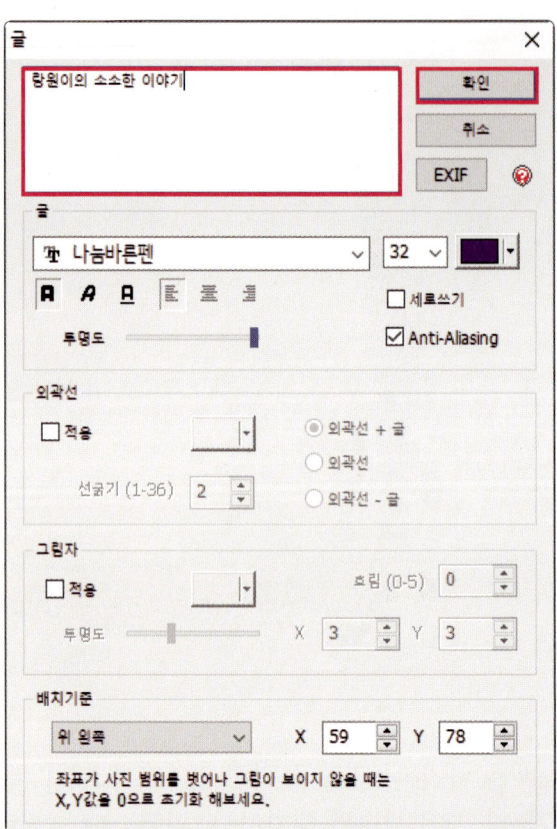

> **참고하세요**
>
> [글] 대화상자에서 서명을 작성하고 [확인] 버튼을 클릭하고 작업 화면에서 글씨를 선택하여 위치를 조정해야합니다. 글씨를 수정하기 위해서는 글씨를 더블 클릭하거나, 마우스 오른쪽 버튼을 클릭하여 '속성 고치기'를 클릭합니다. 글꼴 서체는 사용하는 컴퓨터에 설치되어 있는 서체를 사용하면 됩니다.

7 아이콘(♡)을 클릭하고 [연필]을 선택합니다.

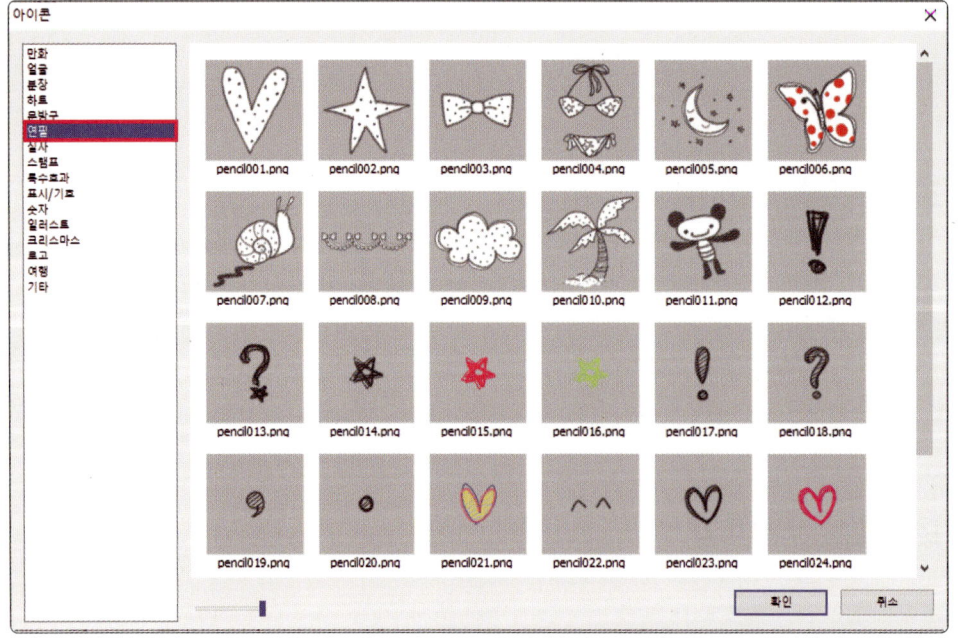

8 [아이콘] 대화상자가 나타나면 서명에 함께 넣을 PNG 이미지를 선택하고, [확인] 버튼을 클릭합니다.

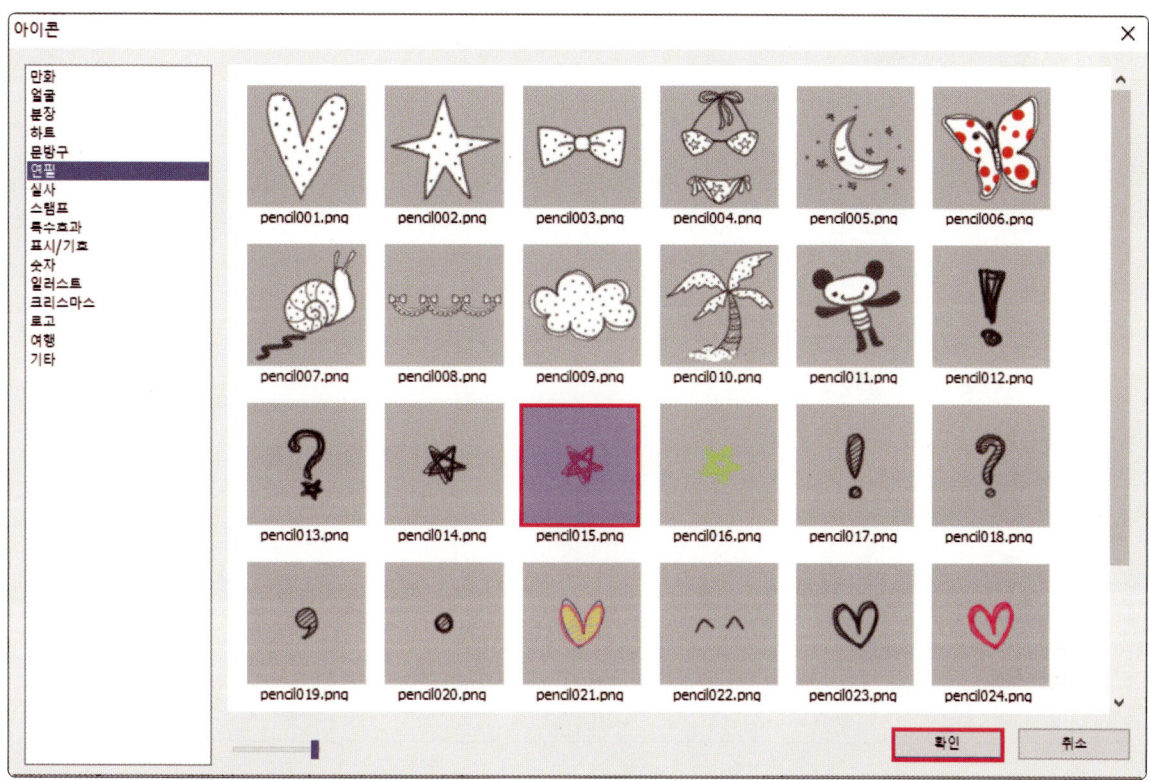

9 삽입된 이미지를 원하는 곳에 이동하고, 방향 조절점(🎧)을 드래그하여 회전하고, 크기 조절점을 드래그하여 배치합니다.

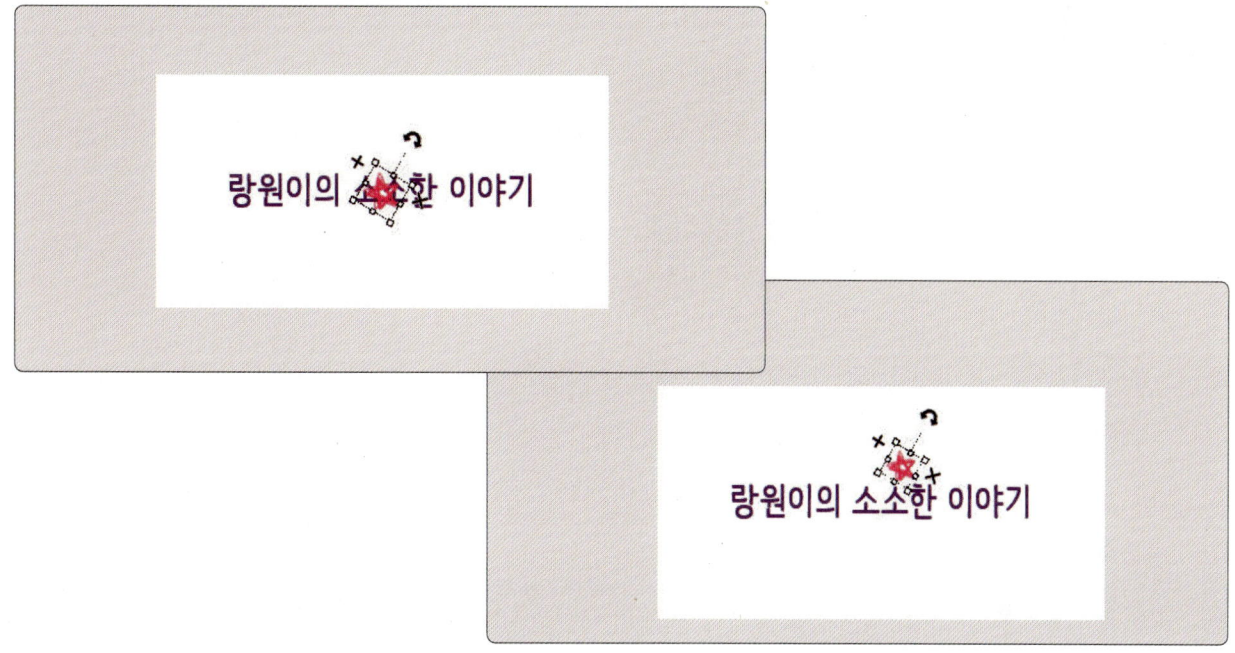

10 입력된 글을 마우스 오른쪽 버튼으로 클릭하고 [속성 고치기]를 클릭합니다.

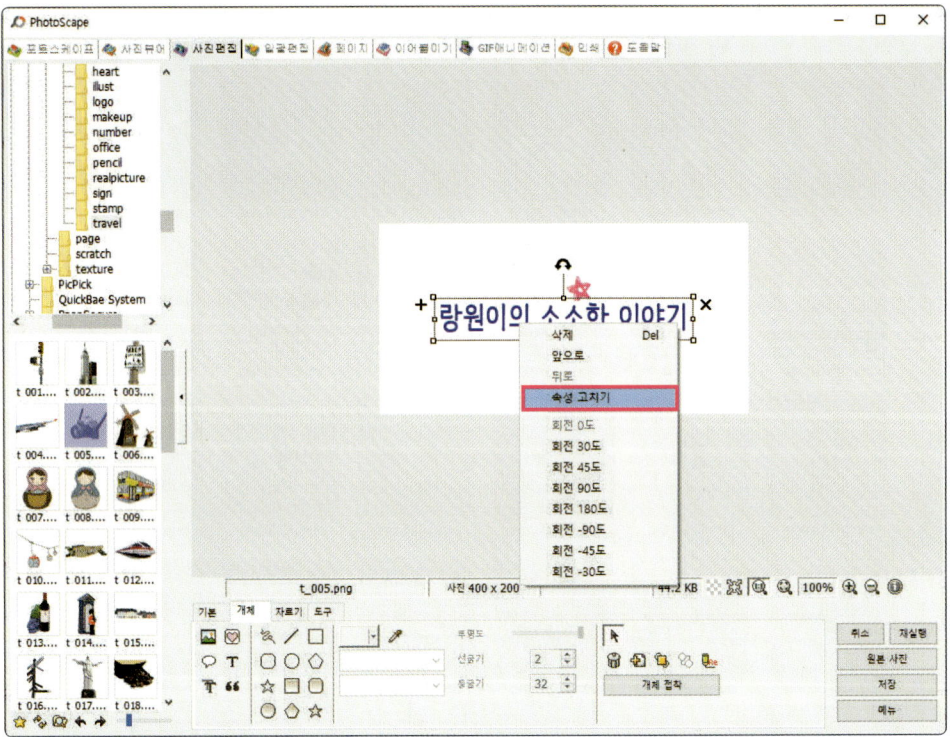

11 블로그 서명의 글씨 색상을 흰색으로 변경하고 [확인] 버튼을 클릭합니다.

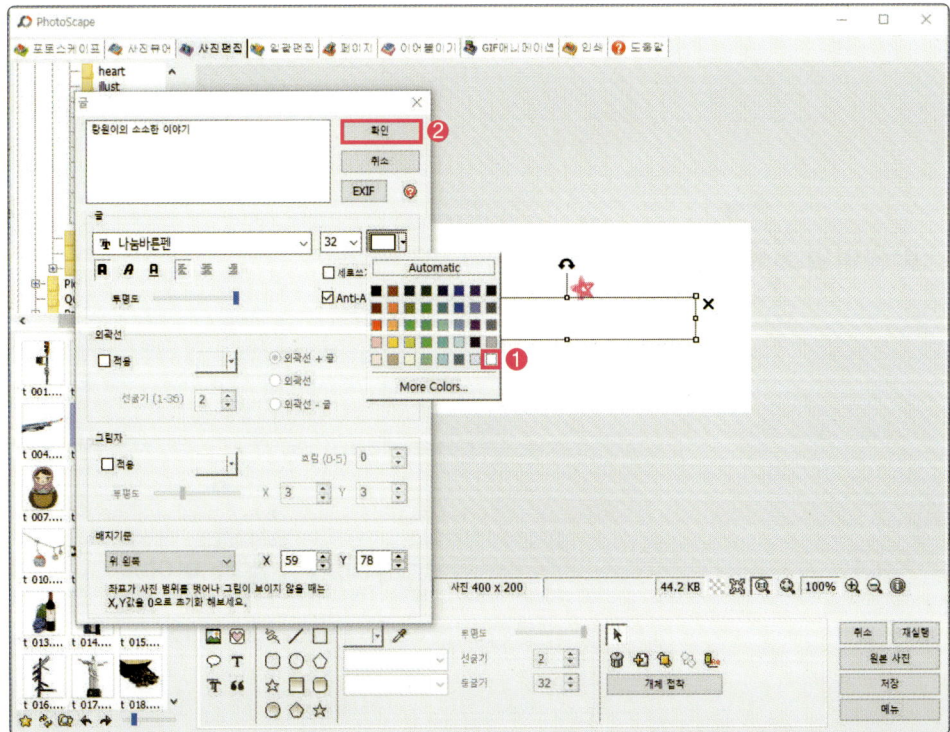

12 글과 삽입된 이미지가 작업 영역 밖으로 나가지 않도록 위치를 지정합니다.

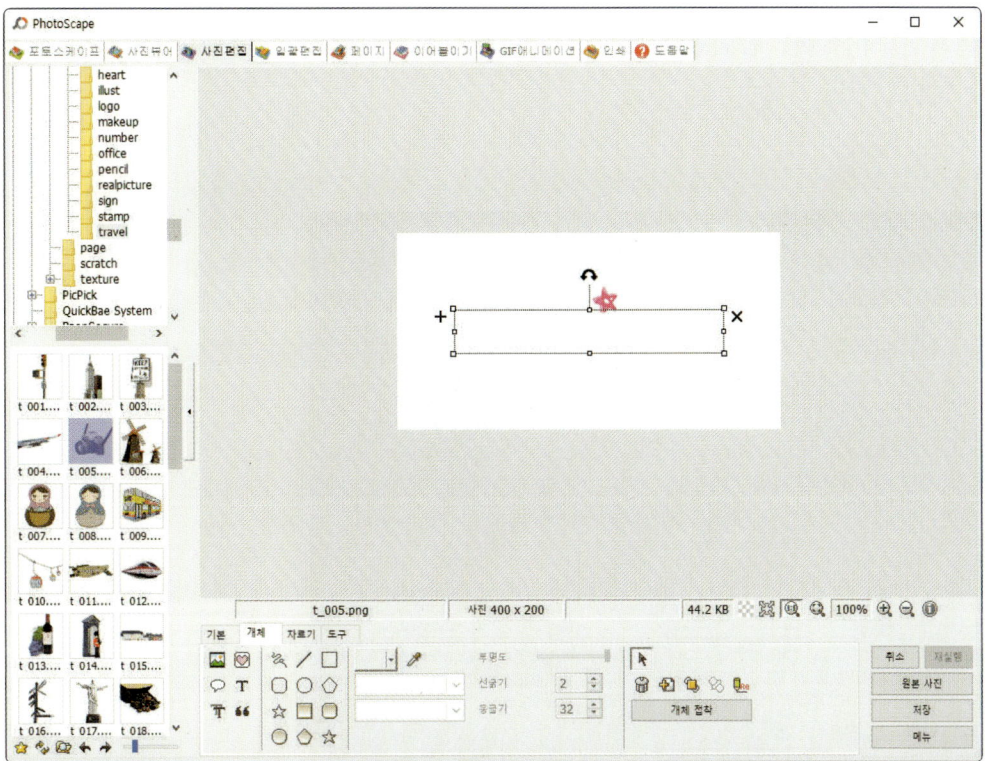

13 오른쪽 하단의 [저장] 버튼을 클릭하고 [저장] 대화상자에서 [다른 이름으로 저장] 버튼을 클릭합니다. [다른 이름으로 저장] 대화상자에서 파일 이름은 'blog_sign'으로 입력하고, 파일 형식을 꼭 PNG 형식으로 선택하고 [저장] 버튼을 클릭합니다.

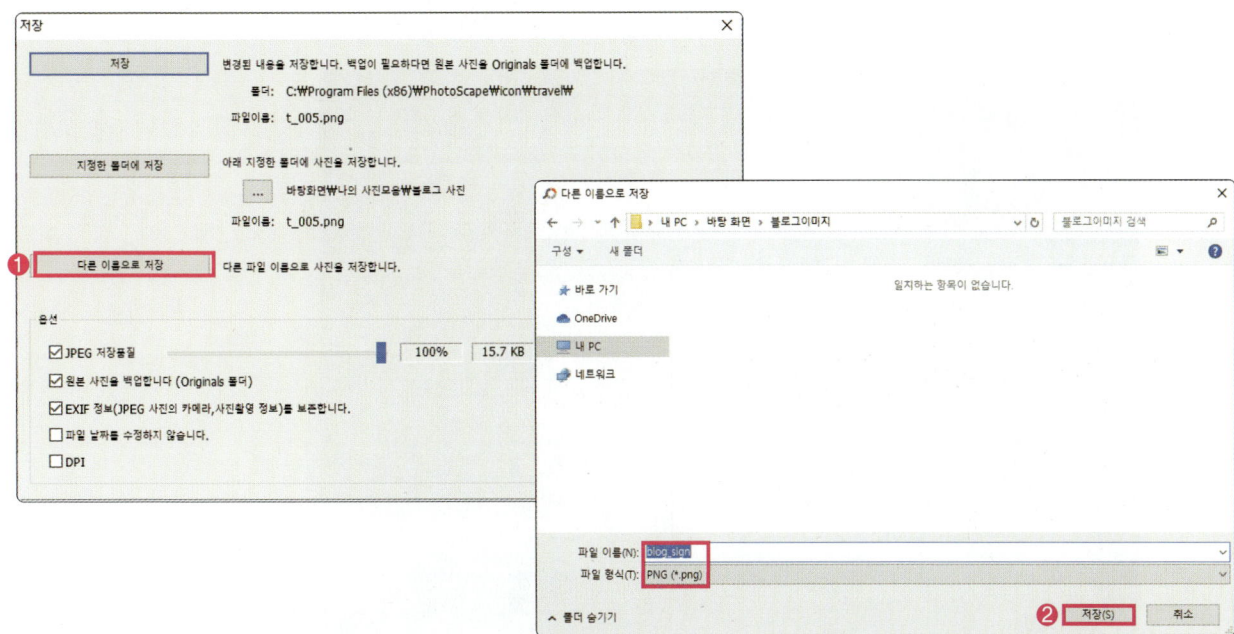

113

02 서명 적용하기

1 글쓰기에서 필요한 사진들을 삽입한 후 [사진 편집]을 클릭합니다. 왼쪽 메뉴에서 [서명]을 선택한 후 [이미지]를 클릭합니다.

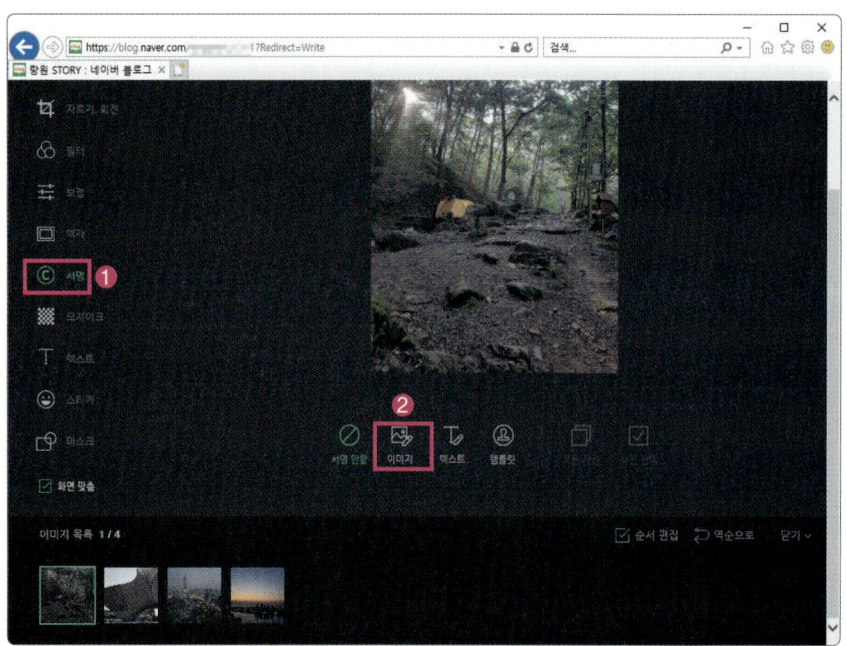

2 [불러오기] 버튼을 클릭하여 만든 서명이미지를 선택하고, [열기] 버튼을 클릭하면 이미지에 서명이 나타납니다. [모든 사진] 단추를 클릭하면 추가한 사진에 모두 서명이 적용됩니다. 각각의 사진에서 서명의 위치를 변경해 보세요.

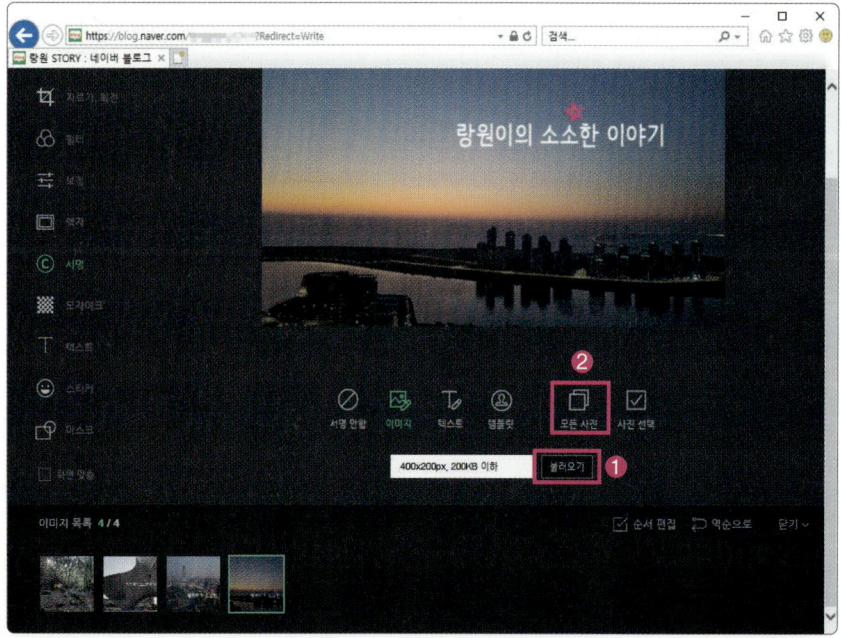

"혼자 풀어 보세요"

1 다음과 같이 포토스케이프를 이용하여 서명을 만들어 보세요.

2 만든 서명 이미지를 블로그에 적용해 보세요.

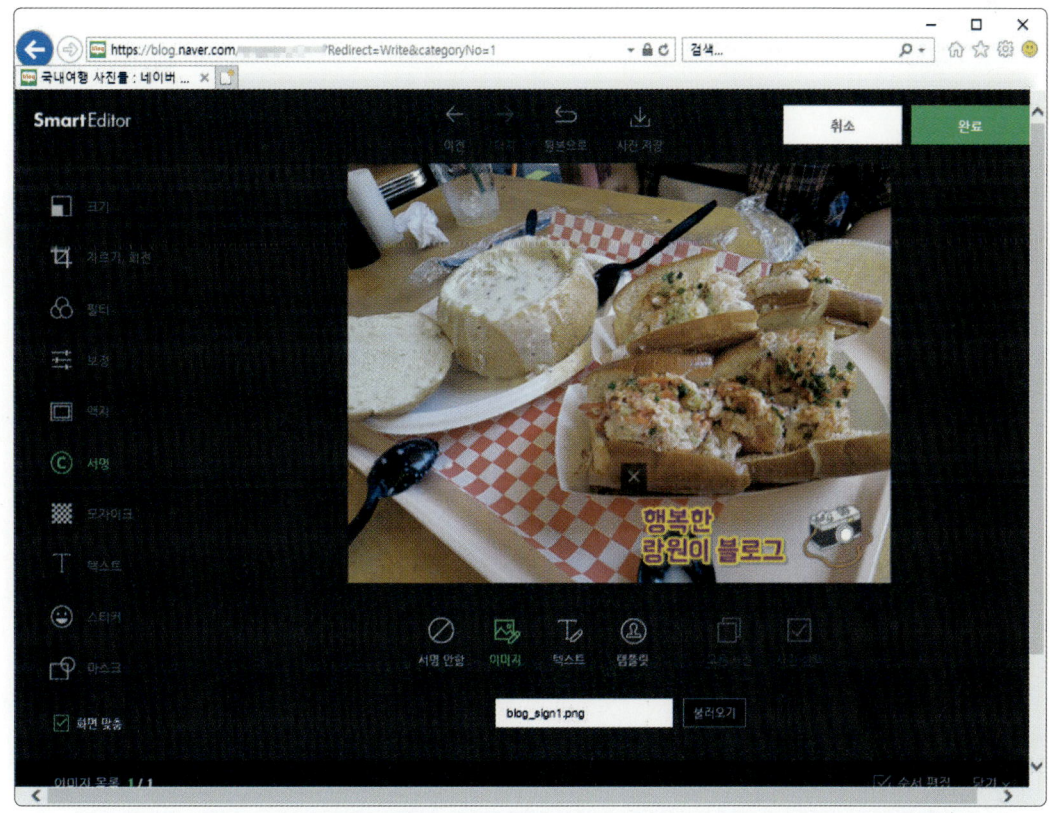

14 QR 코드 만들기

QR 코드는 모바일 쿠폰, 상점정보, 기업사이트 정보 등 다양한 형태로 활용되고 있으며, 나아가 개개인이 필요한 정보를 담아 노출하여 스마트폰을 이용하여 쉽게 인식하는 등 개인적인 정보를 담아 손쉽게 활용하는 또 하나의 정보 매체입니다. 네이버 QR 코드를 이용하여 QR 코드를 만드는 방법을 학습합니다.

▶▶ 네이버 로그인하고, QR 코드 생성 페이지를 열어봅니다.
▶▶ 제작된 QR 코드를 저장하는 방법을 알아봅니다.

배울 내용 미리보기

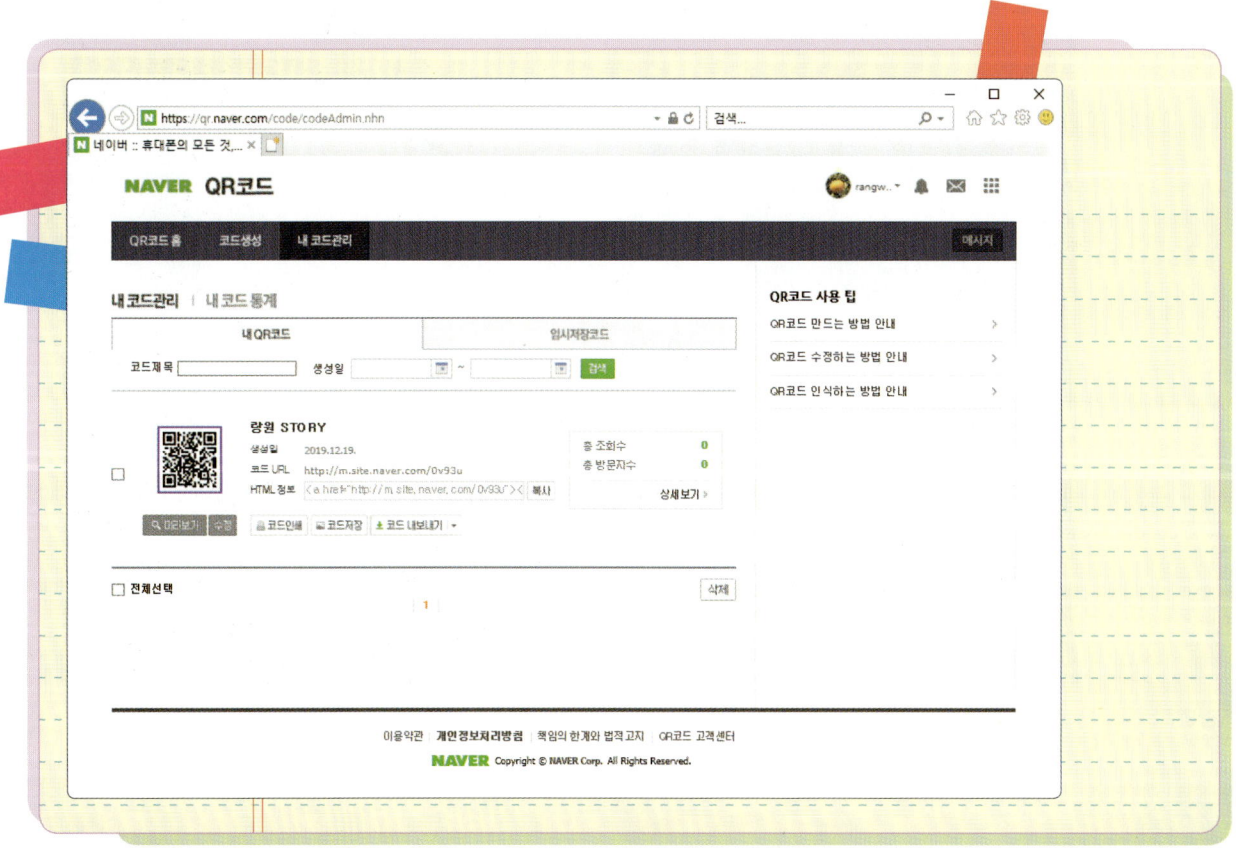

01 QR 코드 만들기

1 인터넷 익스플로러 창을 열고, 네이버에 로그인을 합니다. 주소창에 'https://qr.naver.com'을 입력하면 네이버 QR 코드 페이지로 이동합니다. 상단의 [코드생성] 버튼을 클릭하거나 하단의 [나만의 QR코드 만들기] 버튼을 클릭합니다.

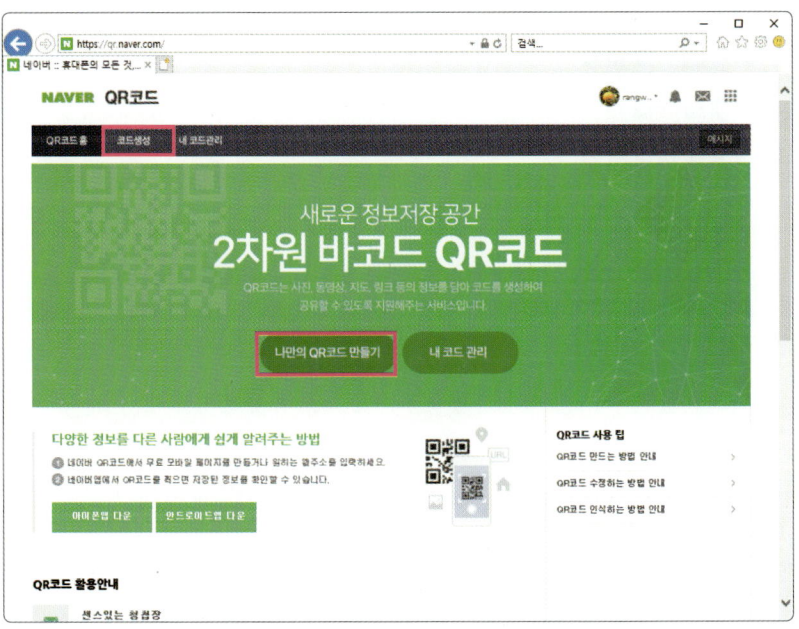

2 기본 정보 입력 단계에서 [코드 제목]을 입력합니다.

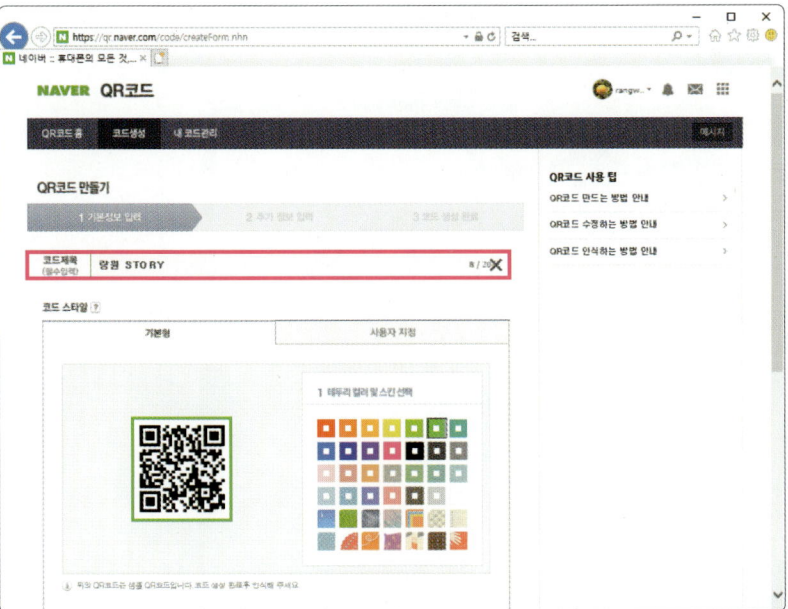

③ [코드 스타일]의 [테두리 컬러 및 스킨 선택]에서 원하는 스타일을 선택하고 [다음단계] 버튼을 클릭합니다.

참고하세요

추가 옵션에서 네이버 로고 삽입, 이미지 삽입, 문구 삽입을 사용하여 나의 QR 코드를 더욱 멋지게 나타낼 수 있습니다.

④ 추가정보 입력 단계에서 [링크로 바로 이동]에 체크하고 [웹주소 직접입력]을 선택합니다. 아래 입력란에 여러분의 블로그 주소를 입력하고 [작성완료] 버튼을 클릭합니다. QR 코드가 작성되었습니다.

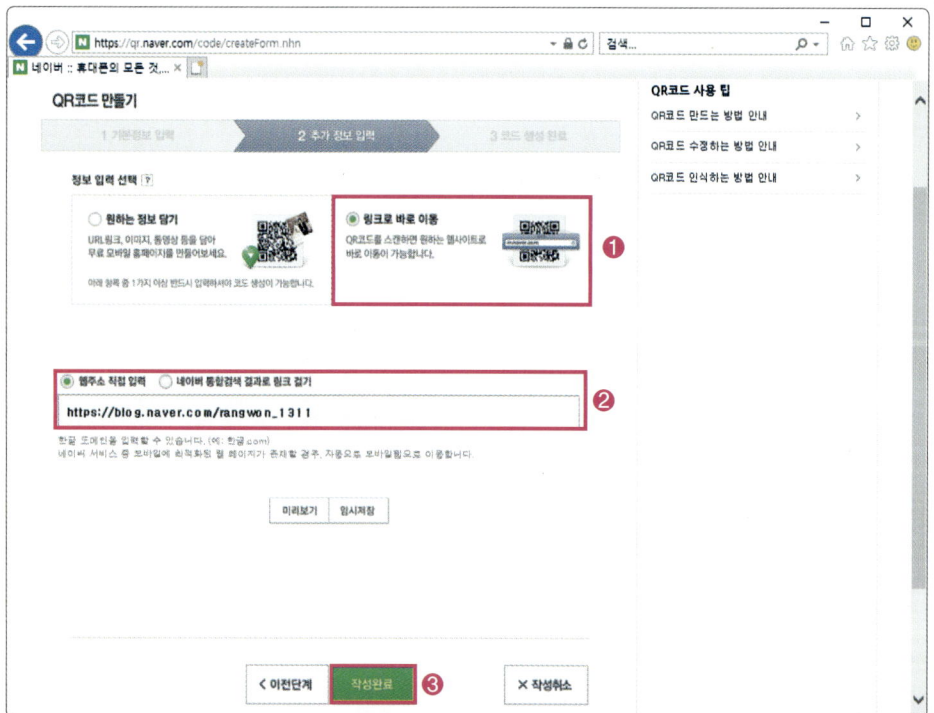

QR 코드 내컴퓨터에 저장하기

1 상단의 [내 코드관리]를 클릭하여 만들어진 QR 코드를 확인할 수 있습니다.

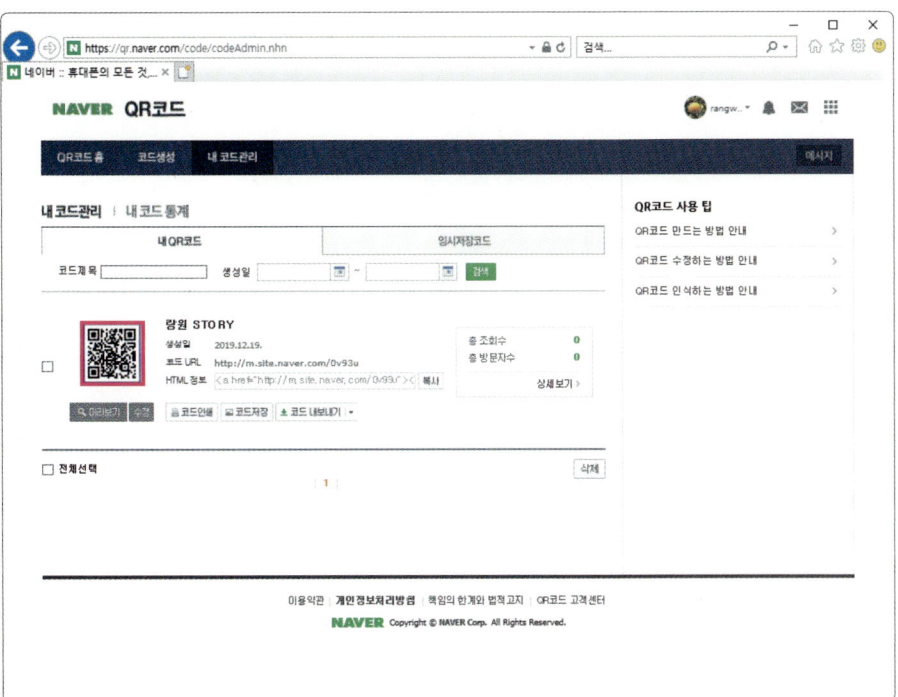

2 [코드저장] 버튼을 클릭하고 코드 저장하기 창에서 확장자와 사이즈를 선택하고 [저장] 버튼을 클릭하여 내 컴퓨터에 저장합니다.

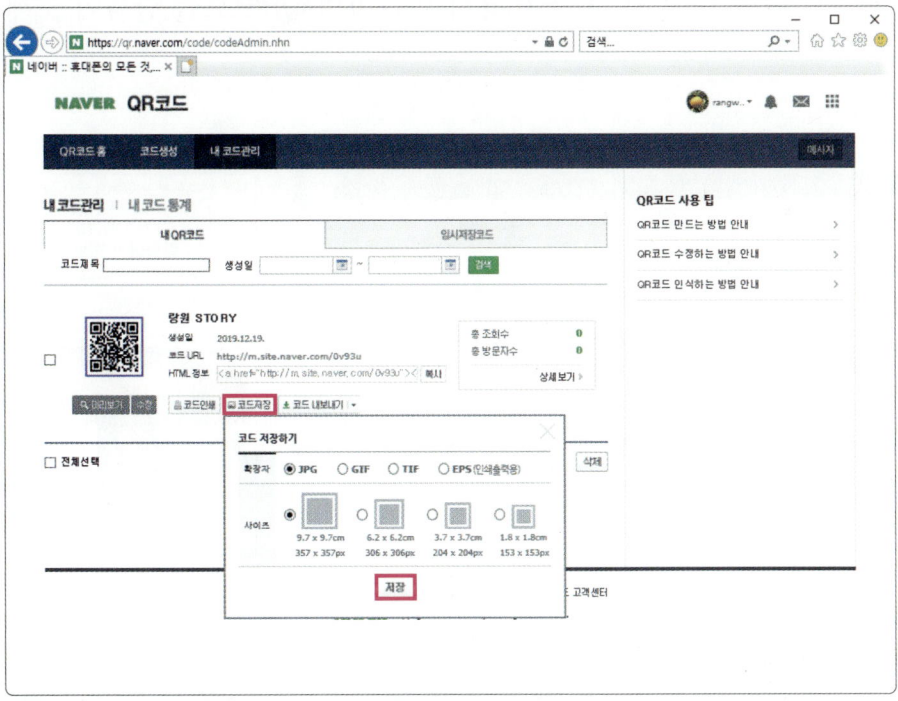

"혼자 풀어 보세요"

1 QR 코드를 메일에 삽입해 보세요.

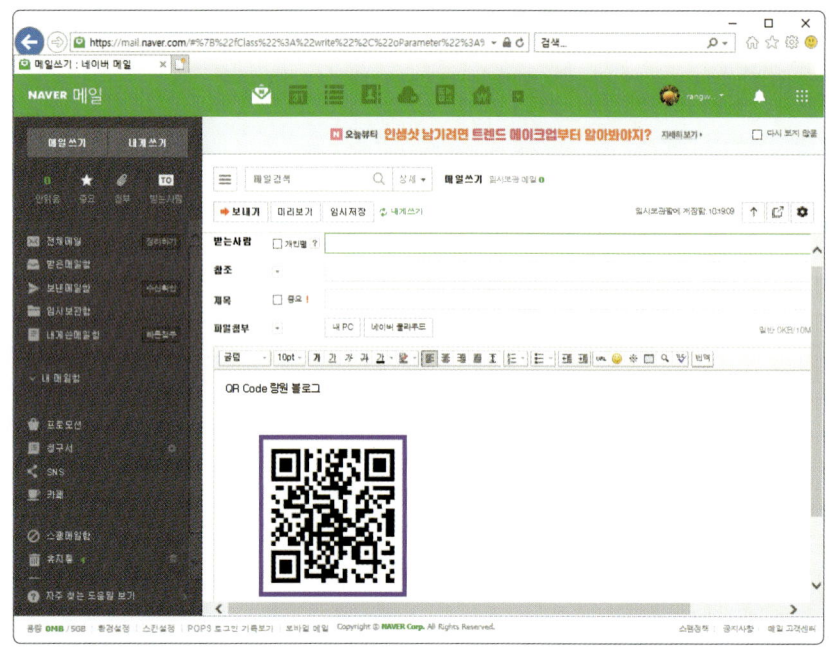

2 QR코드 만들기에서 원하는 정보담기를 이용하여 나만의 QR코드를 만들어 보세요.

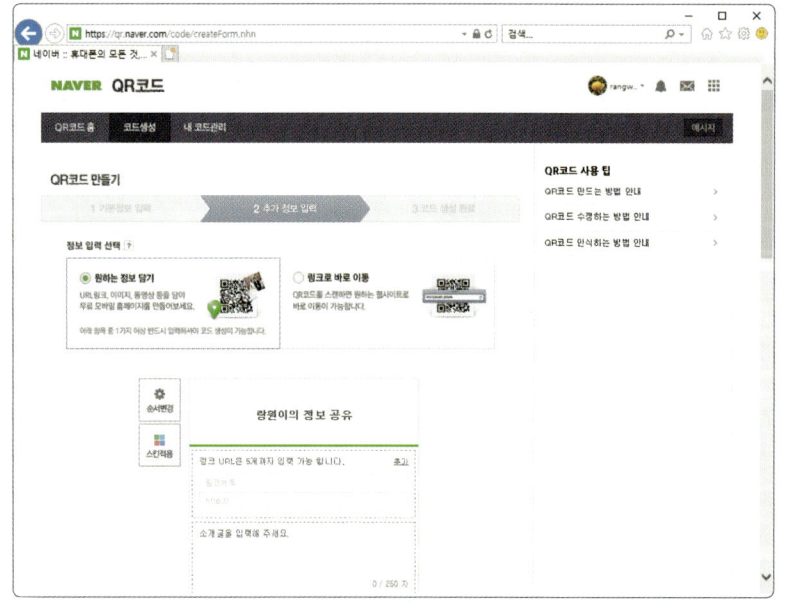

15 블로그 타이틀 만들기

포토스케이프의 페이지 기능을 이용하여 블로그 타이틀을 만들어 보고, 블로그 리모콘을 열고 직접 만든 타이틀 이미지를 적용해 봅니다.

▶▶ 포토스케이프의 페이지 기능을 이용한 타이틀을 만들어 봅니다.
▶▶ 블로그 리모콘을 이용하여 타이틀 이미지를 적용해 봅니다.

배울 내용 미리보기

01 포토스케이프를 이용한 타이틀 만들기

1 바탕화면 포토스케이프 아이콘()을 더블클릭하여 실행합니다. [페이지]를 클릭하거나 [페이지] 탭을 클릭합니다.

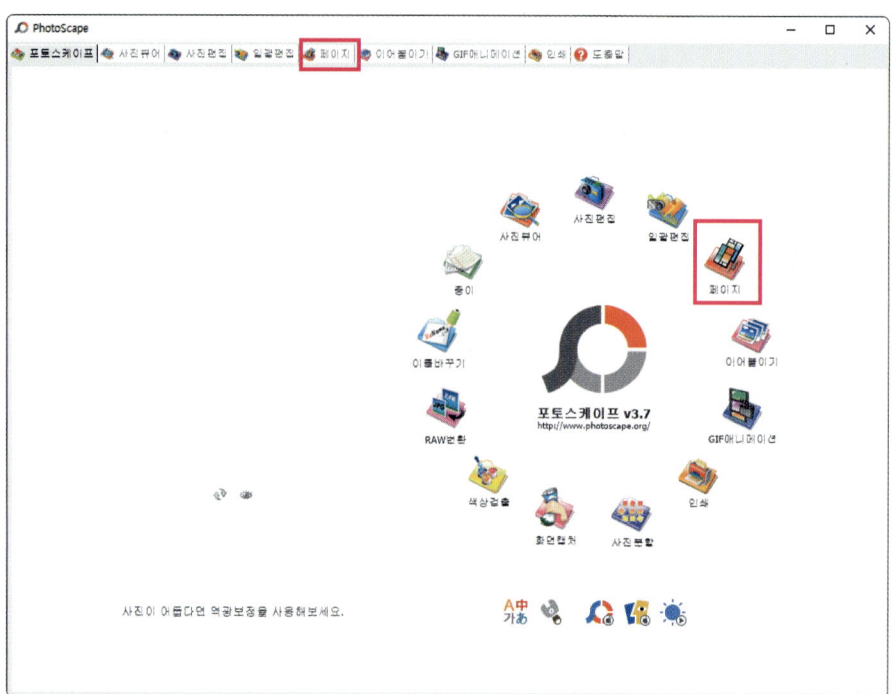

2 오른쪽 페이지 크기(□)버튼을 클릭하고, [페이지크기지정]을 클릭합니다.

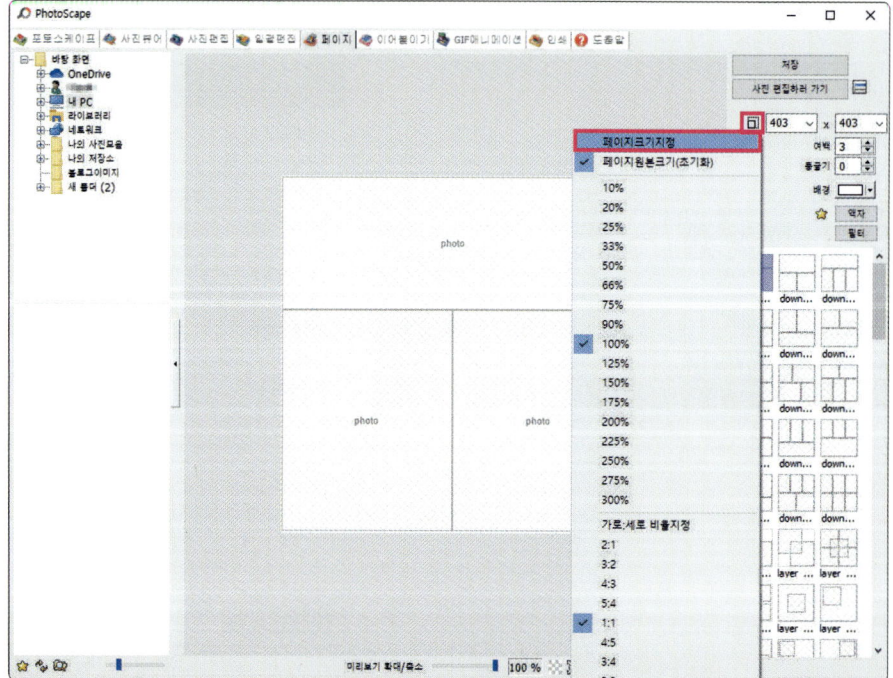

122

3 [페이지크기지정] 대화상자가 나타나고 가로 '966', 세로 '300' 픽셀로 설정합니다.

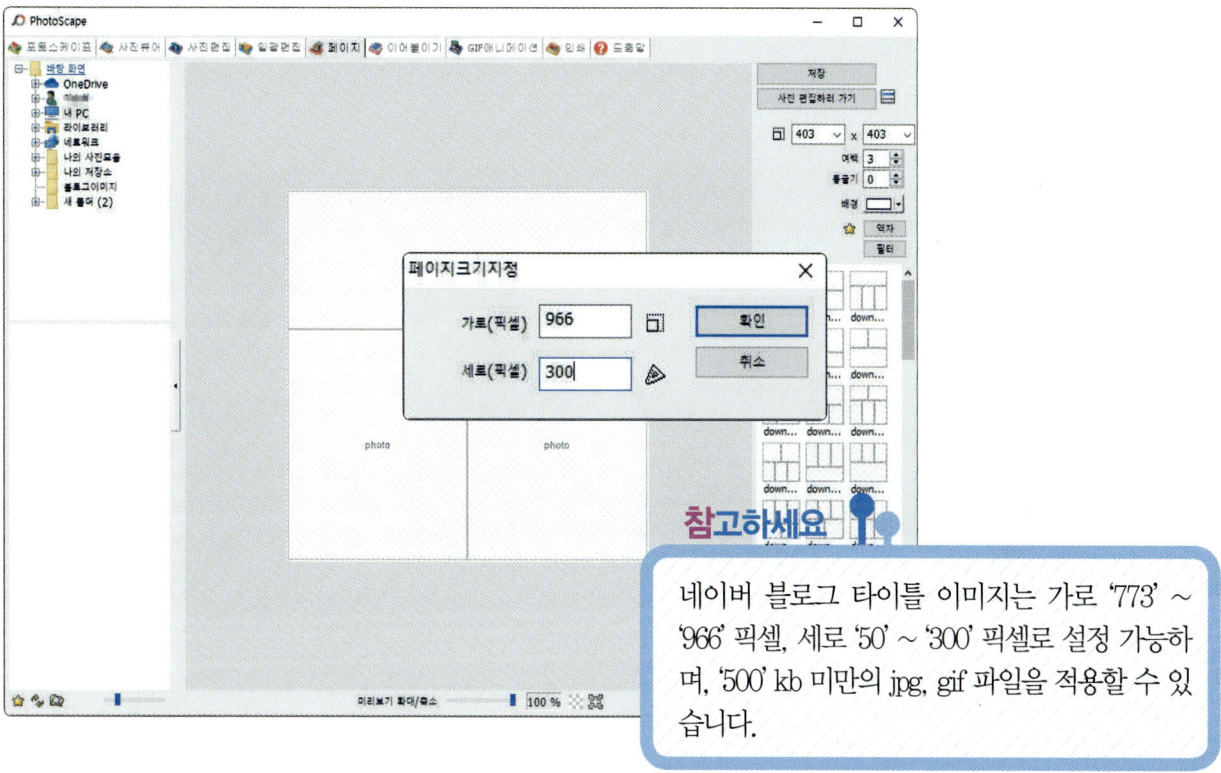

참고하세요

네이버 블로그 타이틀 이미지는 가로 '773' ~ '966' 픽셀, 세로 '50' ~ '300' 픽셀로 설정 가능하며, '500' kb 미만의 jpg, gif 파일을 적용할 수 있습니다.

4 [크기] 설정값, 여백, 배경색을 확인하고, 페이지 레이아웃에서 'main_b_02'를 찾아 클릭합니다.

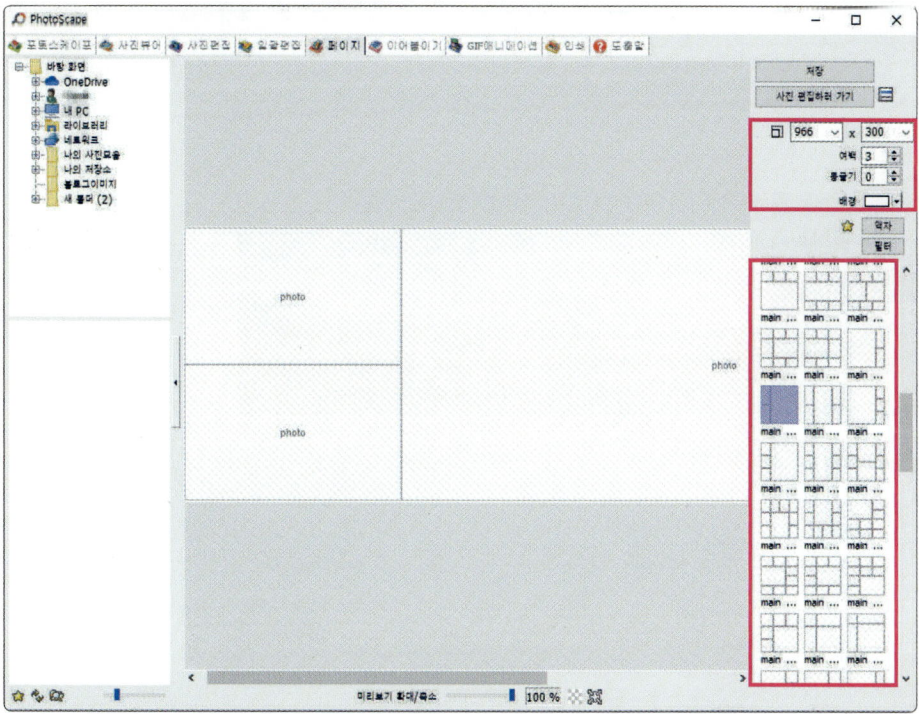

123

5 삽입하고자 하는 사진의 위치를 찾아 왼쪽에 있는 사진을 마우스로 드래그하여 각각 사진을 배치합니다. 배치된 사진 위에 다시 드래그하면 사진을 바꿀 수 있습니다. 오른쪽 상단에 사진 편집하러 가기 버튼을 클릭합니다.

6 [개체] 탭을 클릭하고, 그림(🖼)을 클릭하고 [사진]을 클릭합니다.

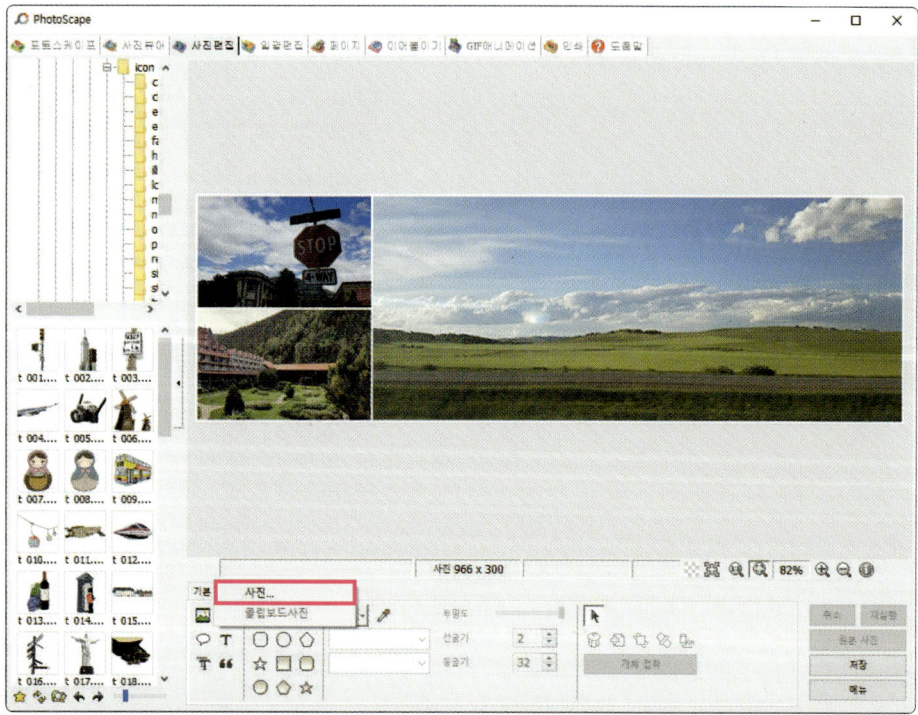

7 컴퓨터에 저장된 QR코드 이미지를 선택하고 [열기] 버튼을 클릭합니다.

8 [사진] 대화상자의 [크기조절] 버튼을 클릭하고 [크기조절] 대화상자에서 가로 '70', 세로 '70' 픽셀로 입력하고 [확인] 버튼을 클릭합니다. [사진] 대화상자에서 [확인] 버튼을 클릭합니다.

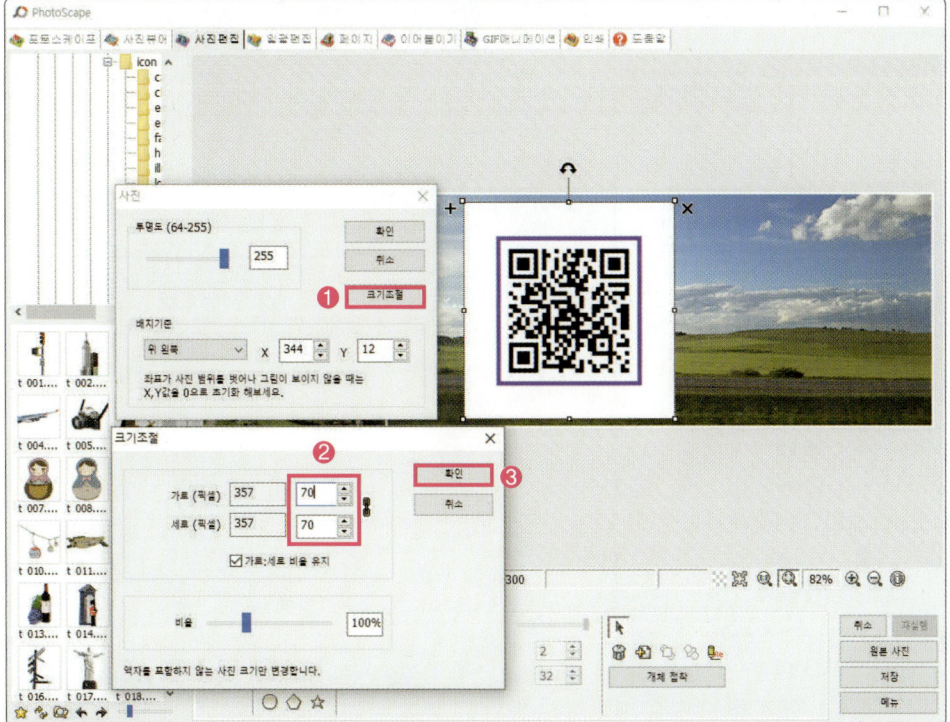

⑨ 삽입된 QR코드 이미지를 오른쪽 하단에 이동하고, [개체] 탭에서 말풍선(◯)을 클릭합니다.

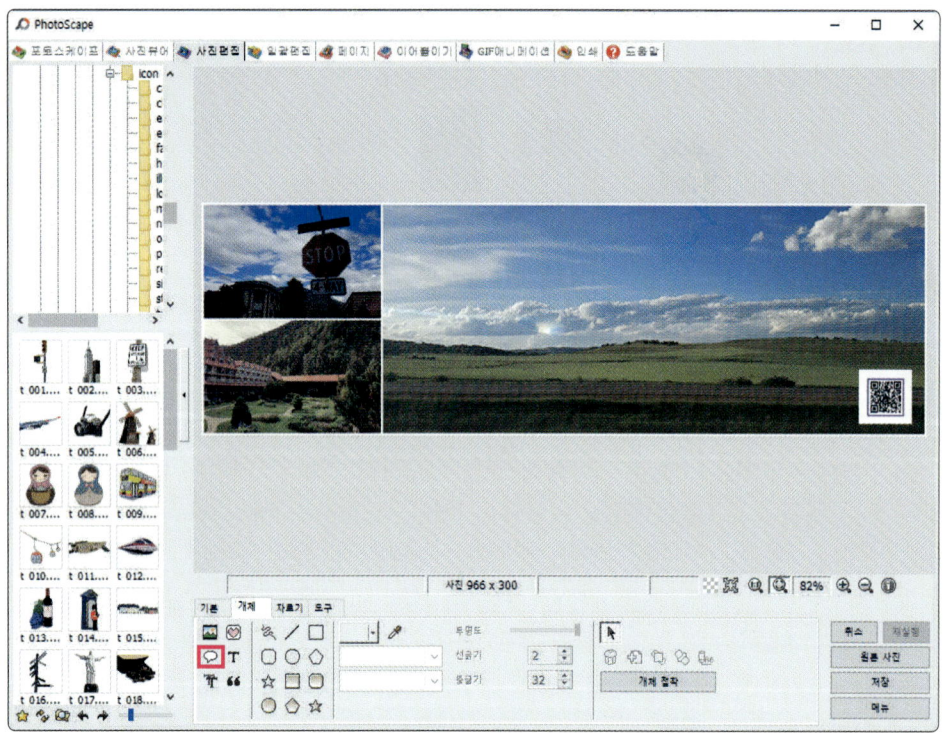

⑩ [말풍선] 대화상자가 나타나고, 타이틀에 넣을 글을 입력하고, 글씨 서체, 글씨 크기, 글씨 색상, 말풍선 모양을 선택하고 [확인] 버튼을 클릭합니다.

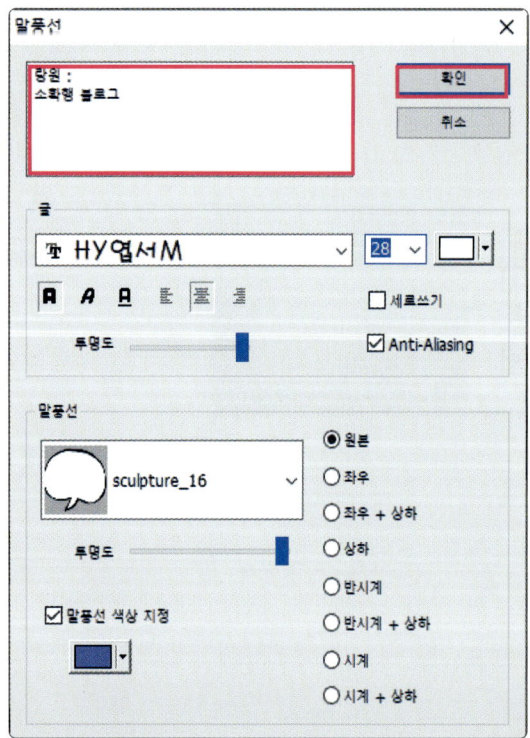

11 삽입된 말풍선의 크기를 조절하고 원하는 곳에 위치시킵니다. 하단의 [저장] 버튼을 클릭합니다.

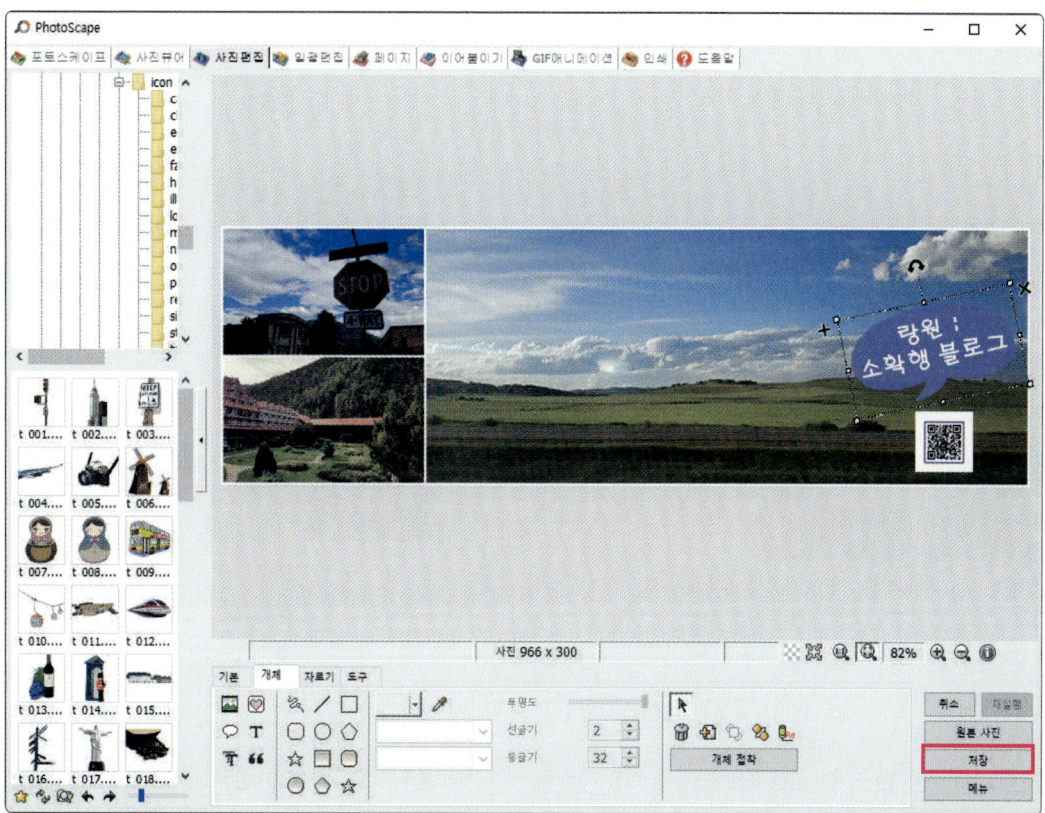

12 [저장] 대화상자에서 [다른 이름으로 저장]을 클릭하고 'blog_title.jpg' 파일로 저장합니다.

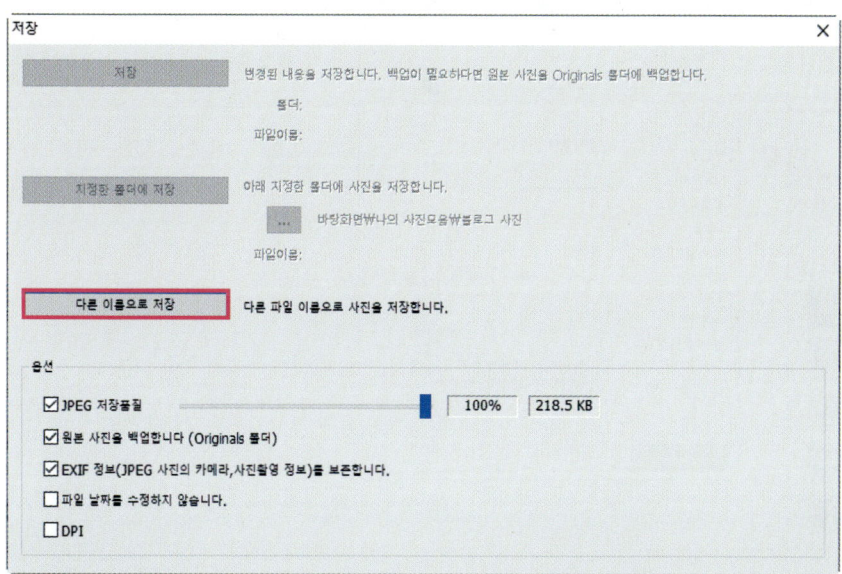

 # 블로그에 타이틀 적용하기

1. 블로그를 열고 오른쪽 상단 [내 메뉴] 버튼을 클릭하고 [세부 디자인 설정]을 클릭합니다.

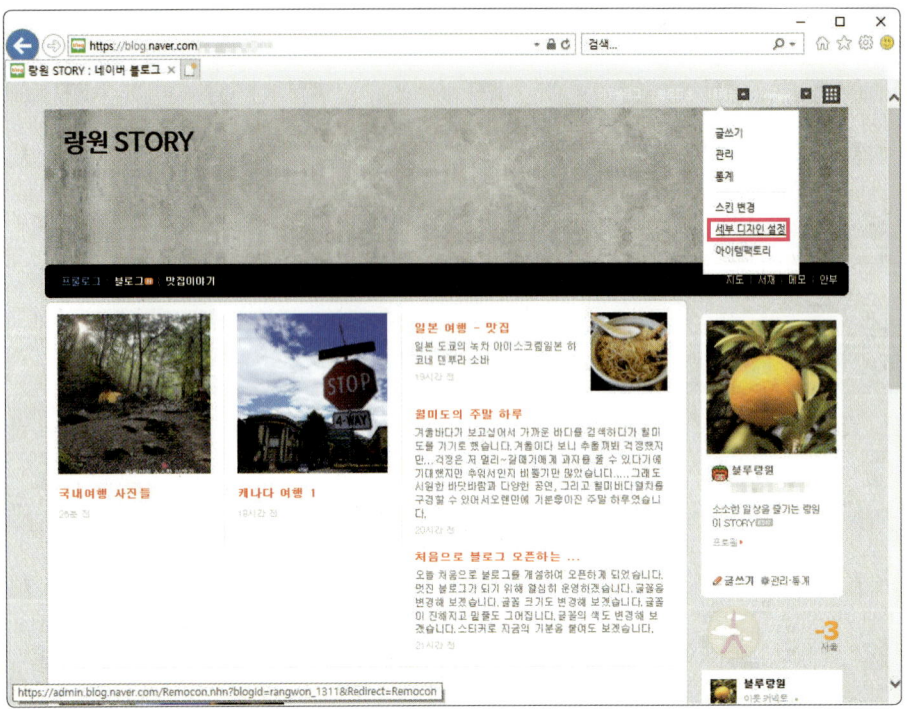

2. [리모콘]이 열리면 [타이틀]을 클릭하고 블로그 제목에 체크 표시를 해제합니다. 영역 높이를 '300'으로 설정한 다음 [디자인]에서 [직접등록] 버튼을 클릭하여 [파일 등록] 버튼을 클릭합니다.

3 앞에서 저장한 '타이틀' 파일을 선택하고 [열기] 버튼을 클릭합니다.

4 리모콘 하단의 [적용] 단추를 클릭하여 블로그에 적용합니다.

"혼자 풀어 보세요"

1. 저장되어 있는 사진을 이용하여 타이틀을 만들어 보세요.

2. 블로그에 타이틀을 적용해 보세요.

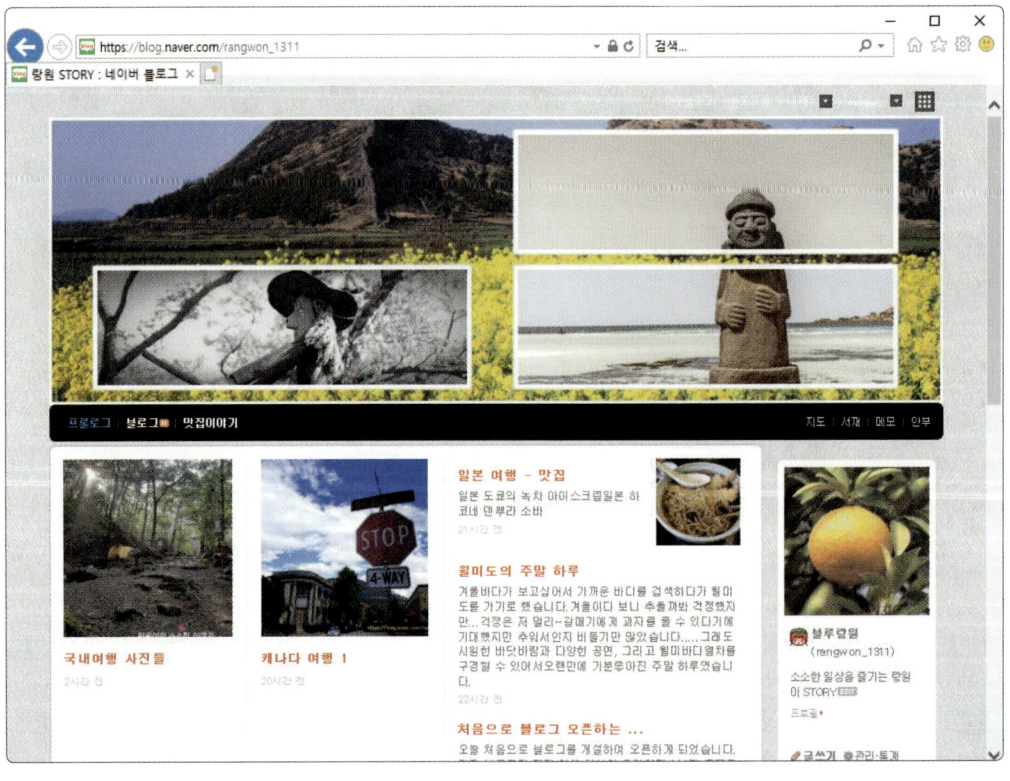

16 내 블로그에 담기

특정 문자나 이미지 등을 마우스로 선택하면 지정된 웹페이지로 이동할 수 있습니다. 문자에 지정된 웹페이지로 이동할 수 있게 하이퍼링크를 적용해 봅니다. 마음에 드는 내용의 포스팅을 내 블로그로 스크랩해 봅니다.

- 텍스트에 링크를 걸어봅니다.
- 마음에 드는 포스팅을 내 블로그에 담아봅니다.

배울 내용 미리보기

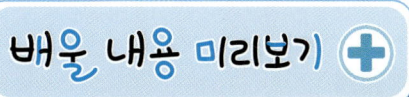

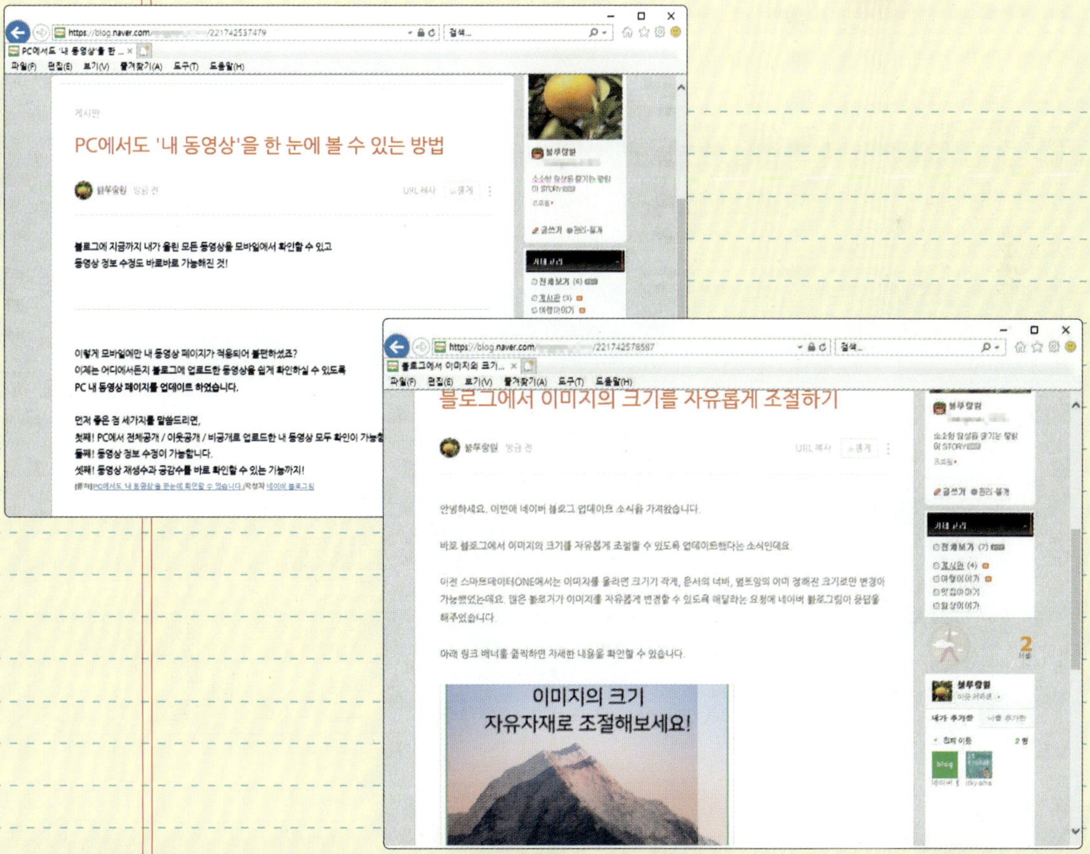

복사된 포스트에 링크 걸기

1 네이버 블로그 메인의 [블로그팀 공식블로그]를 클릭합니다.

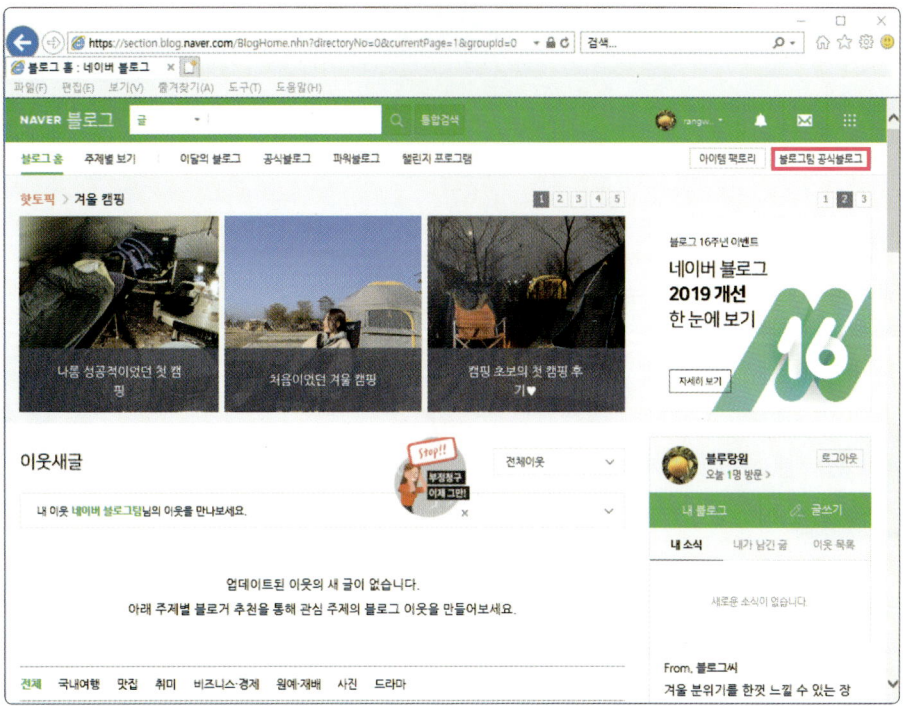

2 프롤로그에서 공유하고 싶은 포스트를 선택합니다.

③ 포스트의 내용의 일부를 드래그하고 내용을 복사합니다.

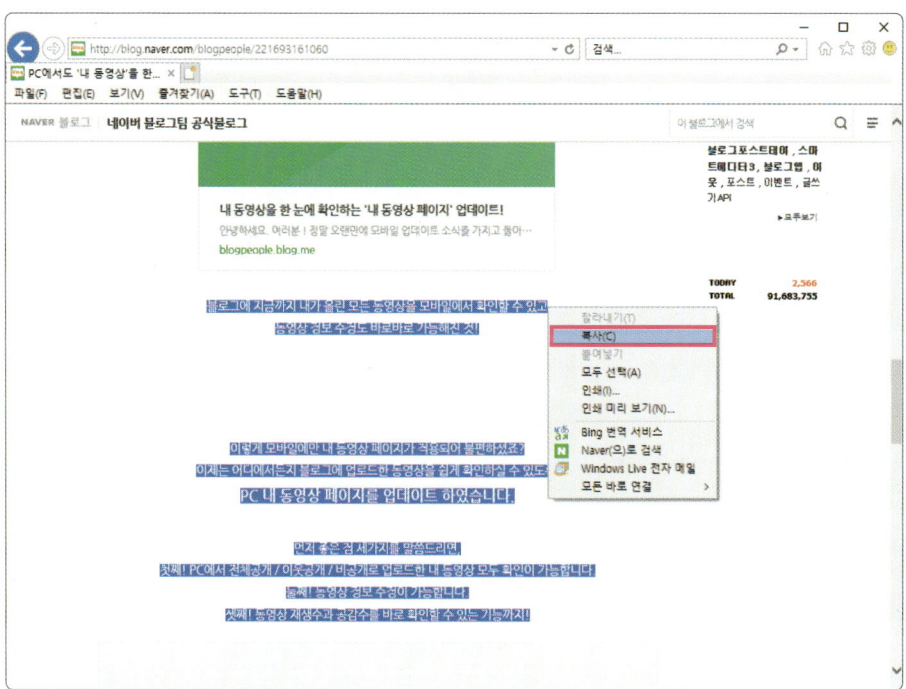

④ 내 블로그에서 글쓰기를 클릭합니다.

५ 제목을 입력하고 복사한 포스트 내용을 붙여넣기합니다. 삽입된 내용의 마지막에 자동으로 출처와 작성자가 나타납니다.

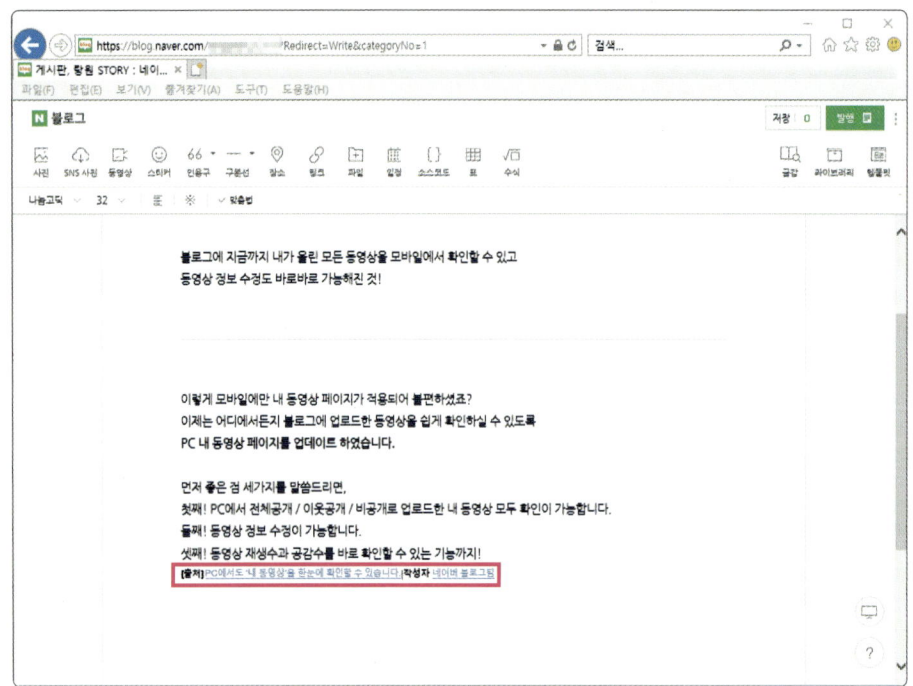

६ 발행을 클릭하여 카테고리를 게시판으로 설정한 다음 [발행]을 클릭합니다.

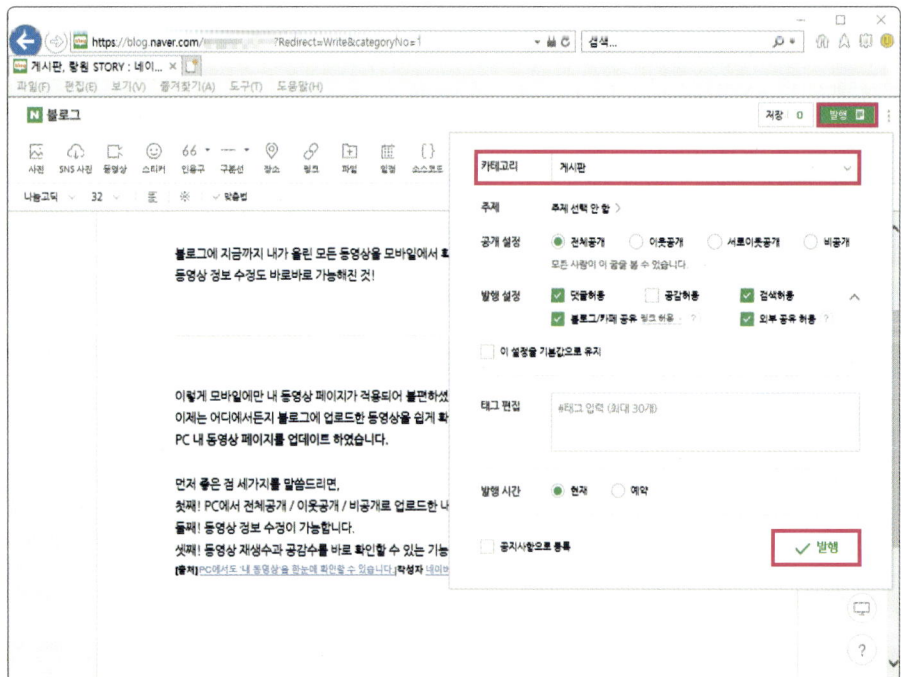

7 [출처]를 클릭하면 해당 내용이 등록된 포스트가 열립니다. [작성자]를 클릭하면 해당 포스트가 작성된 메인 블로그가 열립니다.

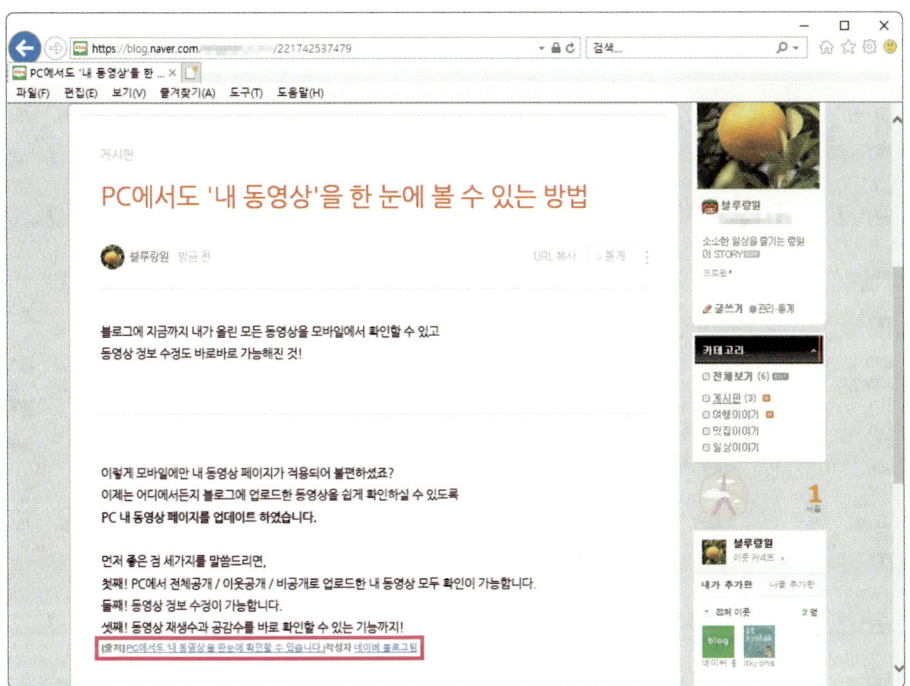

02 내가 쓴 포스트에 링크베너 달기

1 내 블로그에서 글쓰기를 클릭하여 포스트의 제목과 내용을 입력합니다.

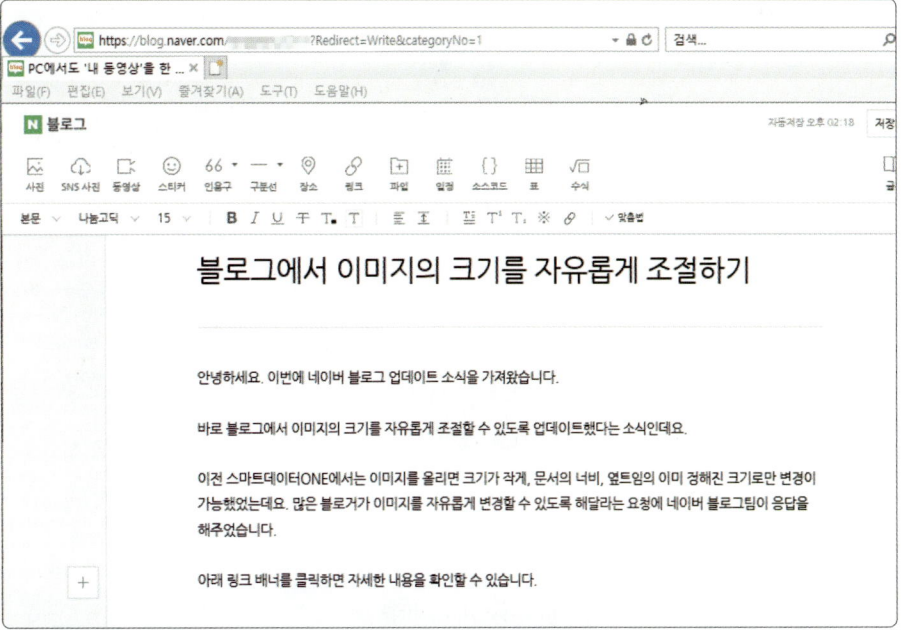

② 입력한 포스트의 내용이 자세히 나와있는 블로그를 불러옵니다.

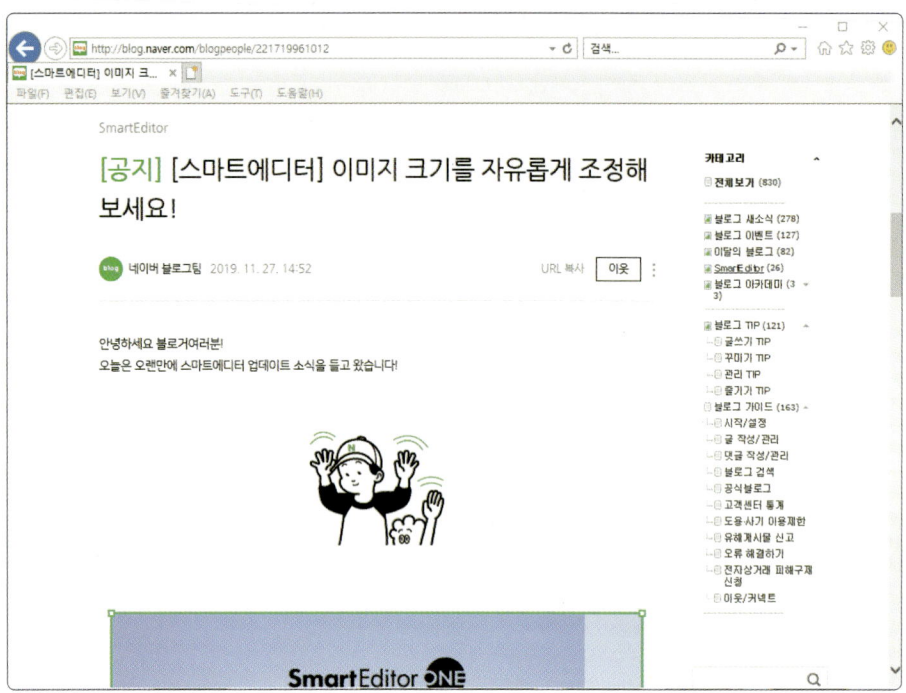

③ 주소입력창의 URL을 전체 선택한 다음 마우스 오른쪽 단추를 눌러 [복사]를 클릭하여 URL을 복사합니다.

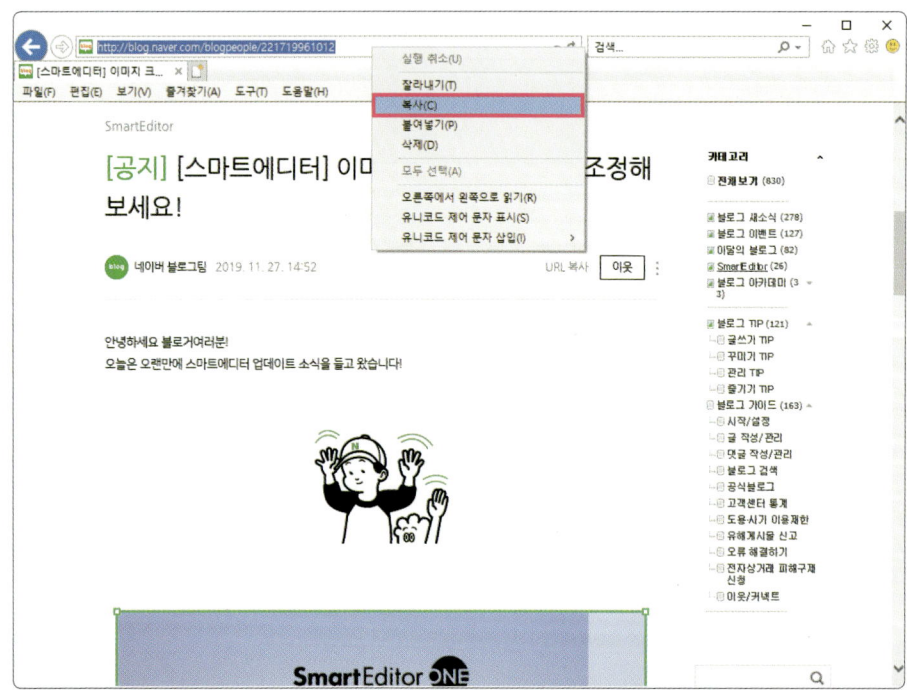

④ 입력 중이던 내 블로그로 돌아와 입력이 끝난 다음 줄에 커서를 위치시킵니다. 글쓰기 도구의 [링크 추가(⊘)]를 클릭합니다.

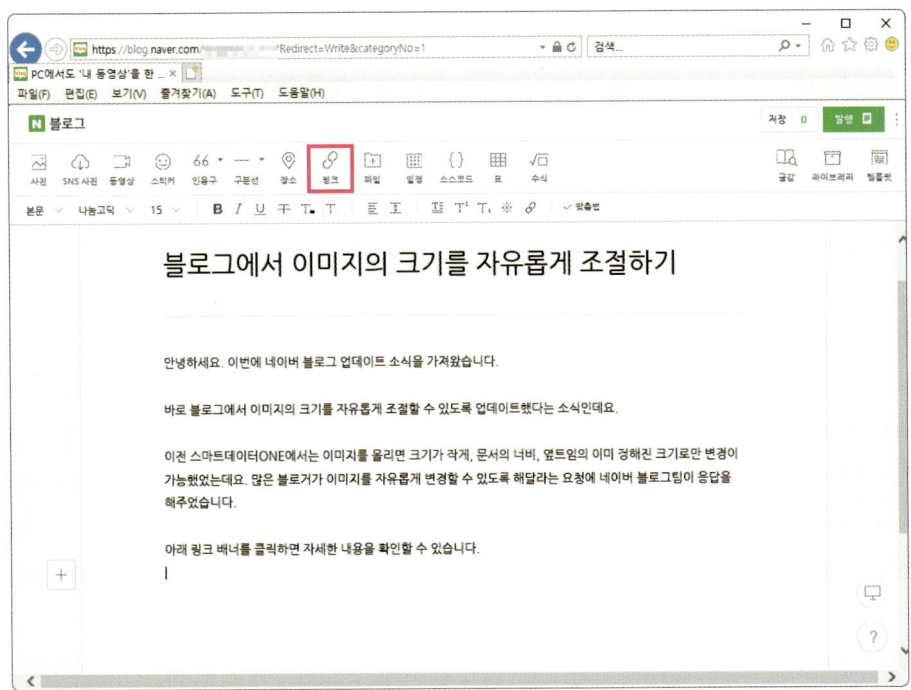

⑤ 링크 창이 나타나면 입력창을 클릭한 다음 마우스 오른쪽 단추를 눌러 [붙여넣기]를 클릭하여 복사한 URL을 붙여넣기합니다.

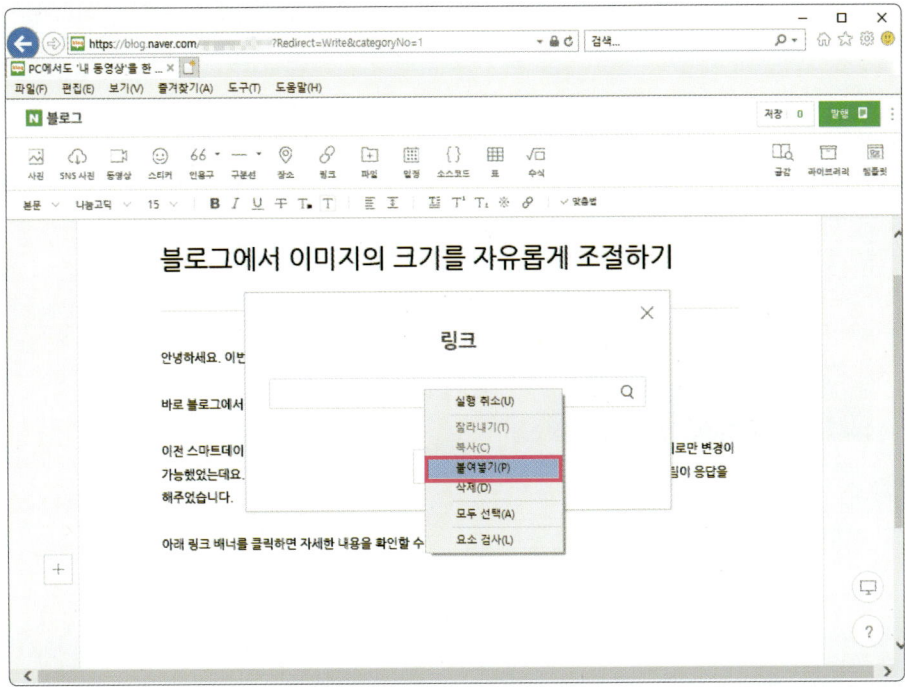

❻ URL이 등록되면 오른쪽 [검색(🔍)] 버튼을 클릭합니다.

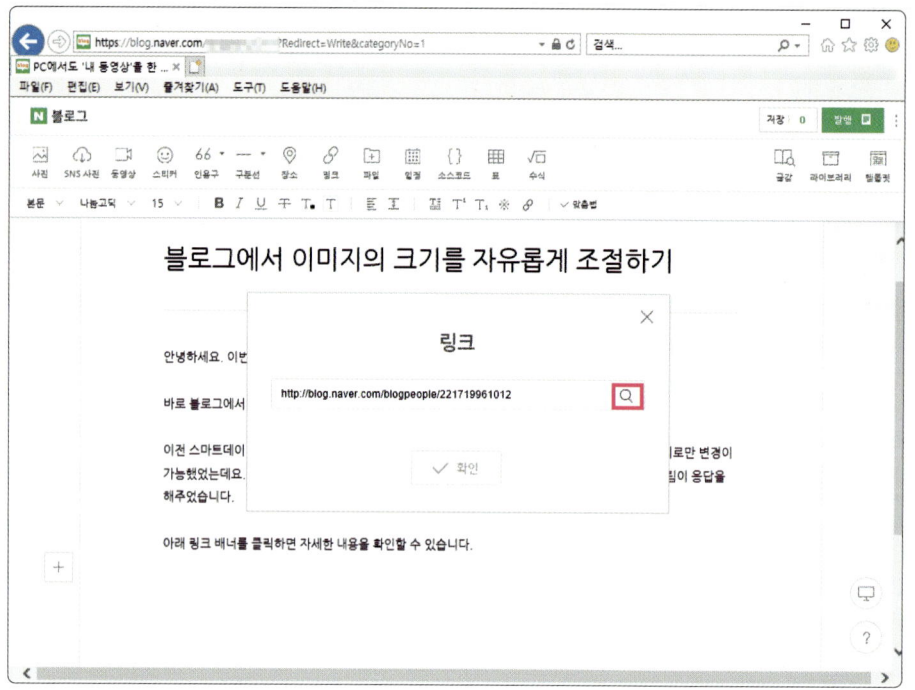

❼ URL 주소를 검색한 후 해당 URL의 블로그가 검색됩니다. 링크 창의 하단부에 [확인] 버튼을 클릭합니다.

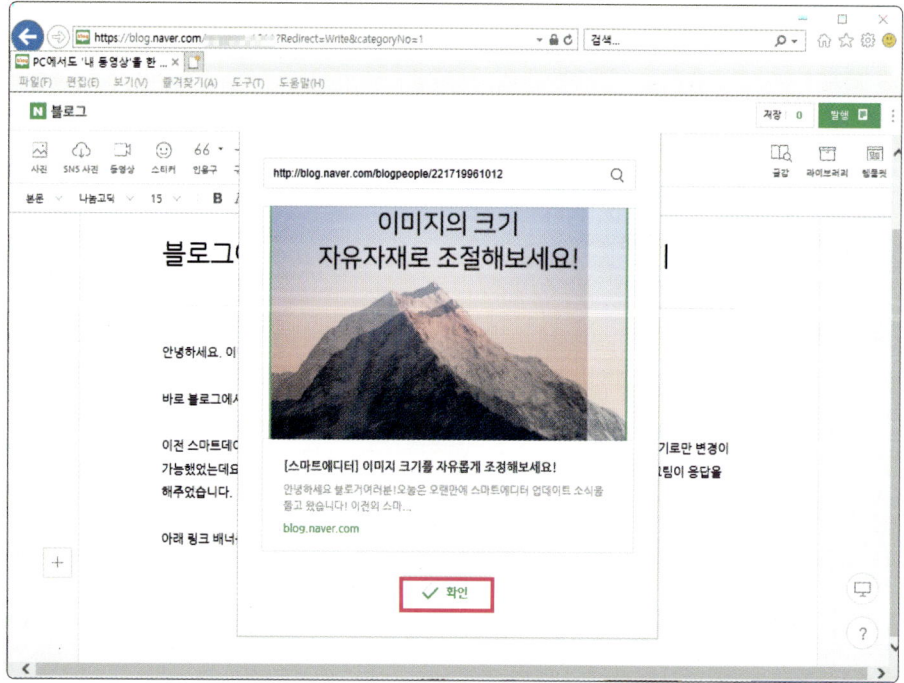

⑧ 포스트에 링크 배너가 삽입되었습니다. 발행을 눌러 카테고리를 게시판으로 선택한 다음 발행을 눌러 포스트를 확인합니다.

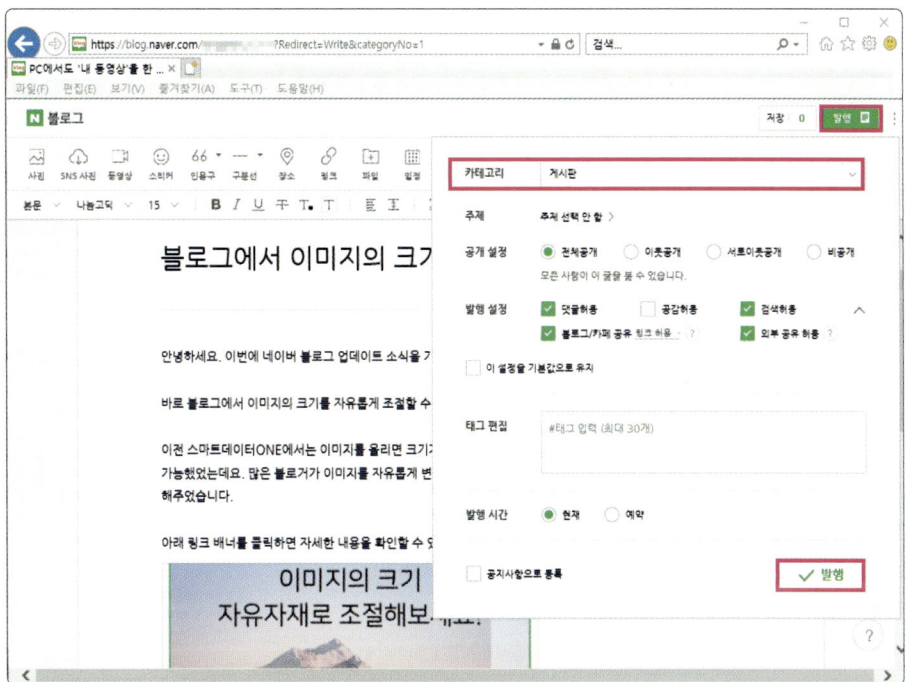

⑨ 등록된 포스트의 링크 배너를 클릭하여 링크한 포스트를 확인합니다.

 마음에 드는 포스팅 내 블로그에 담기

1. 이웃 블로그에서 포스팅을 내 블로그에 담기 위해 글 하단에 있는 [블로그 보내기]를 클릭합니다.

2. 덧붙임글에 내용을 입력하고 [확인]을 클릭합니다.

③ [내 블로그 확인]을 클릭합니다.

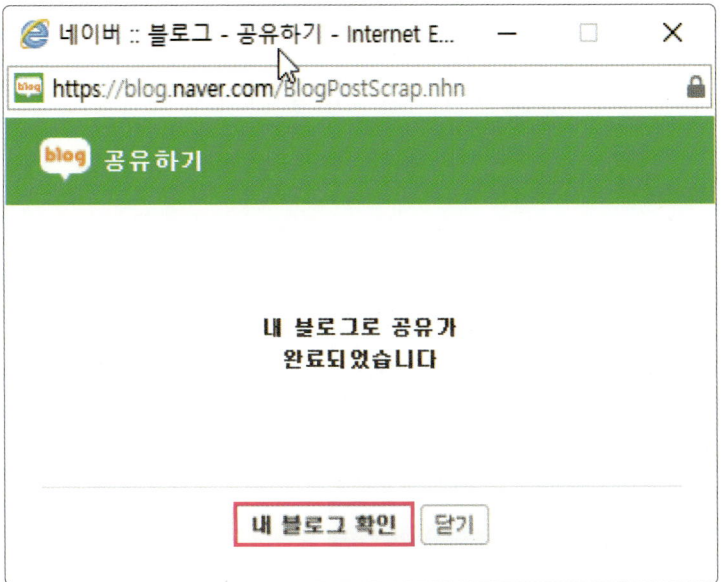

④ 다음과 같이 스크랩이 된 화면을 확인할 수 있습니다.

"혼자 풀어 보세요"

1 다음과 같이 이웃 블로그를 방문하고 내 블로그로 포스팅을 담아 보세요.

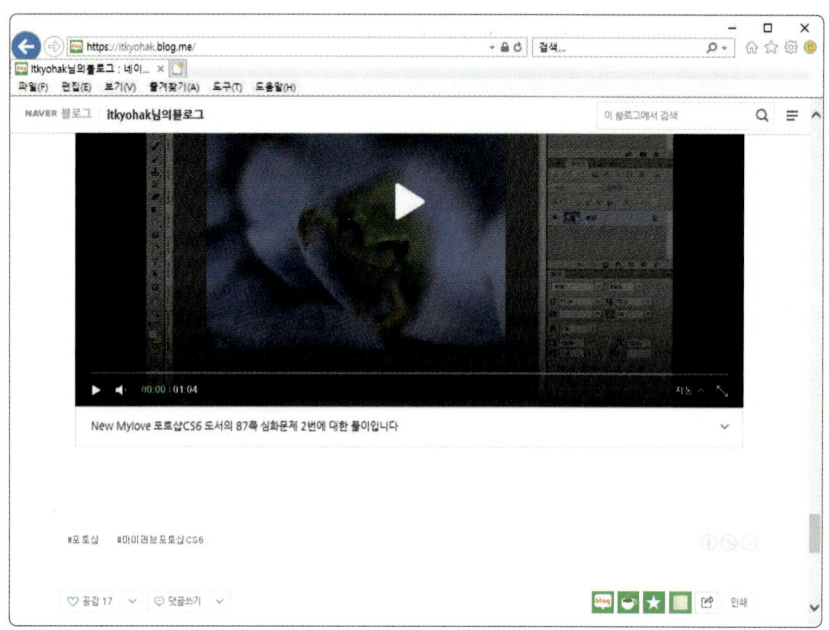

2 내 블로그를 제외한 다른 곳으로 포스트를 보내보세요.

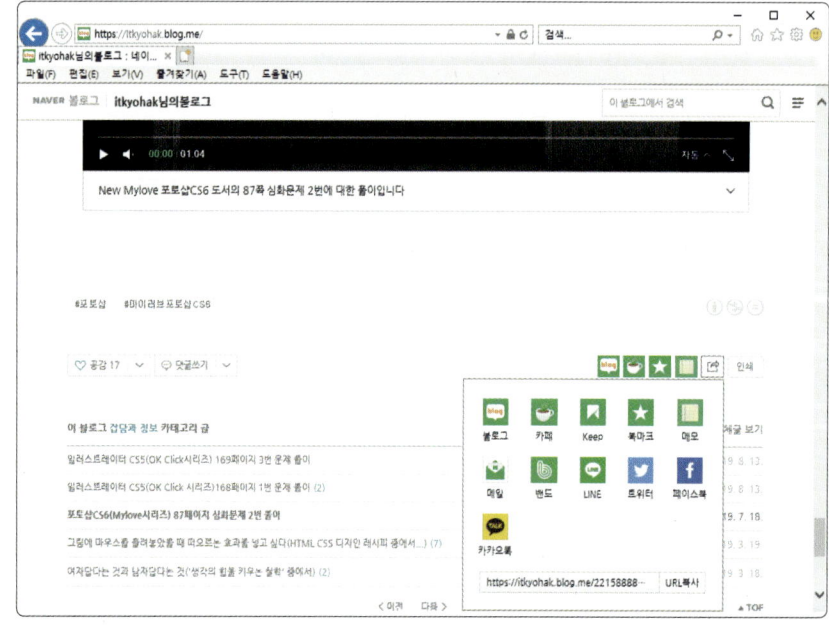

블로그 배너 만들기

포토스케이프의 GIF 애니메이션 기능을 이용하여 블로그 배너를 만들어 보고, 블로그 레이아웃 위젯 설정을 열고 직접 만든 배너 이미지를 위젯직접등록을 통해 적용해 봅니다.

▶▶ 포토스케이프의 GIF 애니메이션 기능을 이용한 배너를 만들어 봅니다.
▶▶ 블로그 레이아웃 위젯을 이용하여 위젯직접등록을 적용해 봅니다.

배울 내용 미리보기

143

01 포토스케이프을 이용한 배너 만들기

① 포토스케이프를 실행하고 [사진편집] 탭을 클릭하고 배너로 사용할 이미지를 선택합니다. [자르기] 탭을 클릭하고, 자르기 방법을 '1:2'를 선택하고 이미지에서 세로 방향으로 드래그하여 맞추고 [자르기] 버튼을 클릭합니다.

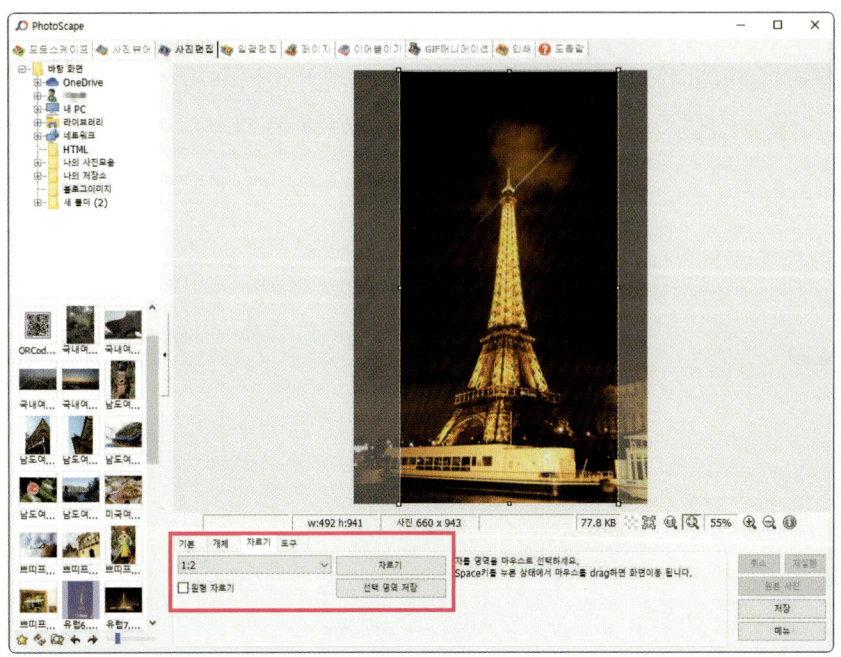

② [기본] 탭을 클릭하고 [크기조절]을 클릭하고 가로를 '170' 픽셀로 설정하고 [확인을 클릭합니다.

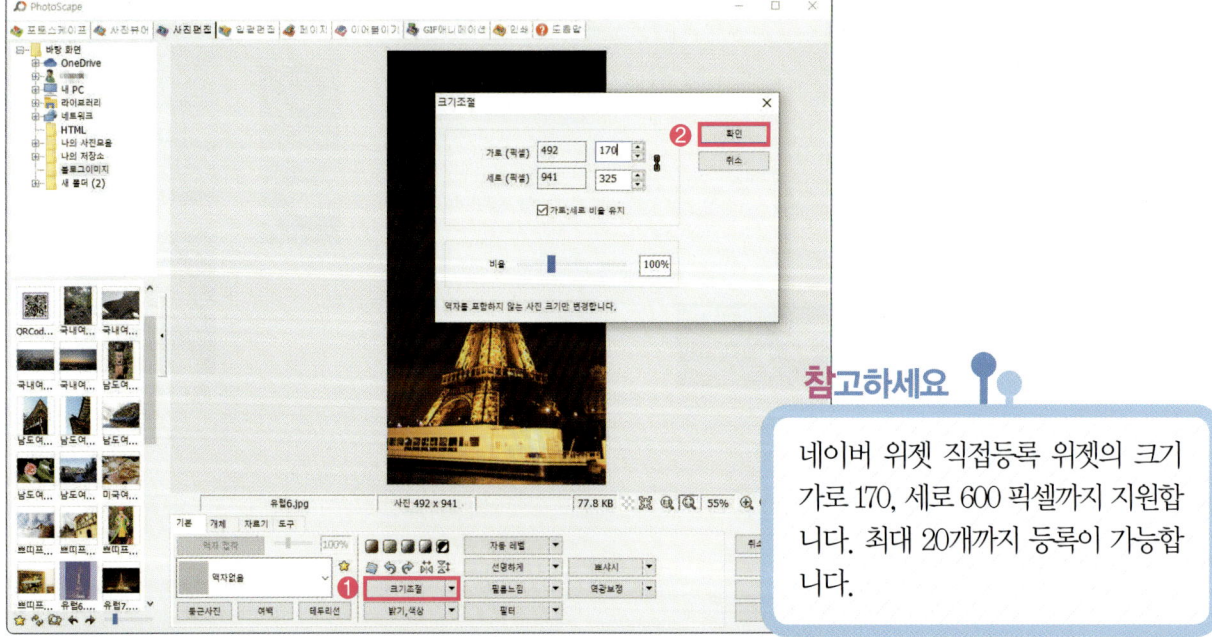

참고하세요

네이버 위젯 직접등록 위젯의 크기 가로 170, 세로 600 픽셀까지 지원합니다. 최대 20개까지 등록이 가능합니다.

③ [개체] 탭을 클릭하여 [말풍선(◯)]을 클릭합니다. 글을 입력하고 글의 크기, 글 색상, 말풍선 모양을 선택하고 [확인] 버튼을 클릭합니다.

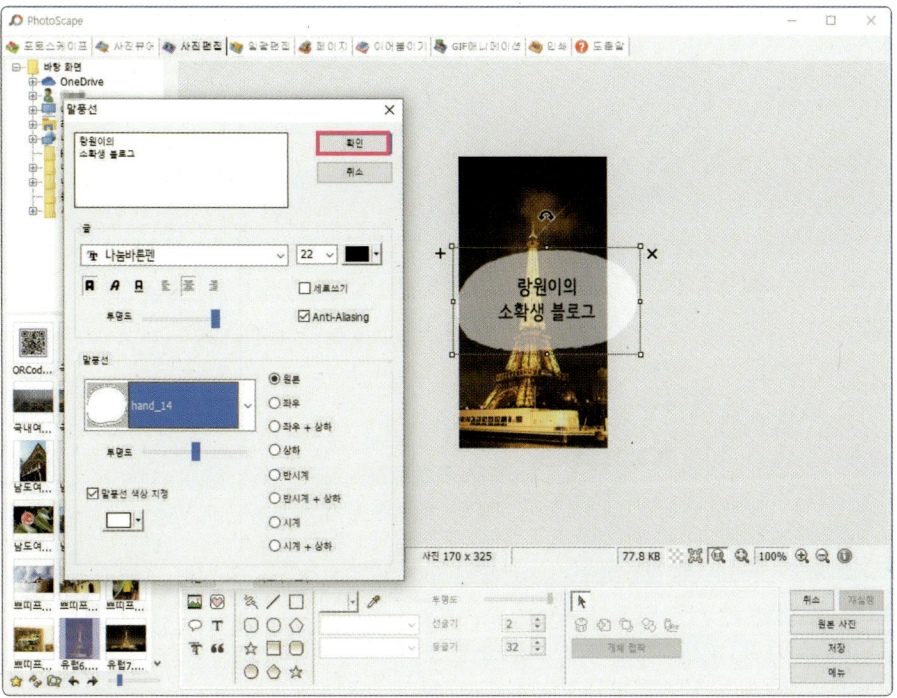

④ 말풍선을 적당히 위치시키고, [저장] 버튼을 클릭합니다. [다른 이름으로 저장]을 클릭하고, 'banner01.jpg' 파일로 저장합니다.

⑤ 위와 같은 방법으로 아래와 같이 배너 이미지를 만들고, [저장] 버튼을 클릭합니다. [다른 이름으로 저장]하여 'banner02.jpg' 파일로 저장합니다.

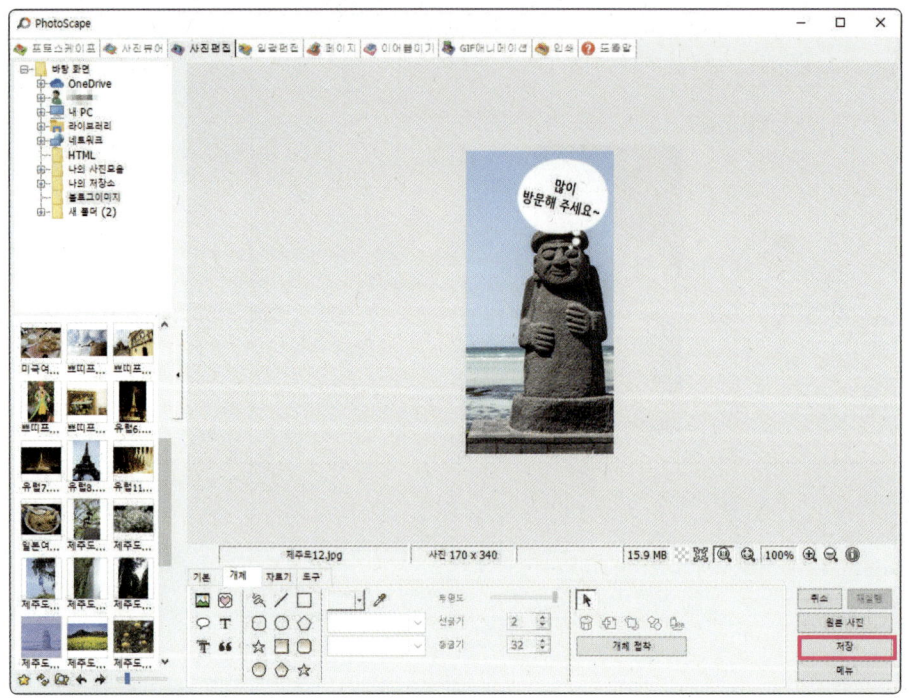

⑥ [GIF애니메이션] 탭을 클릭하고, 'banner01.jpg', 'banner02.jpg' 파일을 중앙의 빈 공간에 드래그합니다. 기본적인 애니메이션이 진행됩니다.

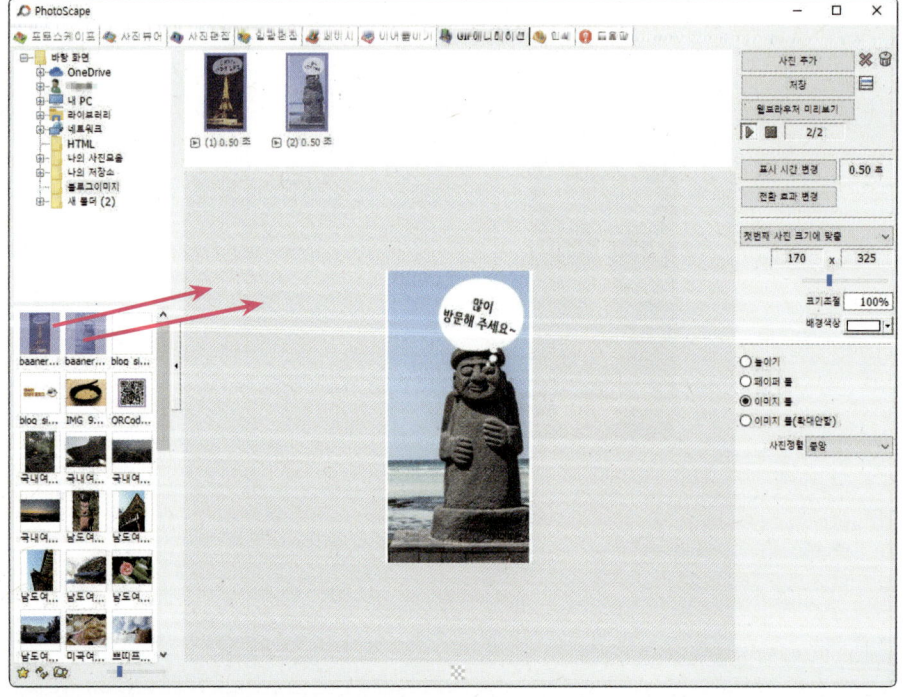

7 오른쪽에 [표시 시간 변경] 버튼을 클릭하고 [표시 시간 변경] 대화상자가 나타나면 [표시시간] 값을 '100'으로 입력하고 [확인] 버튼을 클릭합니다. 애니메이션 시간이 조절되었습니다.

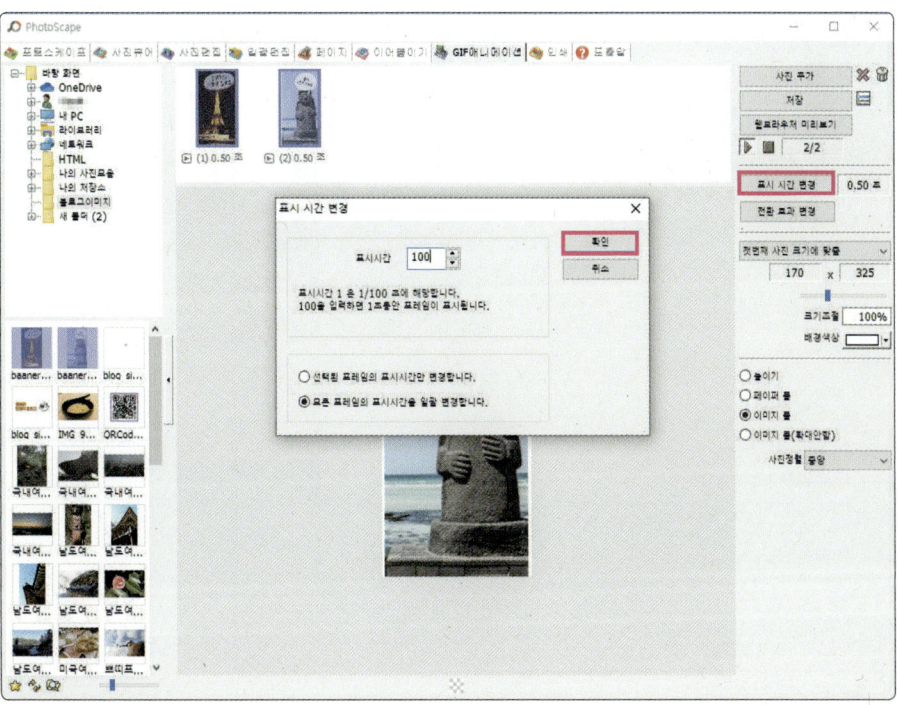

8 [전환 효과 변경] 버튼을 클릭하고 [오른쪽으로 전환]을 클릭합니다. 애니메이션 효과가 달라집니다.

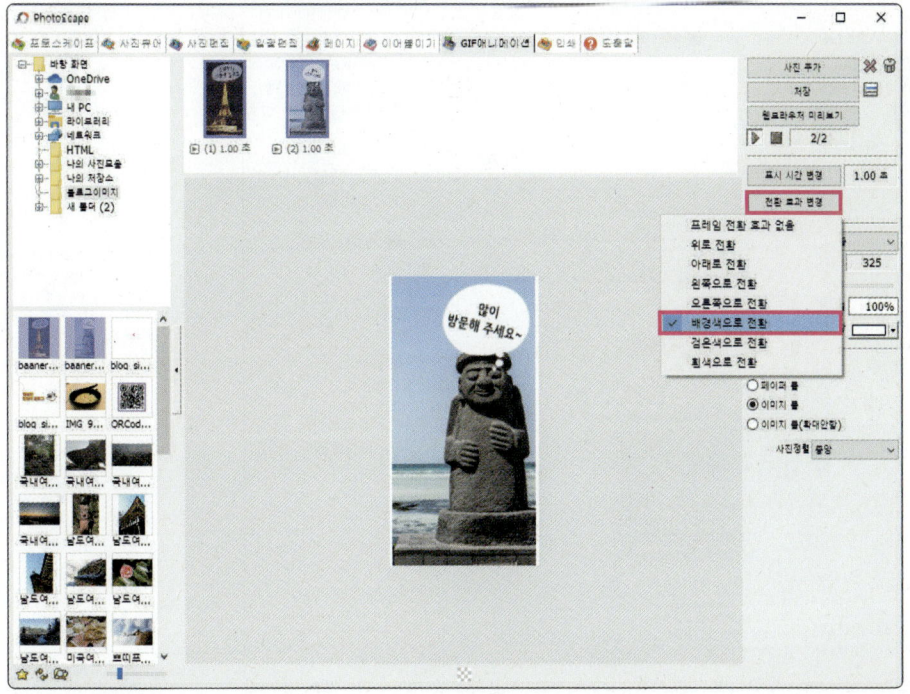

9 [저장] 버튼을 클릭하고 'banner1.gif' 파일로 저장합니다. 움직이는 애니메이션 이미지는 GIF 파일로 저장합니다.

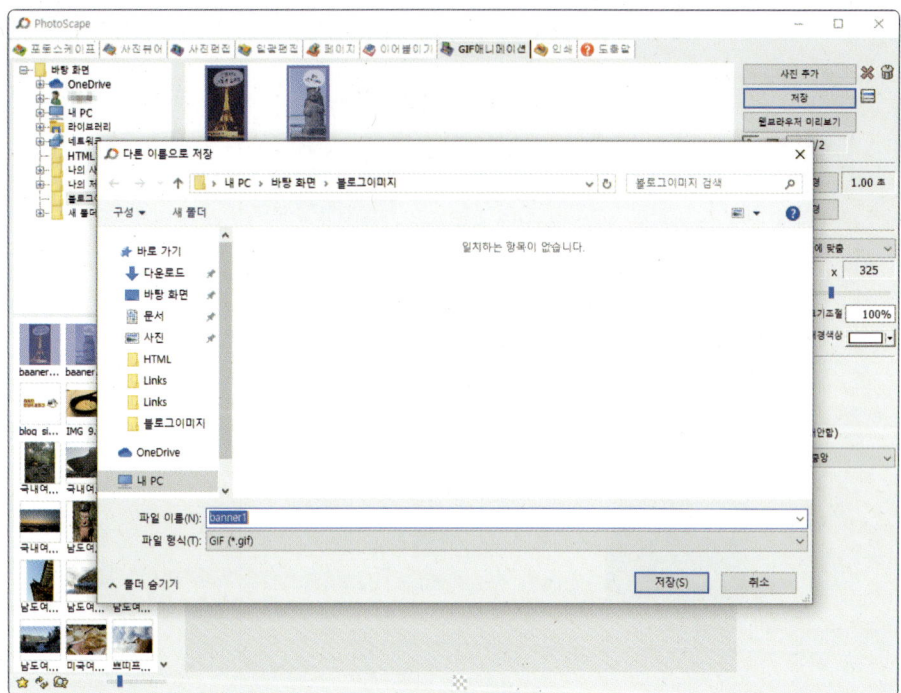

10 저장이 완료되고 파일의 크기가 나타납니다.

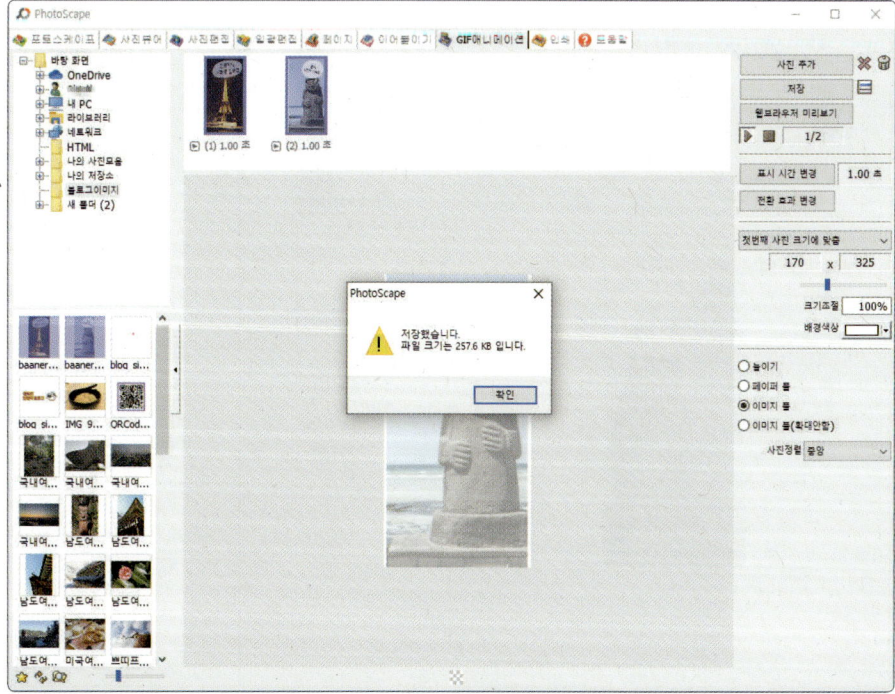

블로그 배너 적용하기

1 내 블로그를 열고 [글쓰기]를 합니다. 제목을 입력하고 글쓰기 도구의 [사진 추가(🖼)]를 클릭하고 작업한 'banner1.gif' 파일을 원본크기로 삽입합니다.

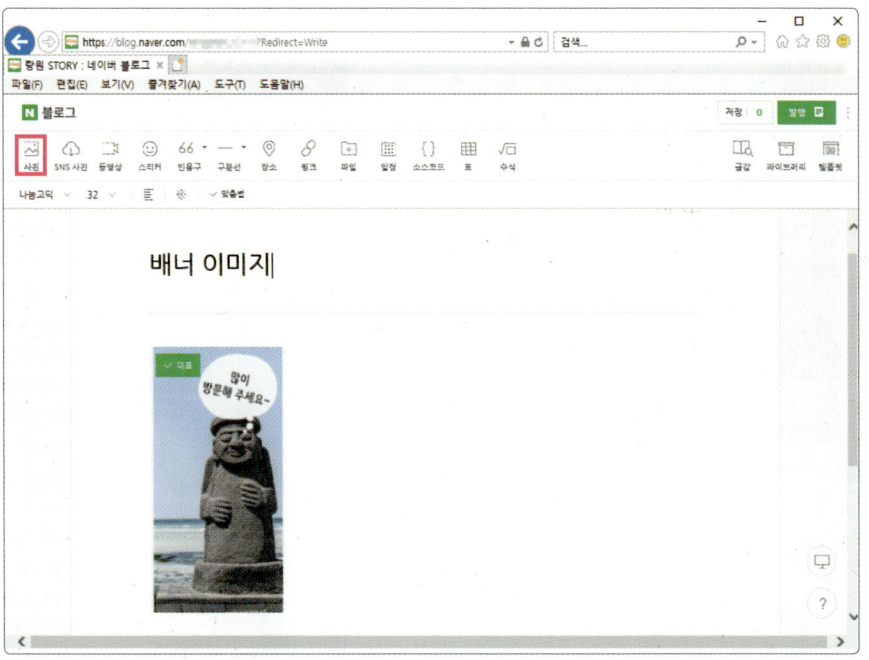

2 글쓰기 상단에 [발행] 버튼을 클릭한 후, 공개설정을 [비공개]로 설정하고 [발행하기] 버튼을 클릭합니다.

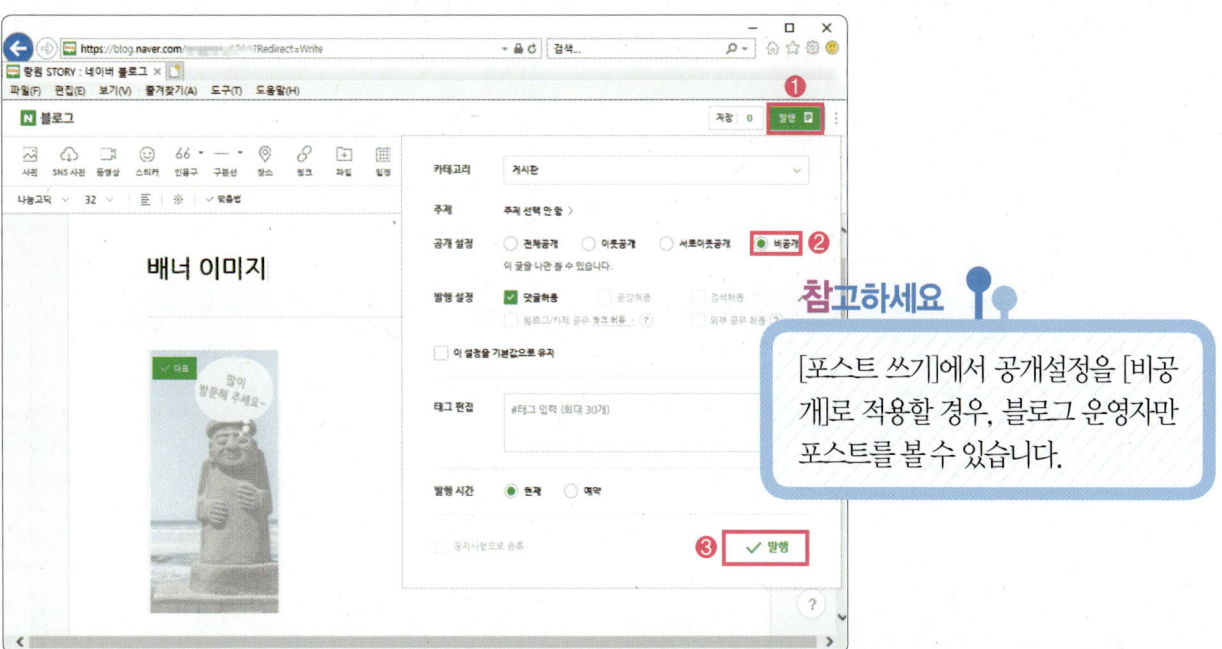

> **참고하세요**
> [포스트 쓰기]에서 공개설정을 [비공개]로 적용할 경우, 블로그 운영자만 포스트를 볼 수 있습니다.

③ 등록된 포스트에서 삽입된 이미지를 클릭하여 [PHOTO VIEWER] 창을 열고 이미지에서 마우스 오른쪽 버튼을 클릭하고, [속성]을 클릭합니다.

④ [속성] 대화상자에서 'banner1.gif' 이미지의 주소를 드래그하여 선택하고 마우스 오른쪽 버튼을 클릭하여 [복사]를 클릭합니다. [확인] 버튼을 클릭하여 [속성] 대화상자를 닫습니다.

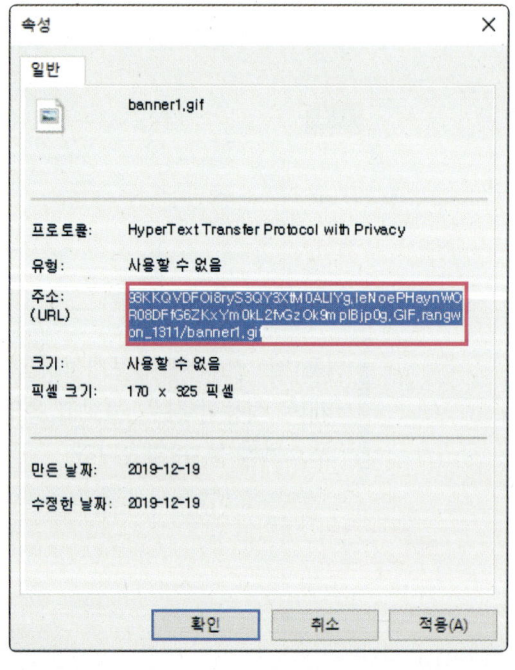 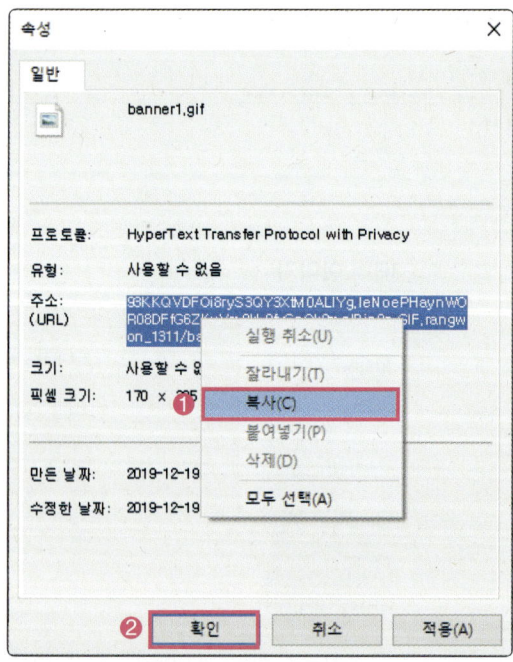

5 [시작] 메뉴의 [Windows 보조프로그램]에서 메모장을 실행하고 HTML 태그를 입력합니다. 이미지 경로는 Ctrl + V 를 눌러 붙여넣기합니다.

〈IMG SRC=저장된 이미지의 경로〉

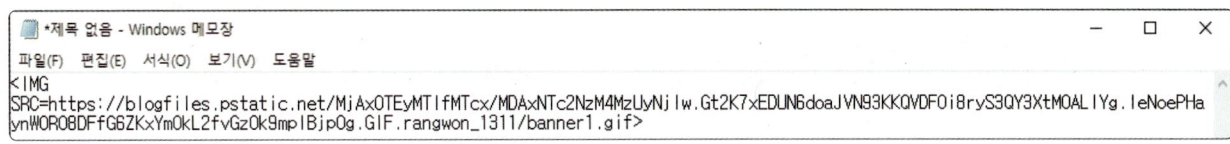

이미지에 하이퍼링크를 넣어주기 위해 위에서 입력한 태그 앞에 HTML 태그를 추가합니다.
〈A HREF=블로그주소〉〈IMG SRC=저장된 이미지의 경로〉〈/A〉 형식으로 입력하여 적용합니다.
입력된 HTML 태그를 모두선택(Ctrl + A)하여 복사(Ctrl + C)합니다.

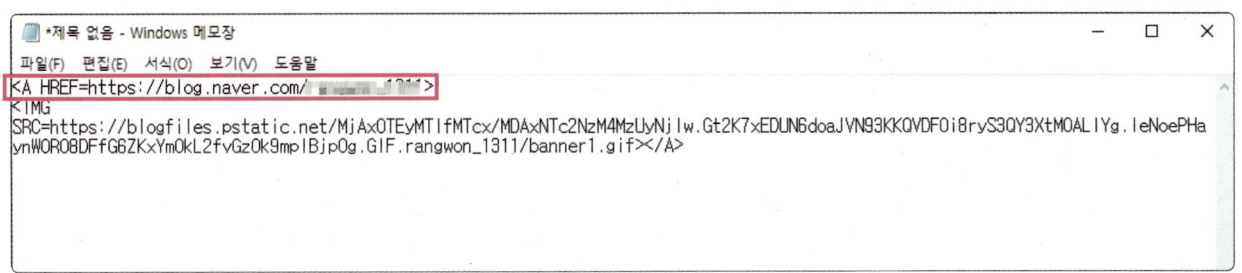

6 블로그 [관리]를 클릭하고 [꾸미기 설정] – [레이아웃·위젯 설정]을 클릭합니다.

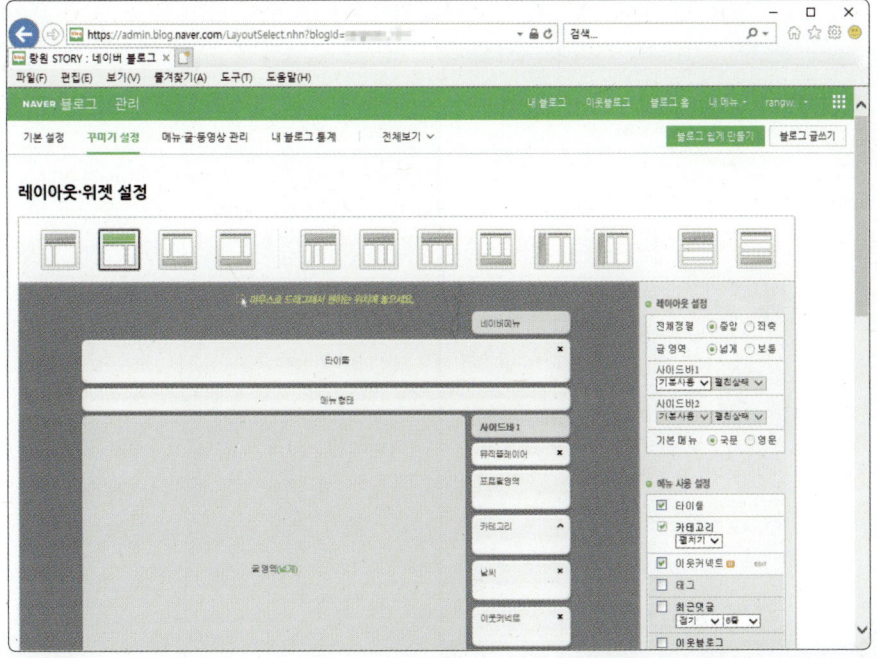

151

7　하단의 [위젯직접등록] 버튼을 클릭하고, [위젯명]에 '풍경배너'라고 입력하고 [위젯코드 입력]란에 메모장에 입력된 HTML 태그를 Ctrl + V 로 붙여넣기 합니다. [다음] 버튼을 클릭합니다.

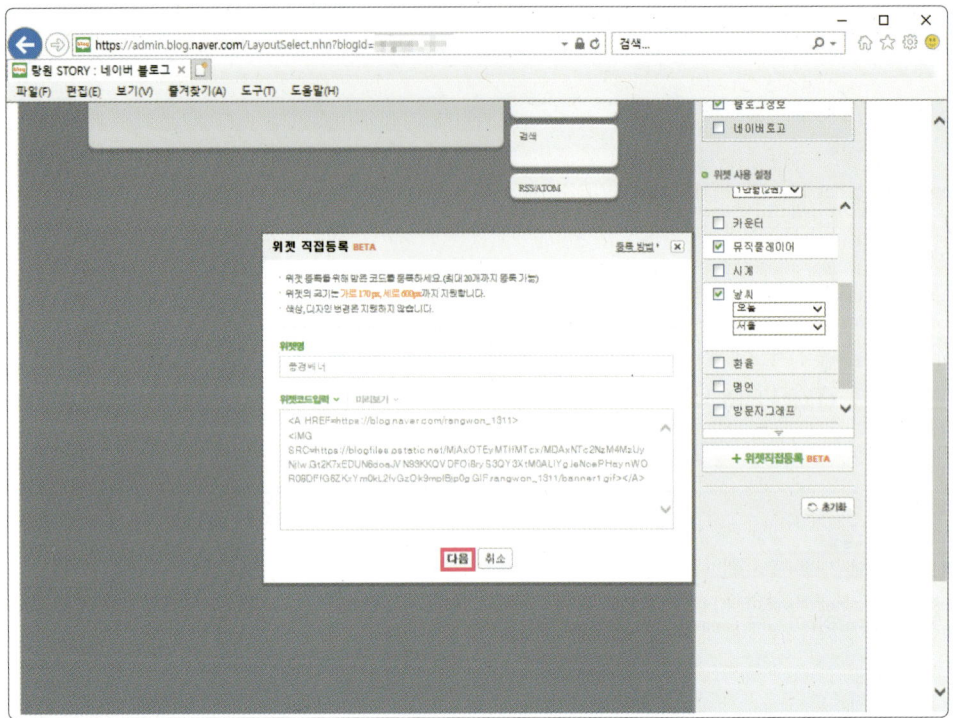

8　GIF 애니메이션 이미지가 미리보여 집니다. [등록] 버튼을 클릭합니다.

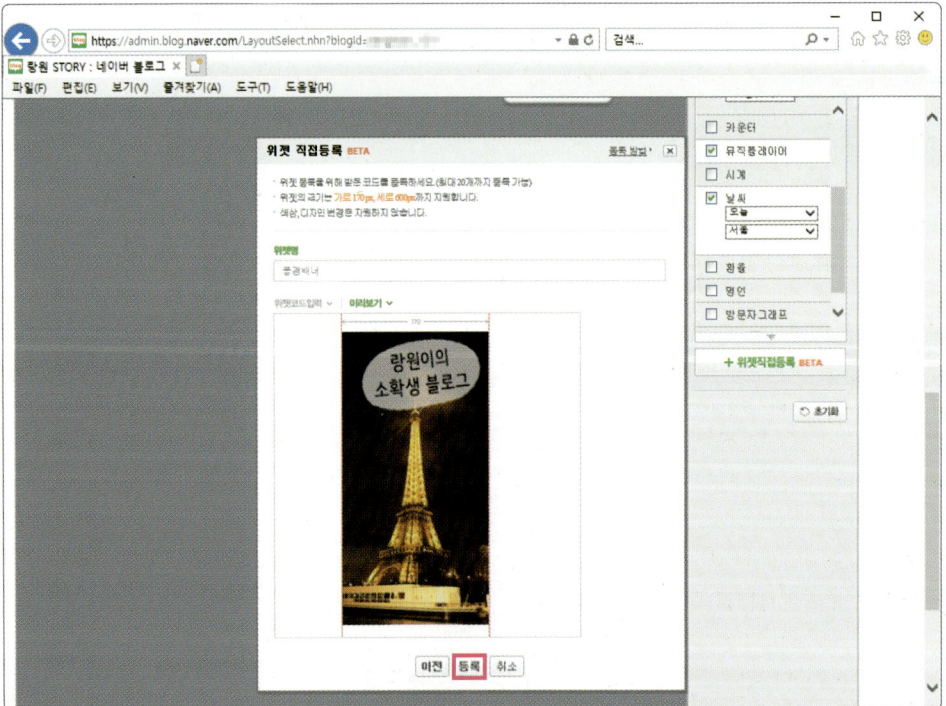

⑨ 사이드바에 등록된 '풍경배너'를 확인할 수 있습니다. 만들어진 배너의 순서를 위쪽으로 드래그하여 이동합니다.

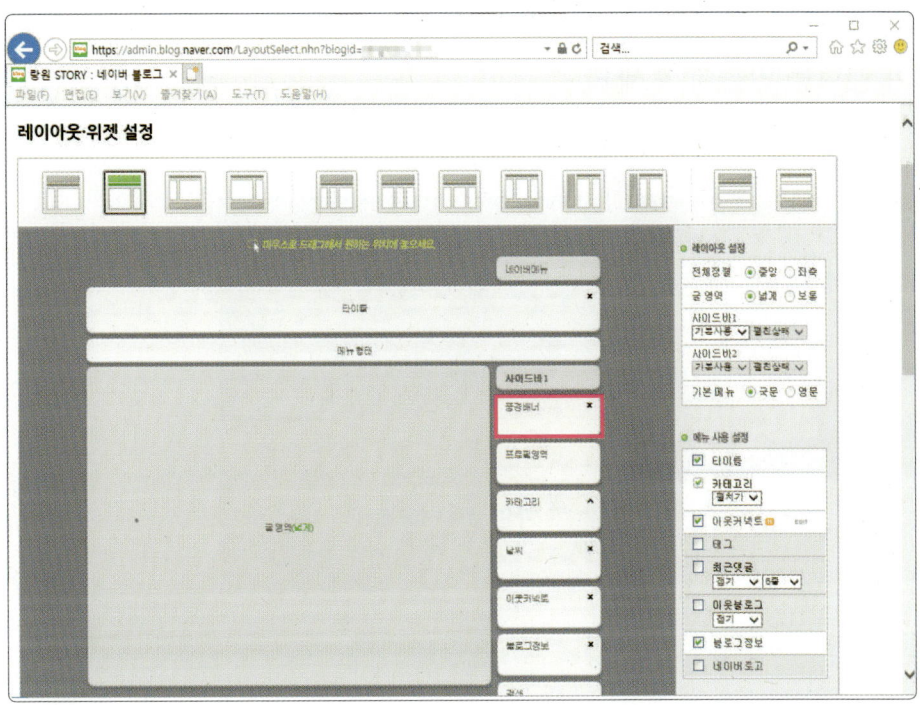

⑩ 레이아웃 위젯을 수정한 후 하단의 [적용(적용)] 버튼을 클릭합니다. [웹 페이지의 메시지]에서 [확인] 버튼을 클릭합니다.

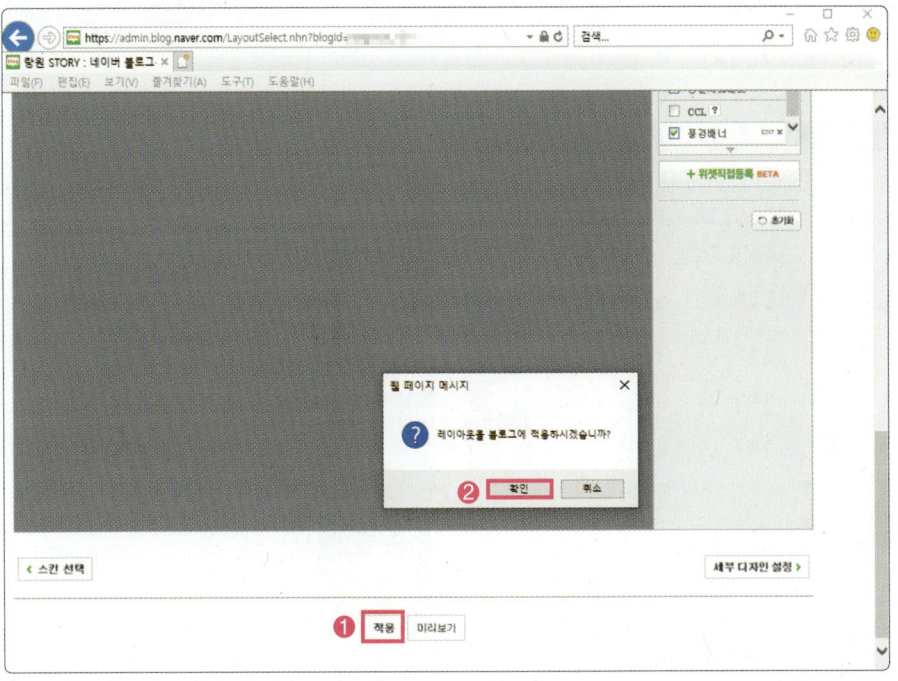

"혼자 풀어 보세요"

1 다음과 같이 배너를 만들어 보세요.

2 제작한 배너를 블로그에 적용해 보세요.

19 이웃 블로그 방문하고 댓글 달기

블로그는 많은 사람들과 정보를 공유하고 의견을 나눌 수 있는 소통의 장으로 활용이 가능합니다. 다른 사람이 운영하고 있는 블로그에 방문해서 자신의 의견을 게시판과 같이 글을 쓸 수 있는데 이를 댓글이라 합니다.

- 이웃 블로그를 방문해서 댓글을 달아봅니다.
- 모두의 블로그를 방문해 봅니다.

배울 내용 미리보기

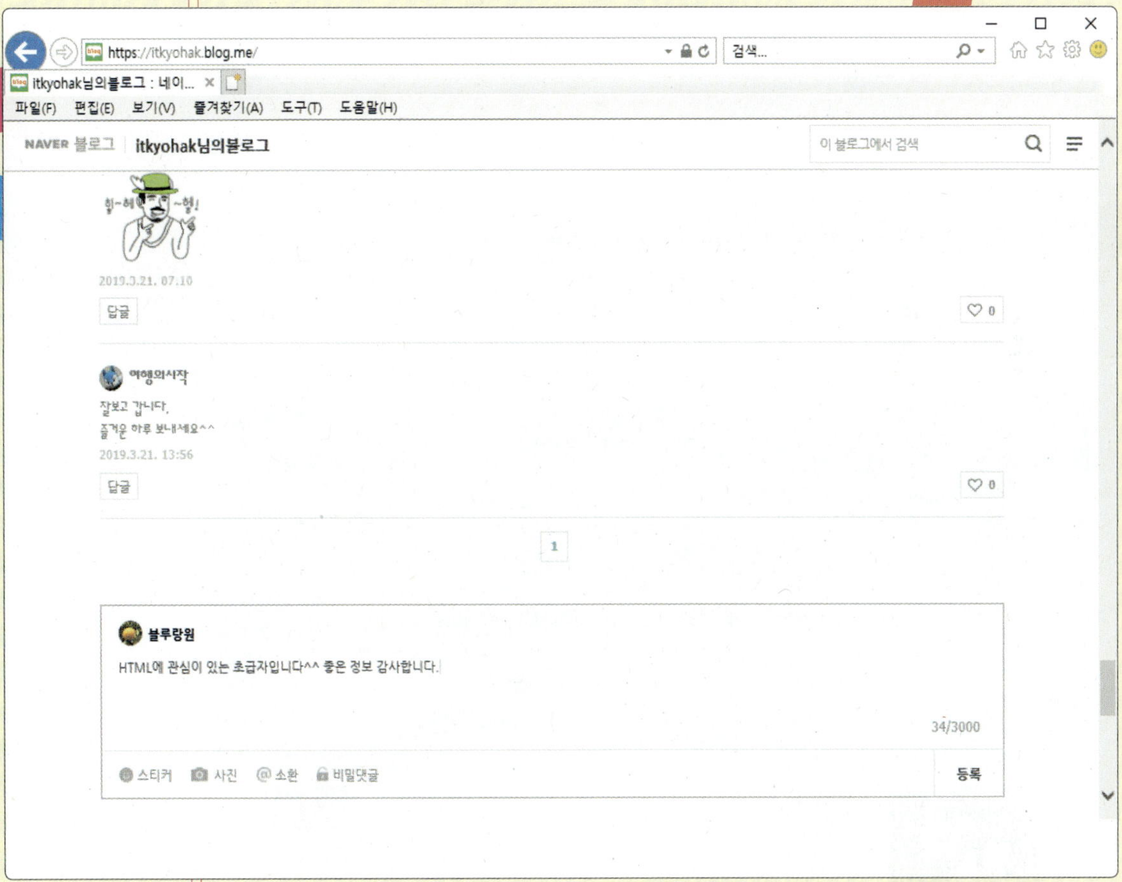

 이웃 블로그에 댓글 달기

1 이웃 커넥트에서 이웃을 클릭합니다.

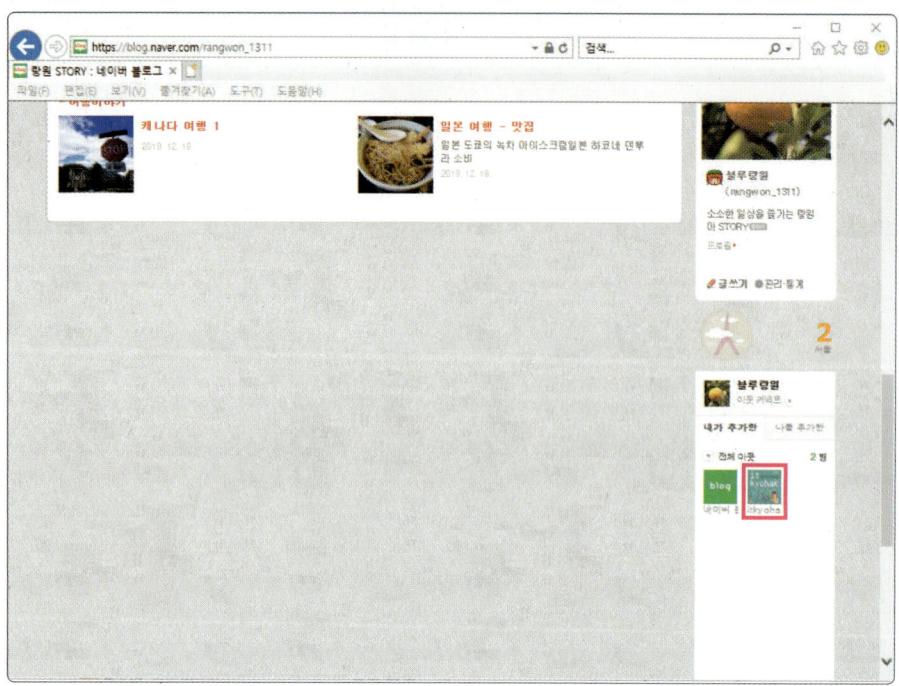

2 이웃 블로그가 뜨면 관심이 있는 글을 클릭합니다.

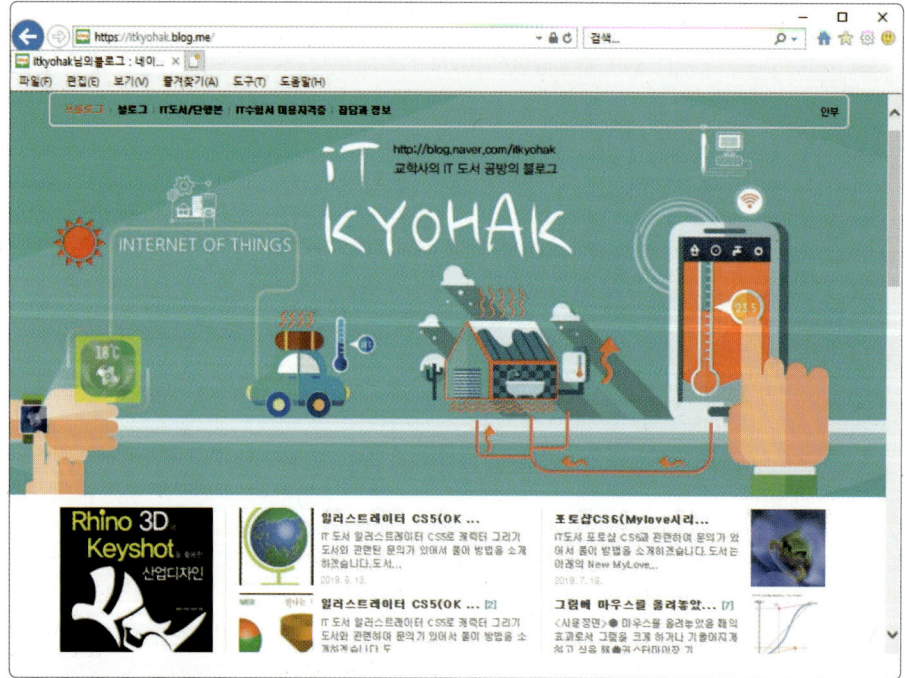

③ 포스팅을 읽고 하단에 있는 댓글을 클릭하고 댓글을 입력합니다.

④ [등록]을 클릭하면 다음과 같이 댓글이 입력됩니다.

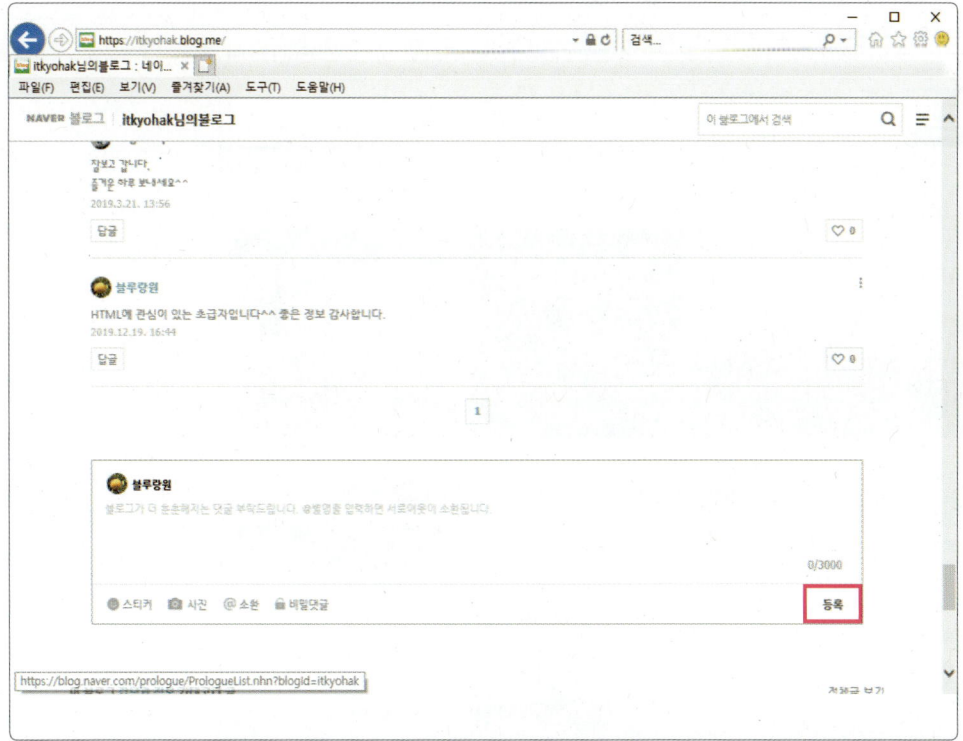

 02 모두의 블로그 방문해 보기

1 상단 메뉴의 [블로그홈]을 클릭합니다.

2 [주제별 보기]를 클릭하고 [취미·여가·여행]의 [세계여행]을 클릭하고 등록된 포스트를 클릭합니다.

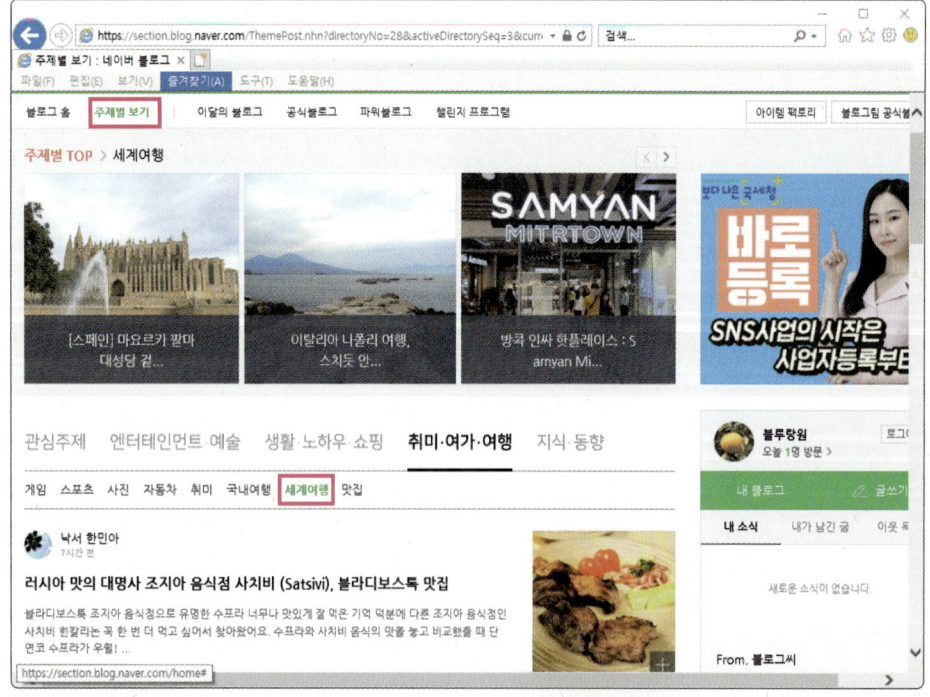

③ [주제별 보기]를 클릭하고 [취미·여가·여행]의 [맛집]을 클릭하여 [주제별 TOP]에서 등록된 포스트를 클릭합니다.

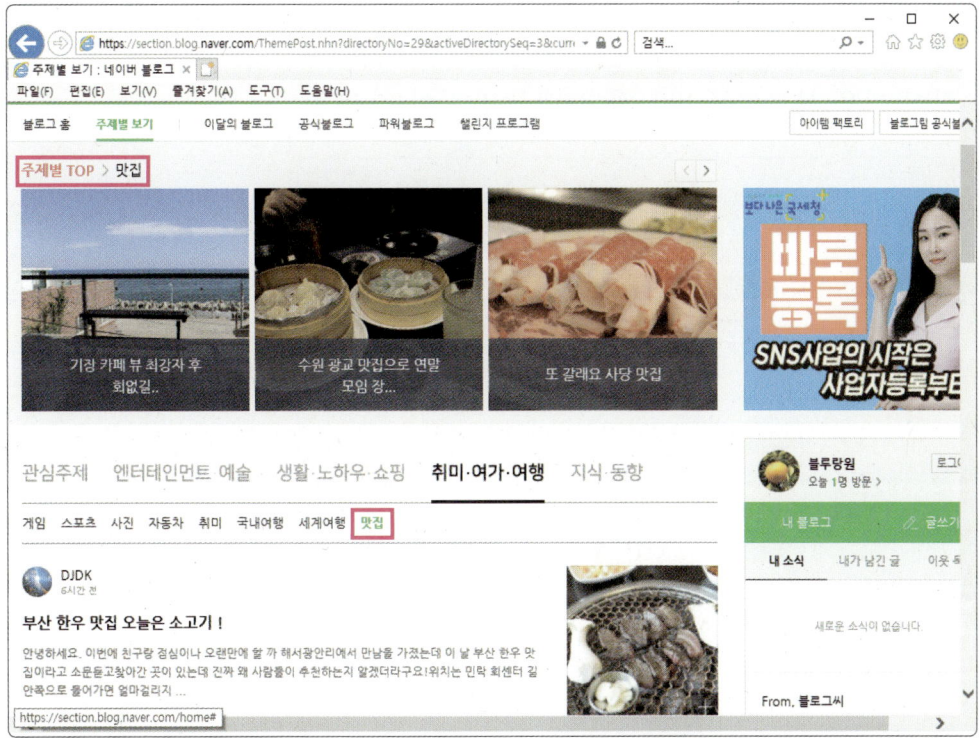

④ [파워블로그]를 클릭하여 네이버 블로그의 파워블로그를 방문합니다.

"혼자 풀어 보세요"

1 다음과 같이 이웃 블로그를 방문하고 댓글을 달아 보세요.

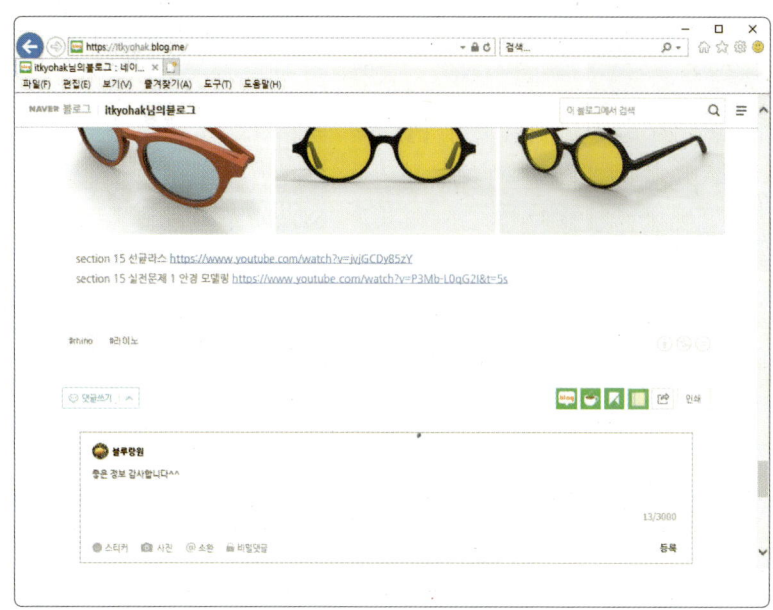

2 [모두의 블로그]에서 관심이 있는 주제의 블로그를 방문해 보세요.

블로그 포스트 쓰기

블로그에 글과 그림 등을 이용해서 꾸미는 것을 포스트라고 합니다. 포스트 쓰기 기능을 선택하면 편리하고 다양한 기능을 이용하여 화면을 꾸밀 수 있는데, 템플릿과 컴포넌트를 이용하면 사용자가 미리 설정되어 있는 디자인과 인터넷상의 자료를 손쉽게 삽입할 수 있습니다.

▶▶ 맛집 포스트 쓰기를 해 봅니다.
▶▶ 템플릿을 이용한 포스트 쓰기를 해 봅니다.

배울 내용 미리보기

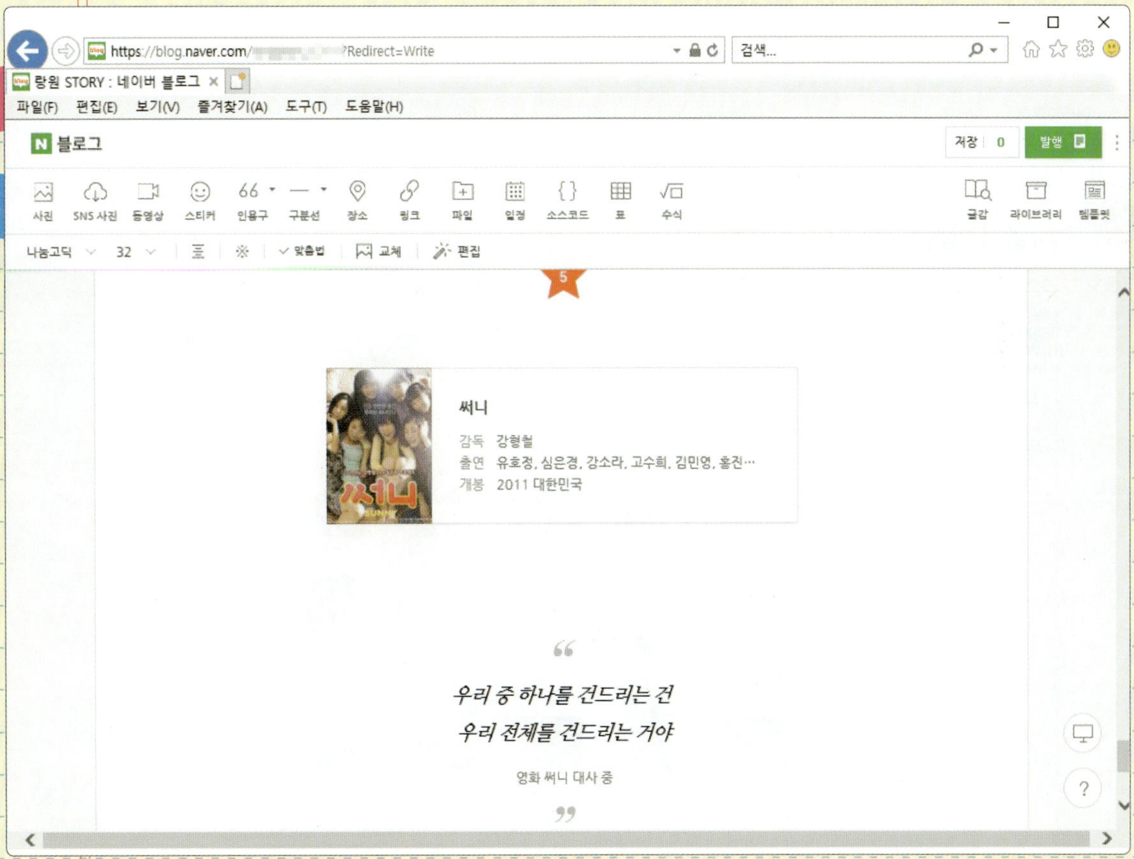

01 맛집 포스트 쓰기

1 [글쓰기]를 클릭하고 내용을 입력합니다.

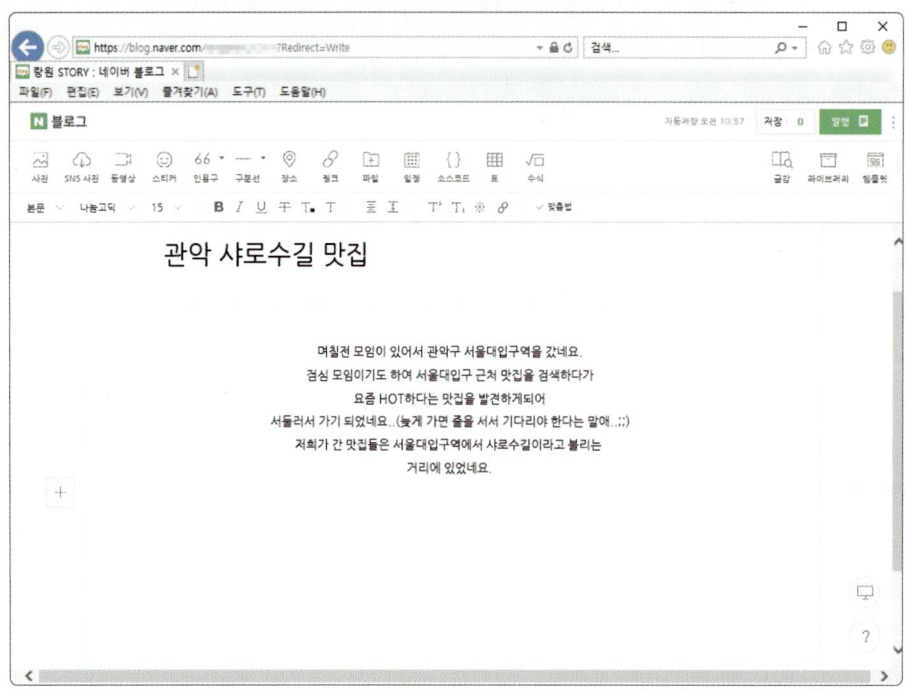

2 글쓰기 도구에서 [사진 추가]를 클릭하고 원하는 이미지를 선택합니다. [열기]를 클릭하여 이미지를 삽입합니다.

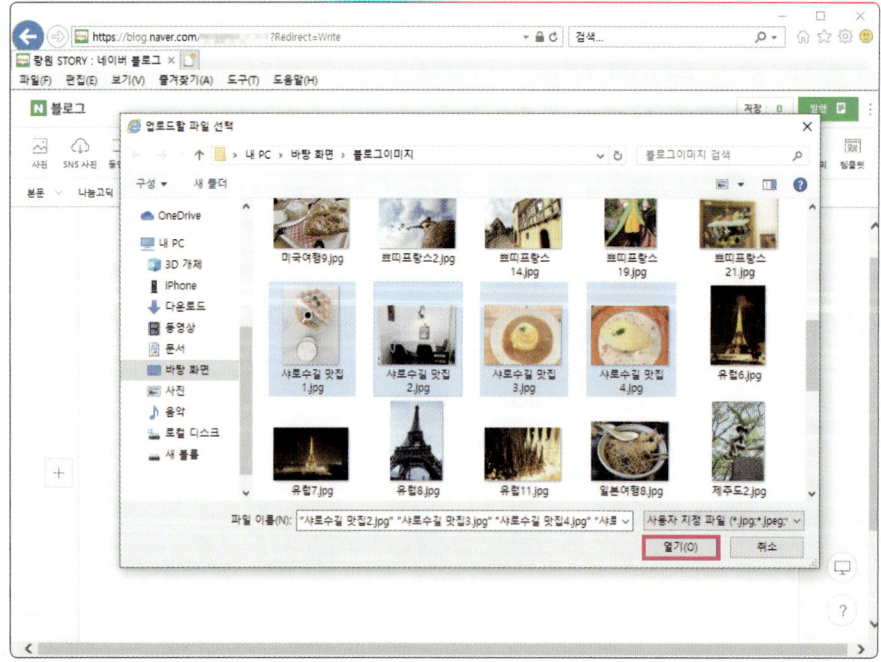

③ 글쓰기 도구에서 [장소 📍]를 클릭하여 [장소 첨부] 창이 열리면 장소를 입력하여 검색합니다.

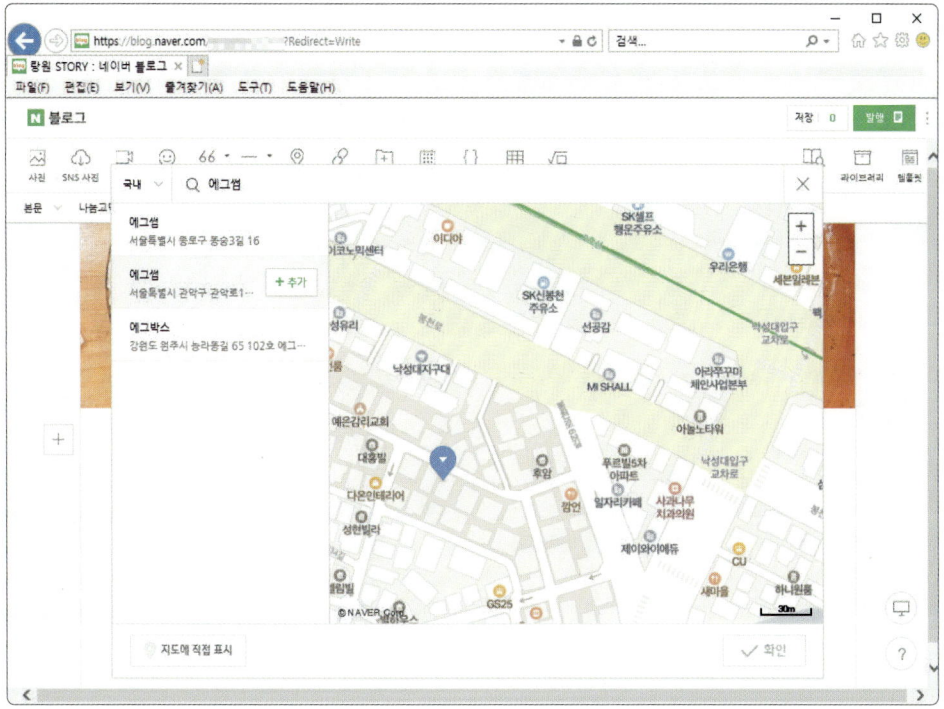

④ 찾고자 하는 명칭을 클릭하면 오른쪽 지도 창에 장소가 지도로 나타납니다. 지도를 [+]를 클릭하여 확대하여 위치를 확인합니다.

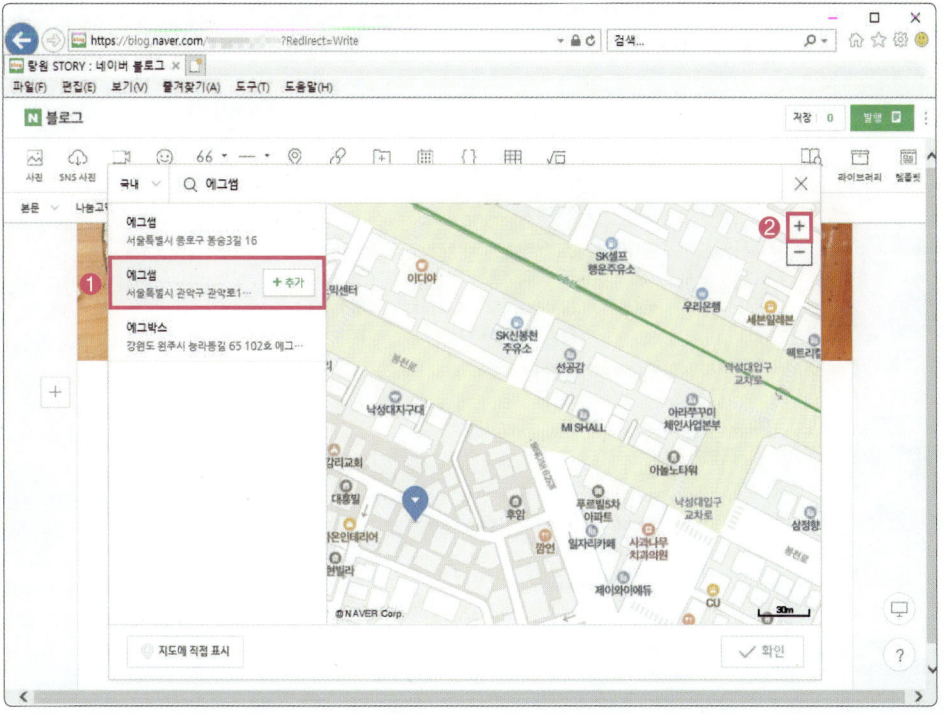

5 장소를 확인한 후 [추가]를 클릭합니다. 지도 밑에 장소가 추가되면 [확인]을 클릭합니다. 저자는 두 곳을 첨부하였습니다.

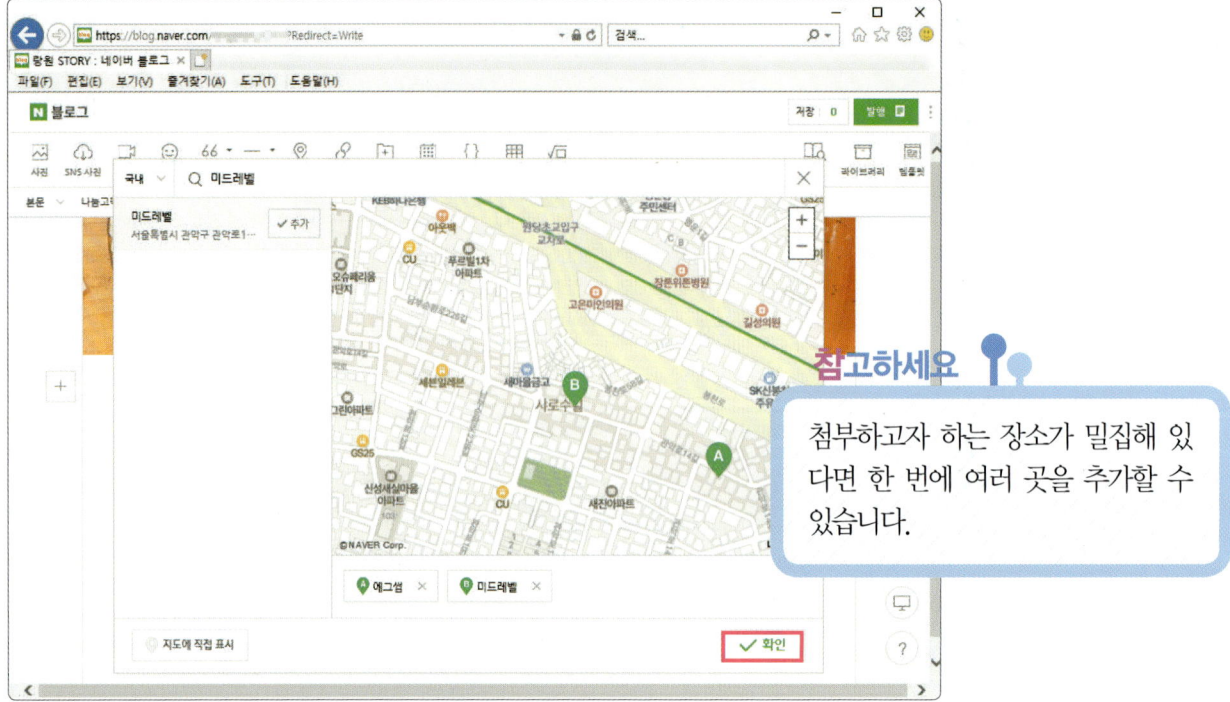

참고하세요
첨부하고자 하는 장소가 밀집해 있다면 한 번에 여러 곳을 추가할 수 있습니다.

6 장소의 지도가 첨부되었습니다. [발행] 버튼을 눌러 카테고리를 지정한 후 [발행] 버튼을 클릭합니다.

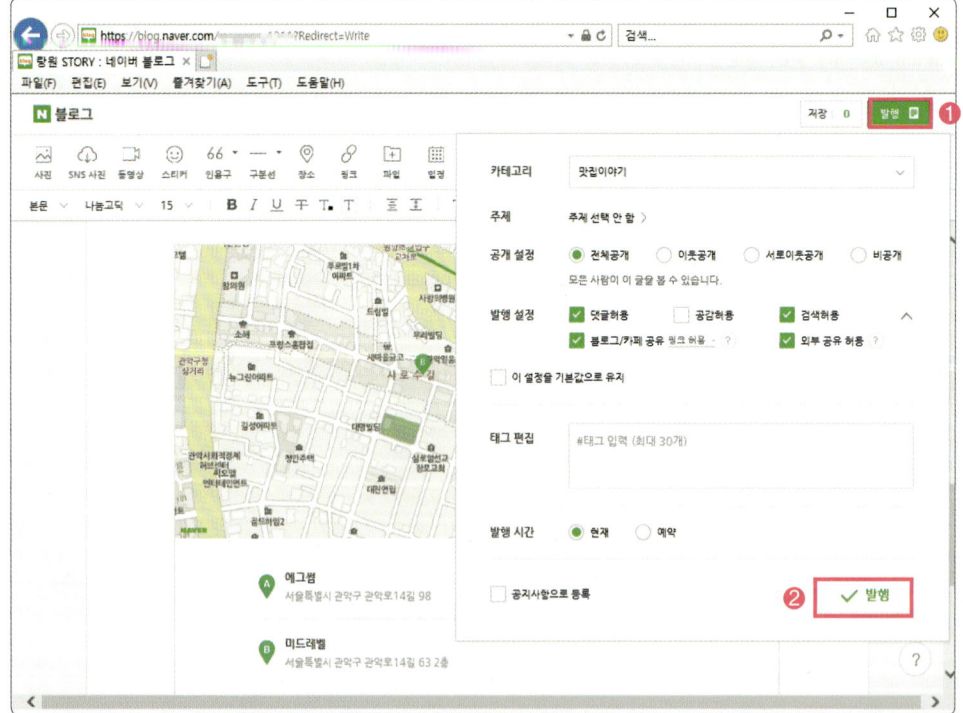

 ## 템플릿을 이용한 포스트쓰기

1 글쓰기를 클릭하고 [템플릿]을 클릭합니다.

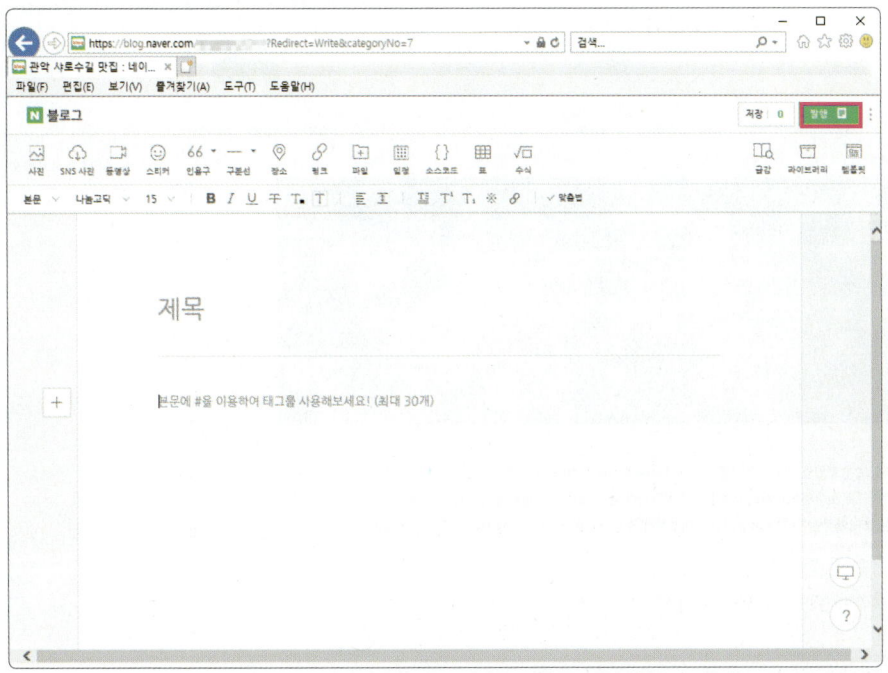

2 [추천 템플릿]에서 [영화]를 클릭합니다.

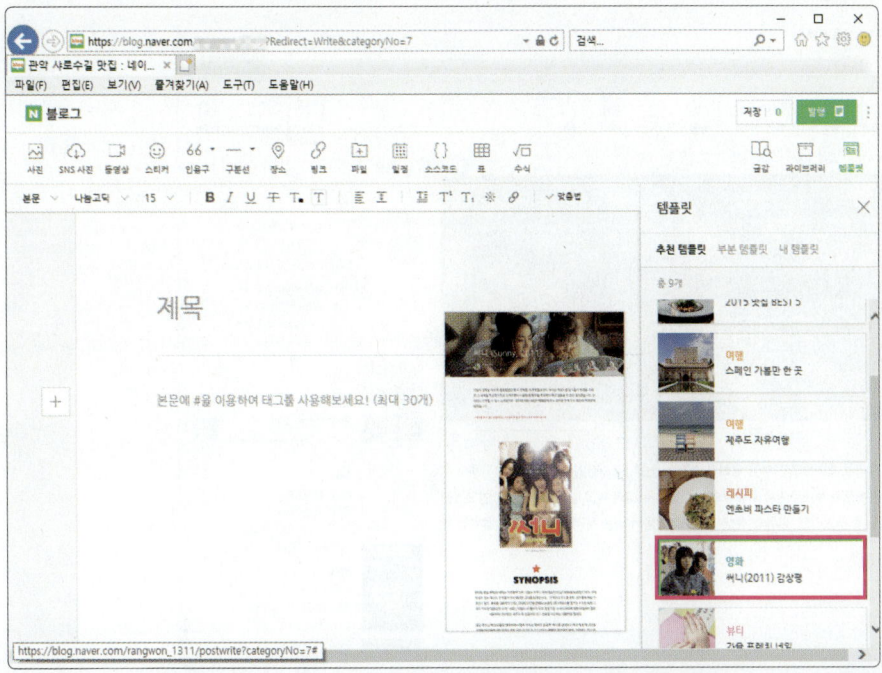

③ 템플릿에 맞추어 글을 작성합니다. 불필요한 요소는 클릭한 후 Delete 키를 누르거나 [휴지통 🗑] 아이콘을 눌러 삭제합니다.

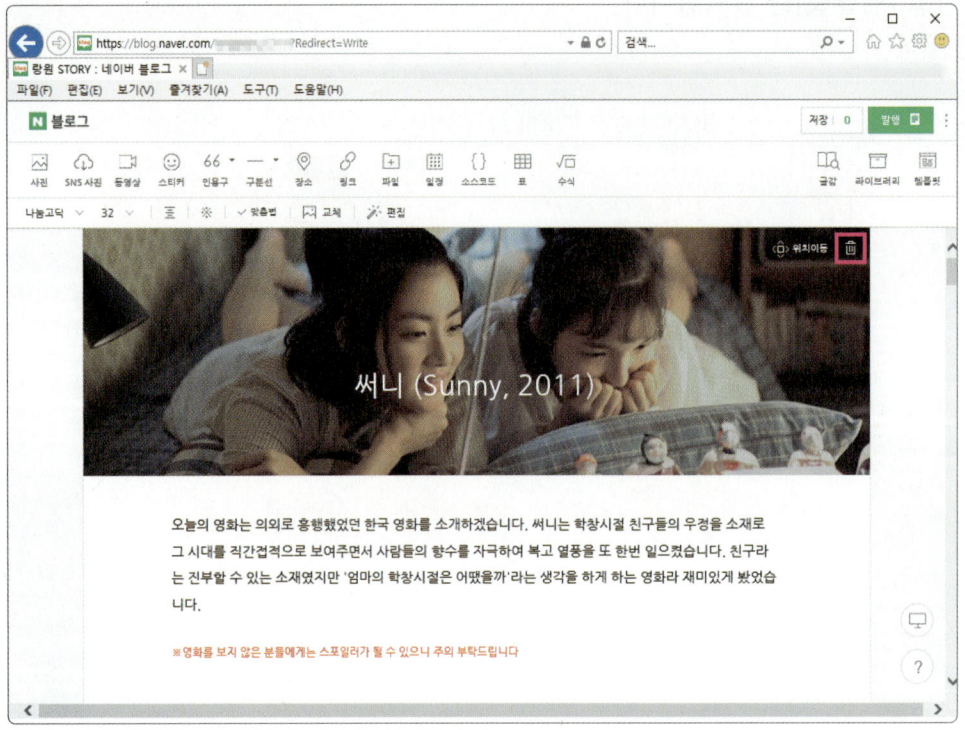

④ 글쓰기 도구의 [글감 검색 🔍]을 선택한 후 [영화] 카테고리에서 [써니]를 검색하여 글감을 추가해 봅니다.

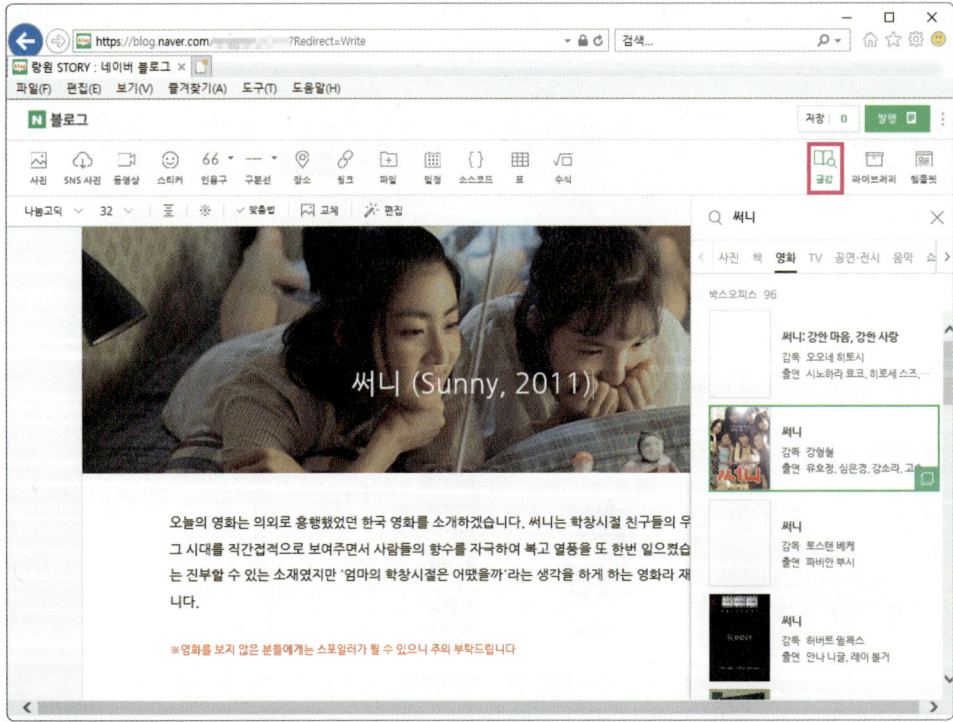

⑤ 글쓰기 도구에서 [인용구 66]를 선택하여 명대사/인용구를 입력해주면 포스트를 더욱 멋지게 꾸밀 수 있습니다.

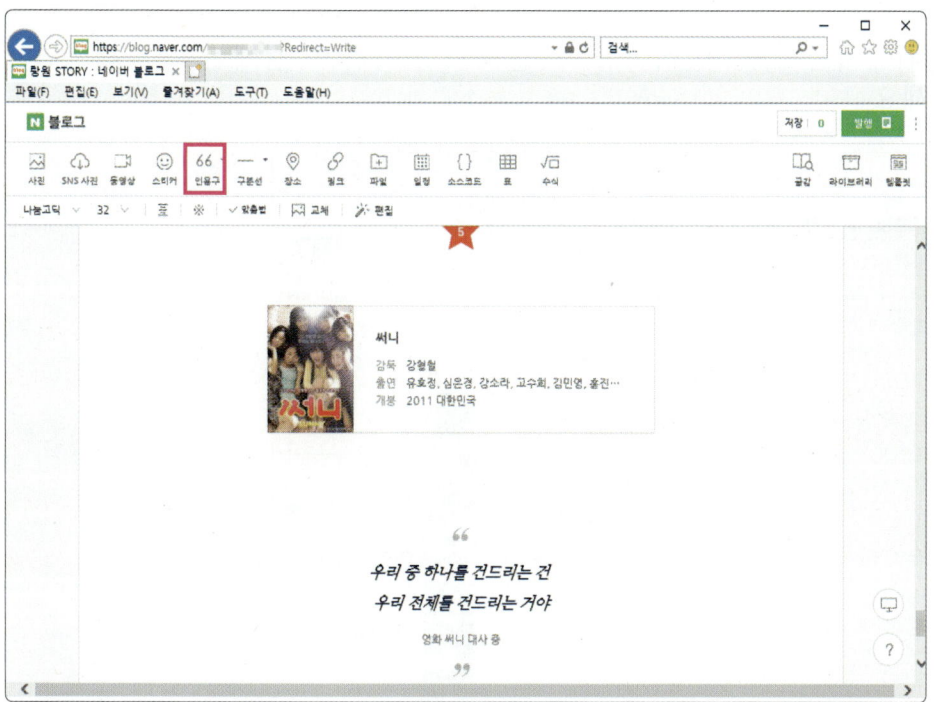

⑥ [발행] 버튼을 누른 후 카테고리를 선택하고 [발행] 버튼을 클릭하여 완성합니다.

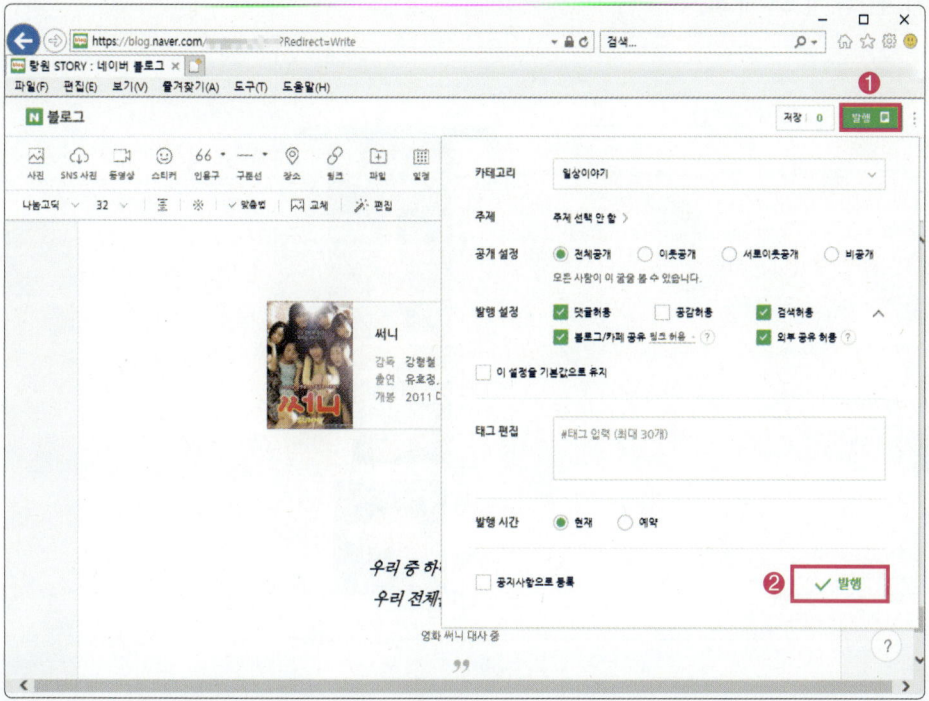

"혼자 풀어 보세요"

1 [글감 검색]에서 [책]을 선택하고 '한글포토샵'이라고 검색한 후 [책글감]을 삽입해 보세요.

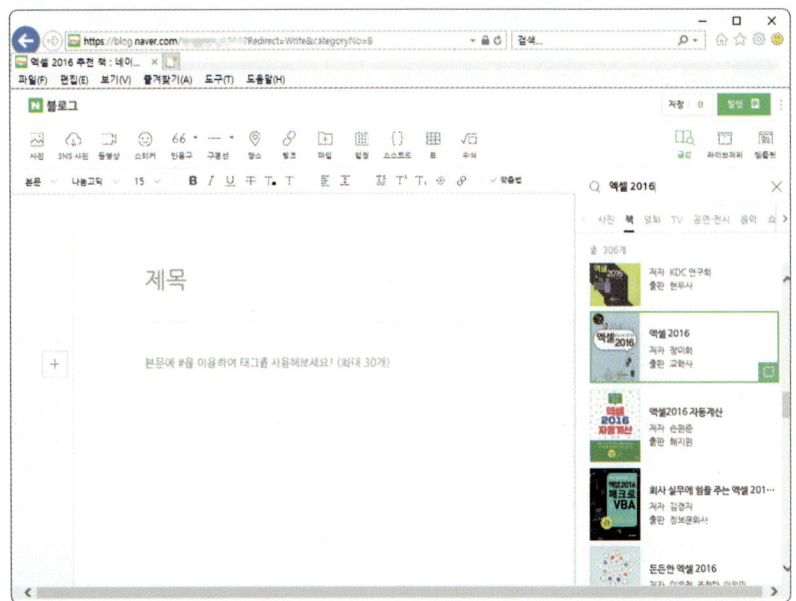

2 다음과 같이 완성해 보세요.

21 곰믹스(Gom Mix)로 동영상 편집하기

곰믹스는 간편하게 영상을 편집할 수 있는 프로그램으로, 동영상 자르기, 배경 음악, 효과음 추가, 텍스트/이미지 삽입 등 영상을 초보자도 쉽게 편집할 수 있습니다.

▶▶ 곰믹스에서 내가 찍은 사진을 동영상으로 저장하는 방법을 알아봅니다.
▶▶ 곰믹스에서 동영상에 텍스트와 효과음을 삽입하는 방법을 알아봅시다.

배울 내용 미리보기

01 곰믹스 설치하기

1 네이버 검색창에 '곰믹스'를 검색하여 소프트웨어 정보에서 곰믹스를 클릭합니다. [무료 다운로드]를 클릭하여 [다운로드]를 클릭하여 컴퓨터에 곰믹스를 설치합니다. 곰믹스가 설치되면 곰믹스를 실행합니다.

> **참고하세요**
> 로그인이 되어 있으면 좀 더 빠른 속도로 다운로드할 수 있습니다.

02 사진 추가하여 영상 만들기

1 [미디어 소스] 탭의 [파일 추가]에서 [이미지(🖼)]에 체크한 후 파일 추가를 클릭합니다. [열기] 대화상자가 열리면 Ctrl 키를 누른 상태로 사진 파일을 여러 개 선택하고 [열기] 버튼을 클릭합니다.

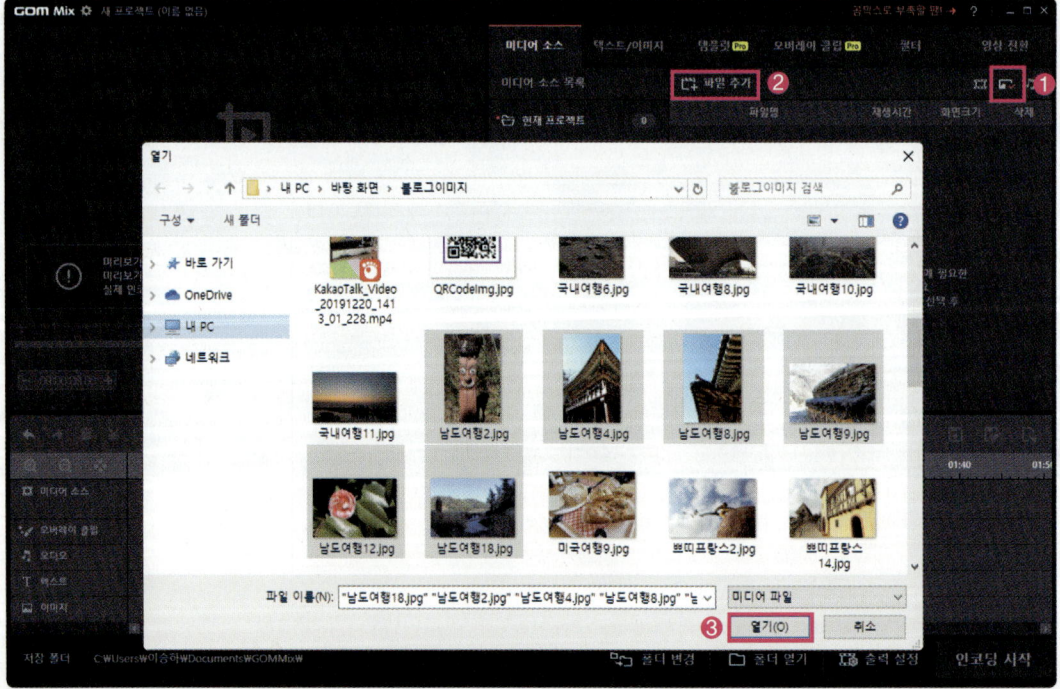

② 삽입한 파일 목록들이 오른쪽 창에 나타납니다. 삽입한 목록들을 Shift 를 누른 상태로 전체 선택합니다.

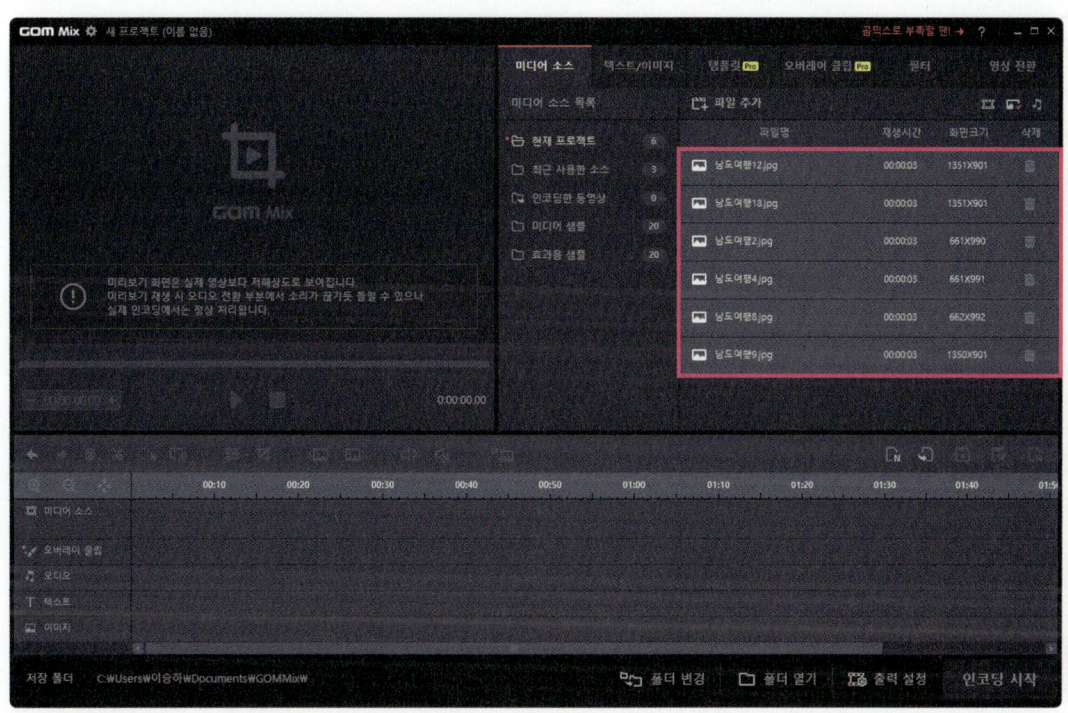

③ 삽입한 파일들을 아래 타임라인의 미디어 소스 줄에 드래그하여 파일을 추가합니다.

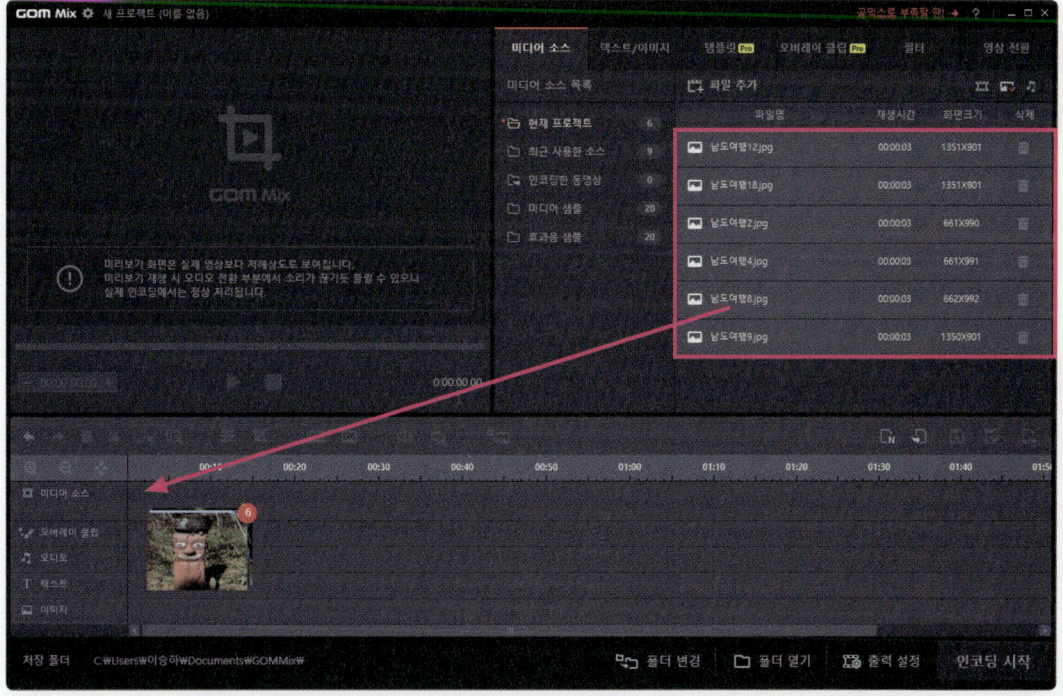

④ 파일들이 타임라인에 추가되었습니다. 왼쪽 상단의 미리보기 창에서 ▶ 버튼을 클릭하여 만들어지는 영상을 미리 확인합니다.

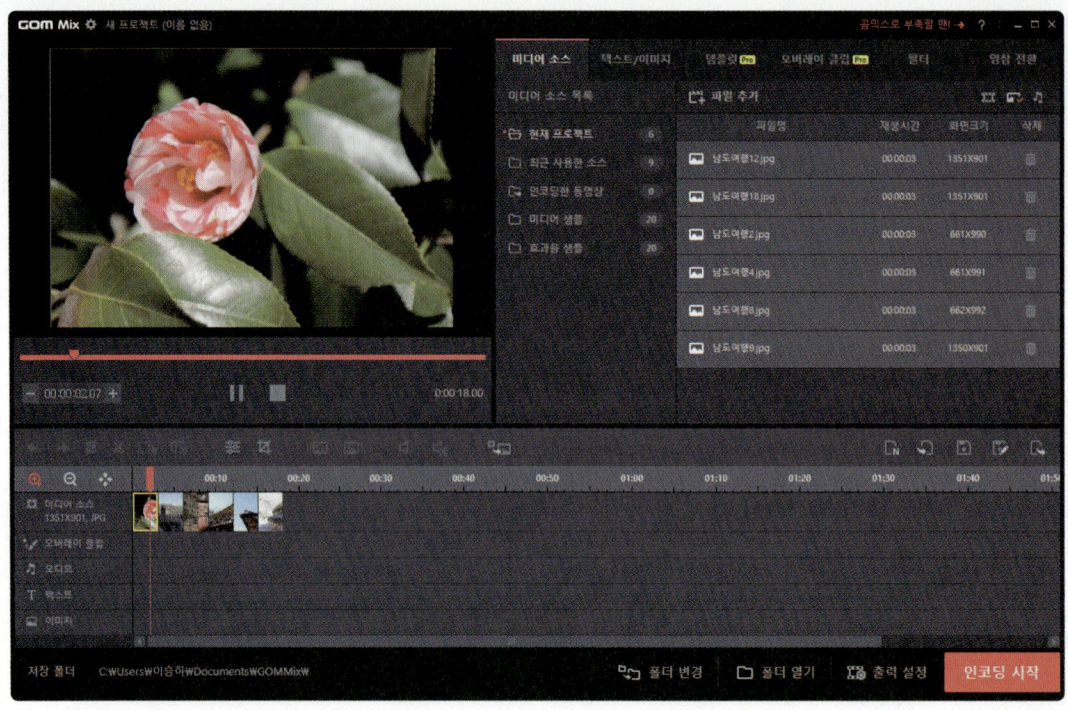

⑤ 영상이 이상이 없으면 오른쪽 하단의 [인코딩 시작] 버튼을 클릭합니다. [인코딩] 대화상자가 나타나면 저장 경로과 파일 이름을 설정하고 [인코딩 시작] 버튼을 클릭합니다.

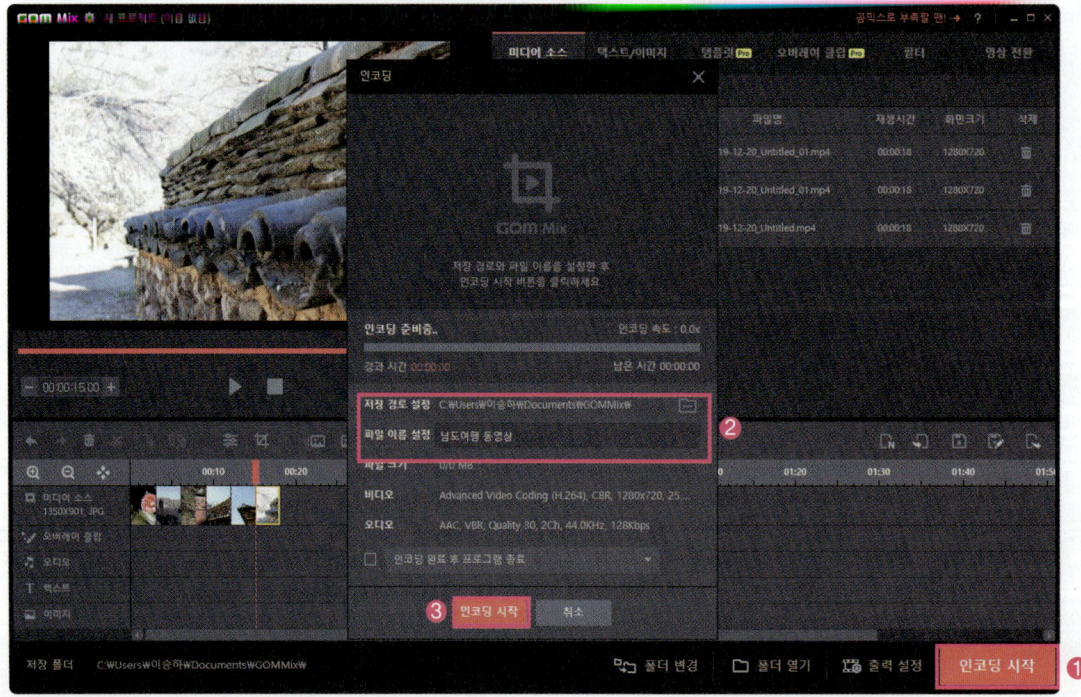

6 인코딩 작업이 완료되었다는 메시지가 나타나면 [폴더 열기]를 클릭합니다.

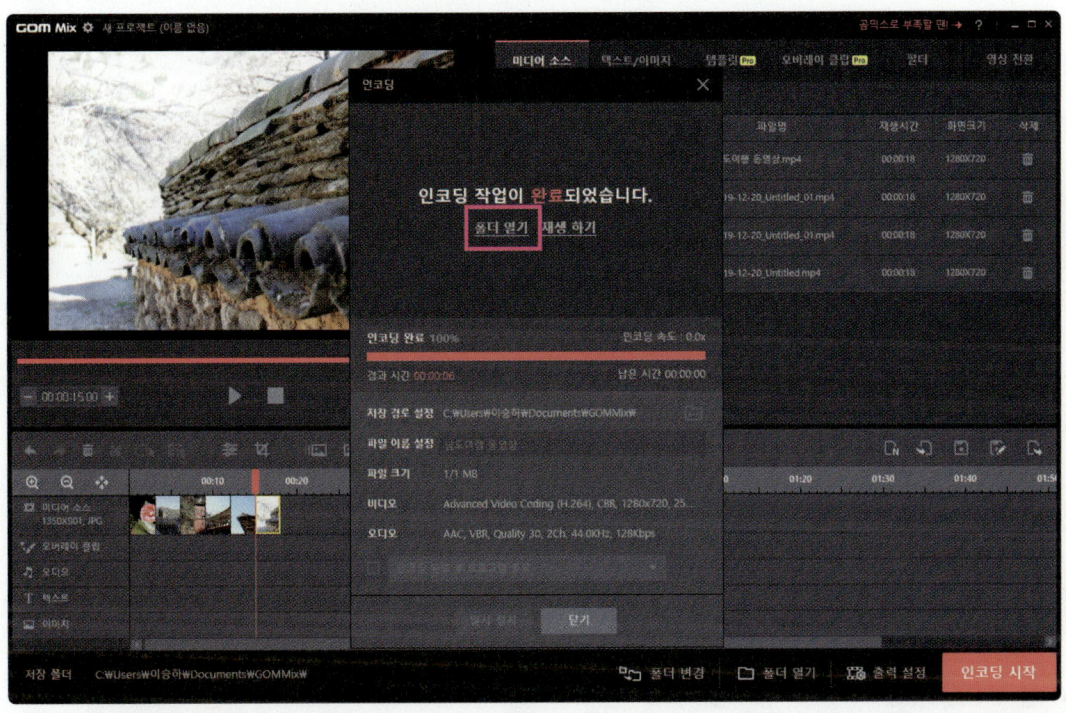

7 인코딩을 완료한 동영상이 저장되어 있습니다. 파일을 클릭하여 동영상을 확인합니다.

03 동영상에 텍스트 추가하기

1 앞에서 만든 동영상을 불러와 미디어 소스의 타임라인에 삽입합니다.

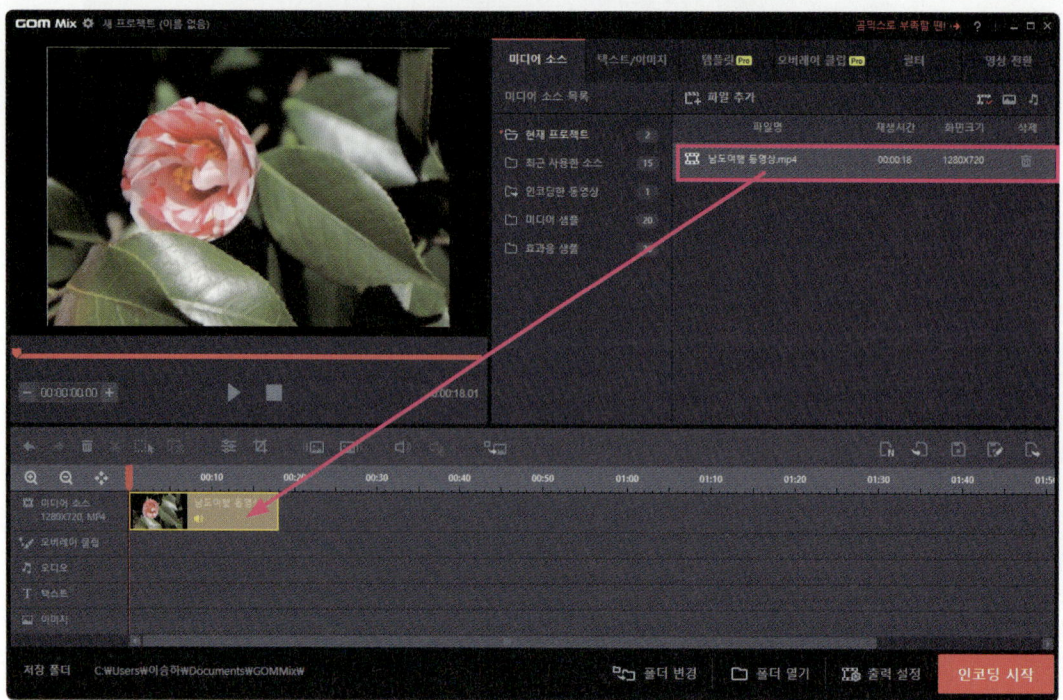

2 [텍스트/이미지] 탭에서 [텍스트 추가]를 클릭합니다.

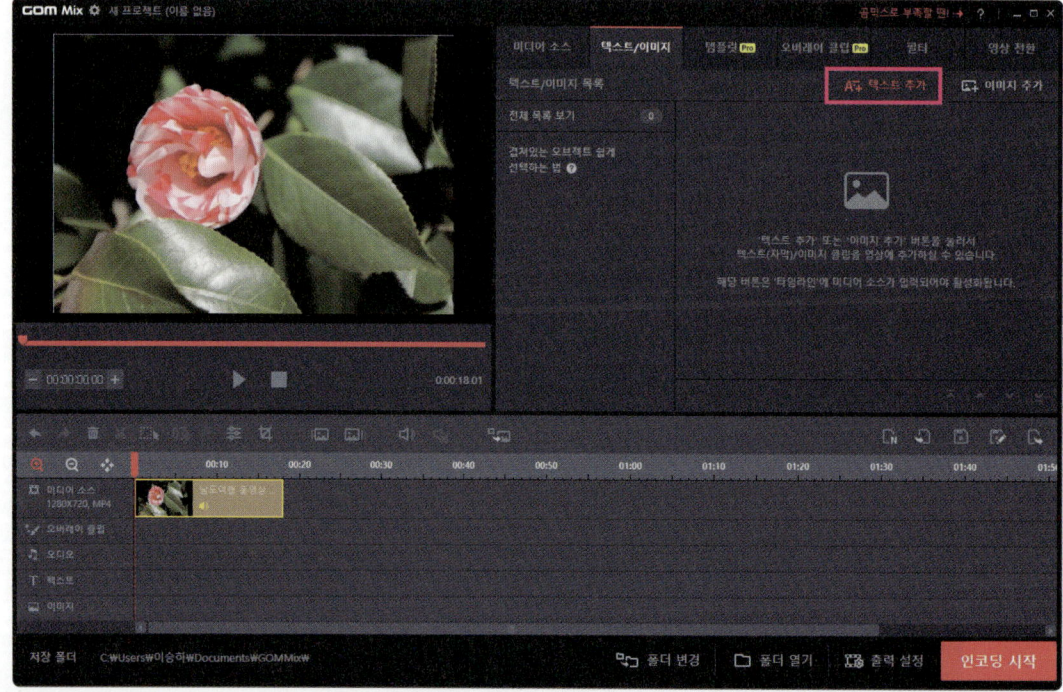

③ 도구 모음 상자에서 글꼴 모양, 글꼴 크기, 글꼴 색, 정렬 등을 설정하고 미리보기 창을 확인하며 텍스트를 입력합니다. 나타내기와 사라지기의 효과 없음을 클릭하여 마음에 드는 효과를 선택합니다.

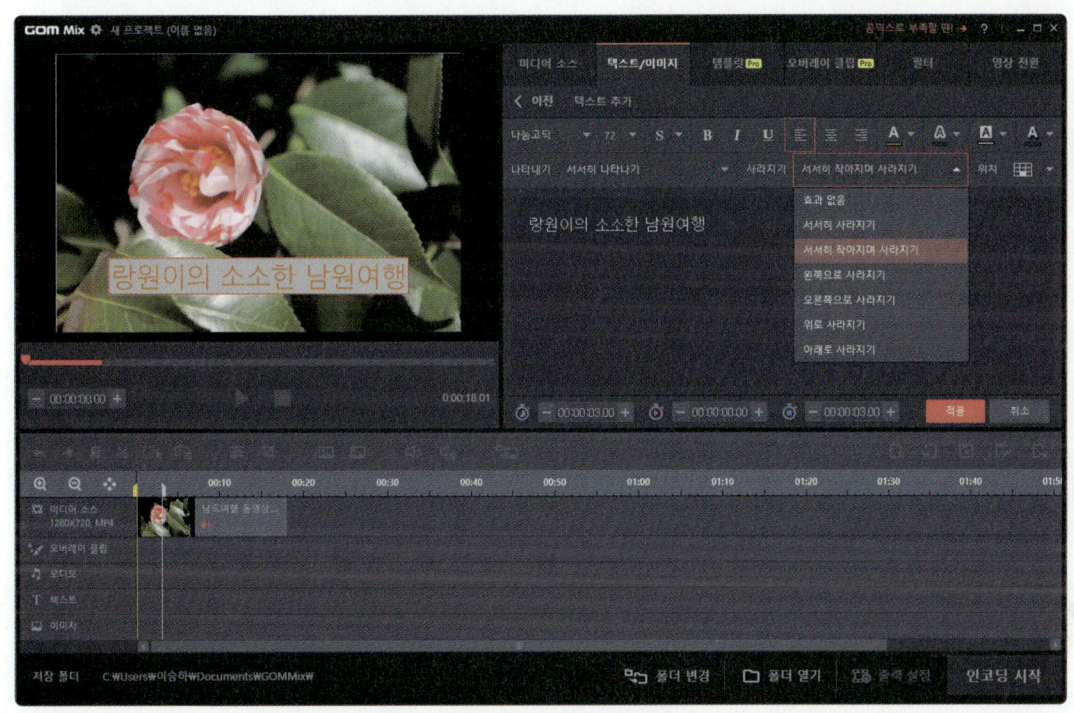

④ 위치를 클릭하여 텍스트의 위치를 설정합니다. 여기서는 하단의 중앙으로 선택합니다.

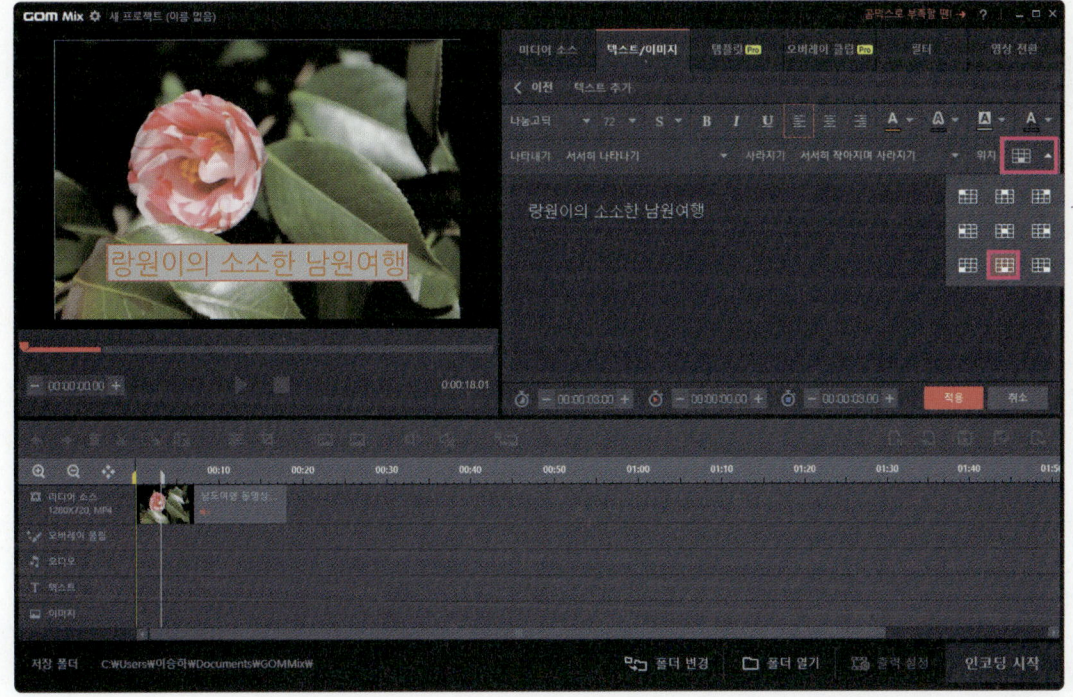

5 [적용] 버튼을 클릭하면 타임라인의 텍스트 라인에 만든 텍스트 효과가 추가됩니다.

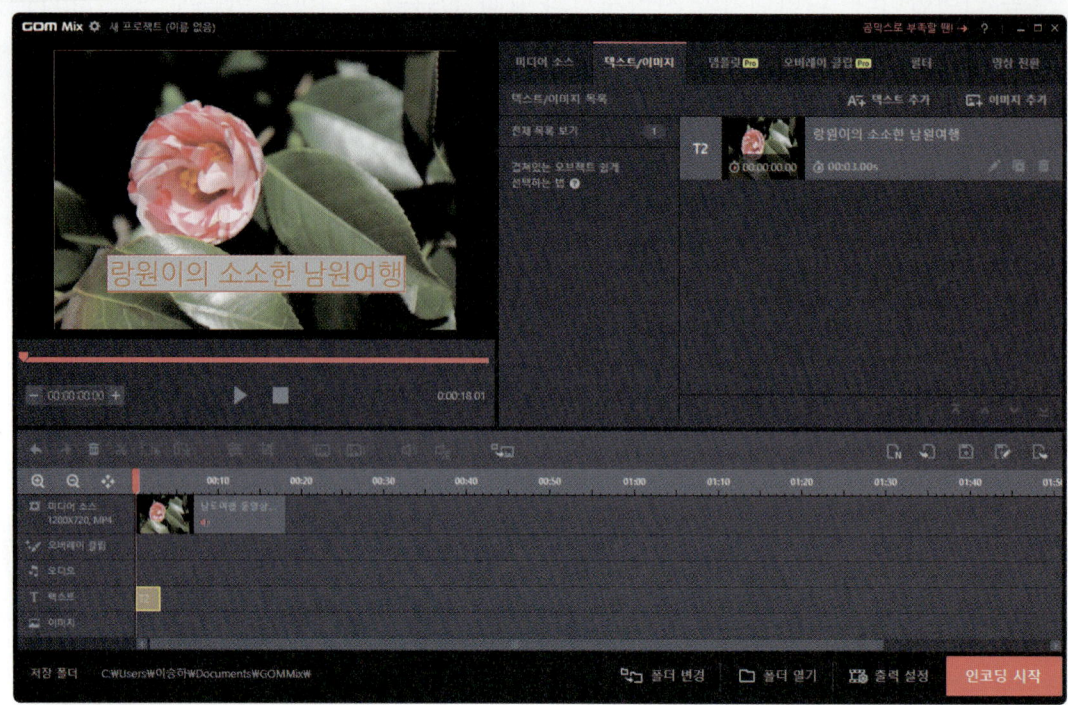

6 추가된 텍스트를 오른쪽으로 옮기면 텍스트 효과가 나타나는 시작 시점을 설정할 수 있습니다. 미리보기에서 ▶ 버튼을 클릭하여 만든 동영상을 확인합니다. [인코딩 시작]을 클릭하여 동일한 방법으로 저장합니다.

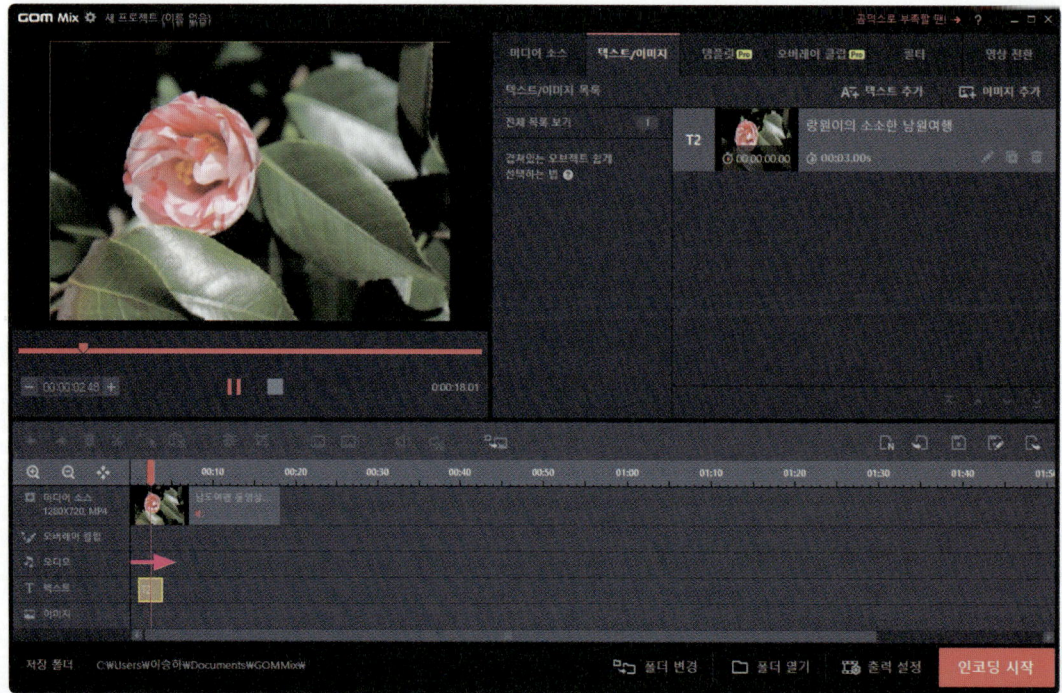

04 동영상에 배경색과 효과음 삽입하기

1 앞에서 만든 텍스트 동영상을 불러온 후 [미디어 소스] 탭의 미디어 샘플에서 마음에 드는 배경색을 선택하여 타임라인의 미디어 소스 앞으로 드래그하여 삽입합니다.

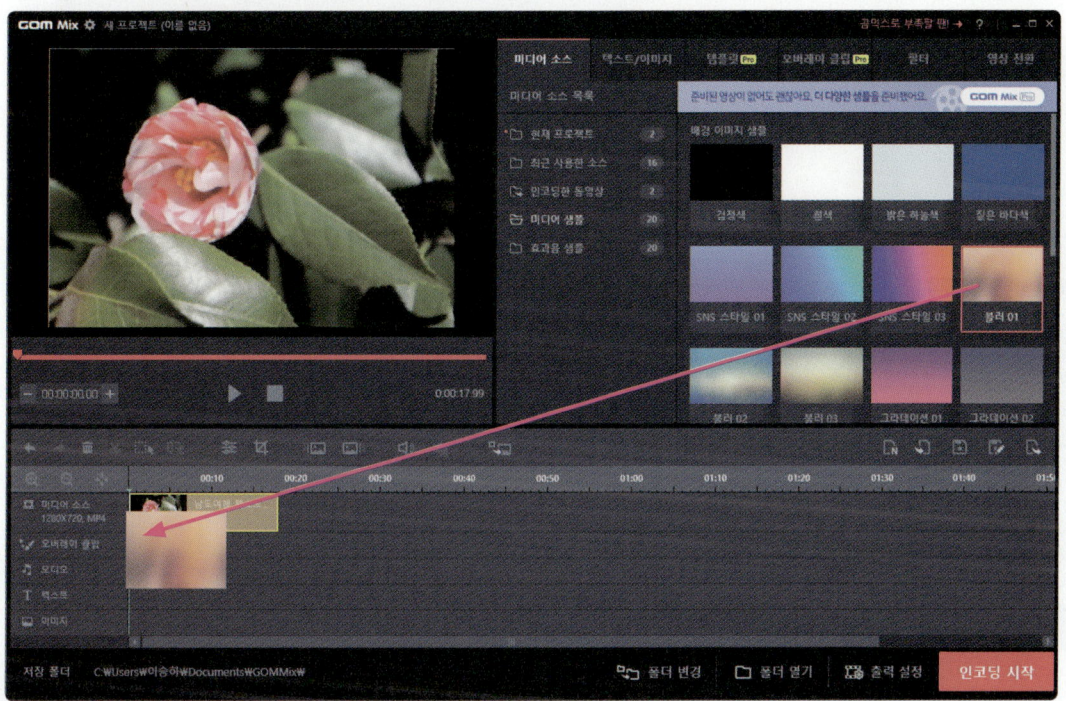

2 삽입한 배경색의 오른쪽 테두리를 좌우로 드래그하면 배경색의 시간을 조절할 수 있습니다. 여기서는 왼쪽으로 드래그하여 짧게 설정합니다.

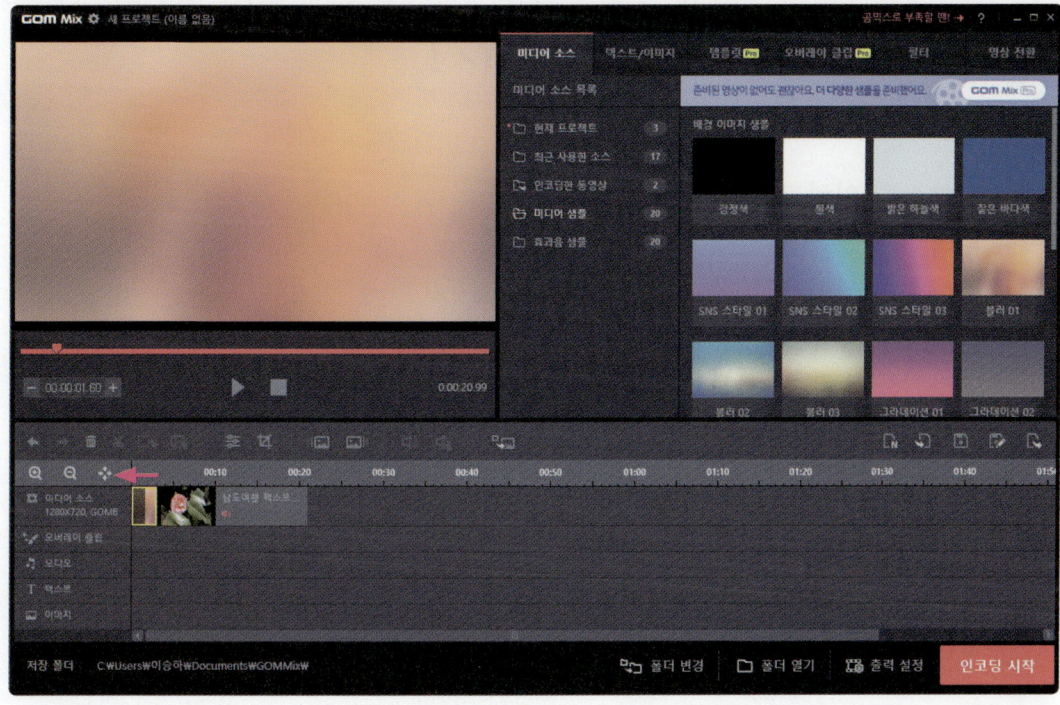

③ [미디어 소스] 탭의 효과음 샘플에서 원하는 효과음을 선택한 다음 미리듣기를 클릭하여 효과음을 미리 들어보고 선택한 효과음을 타임라인의 오디오 라인으로 드래그하여 추가합니다. 동일한 방법으로 미리보기로 확인한 후 인코딩 시작을 눌러 저장합니다.

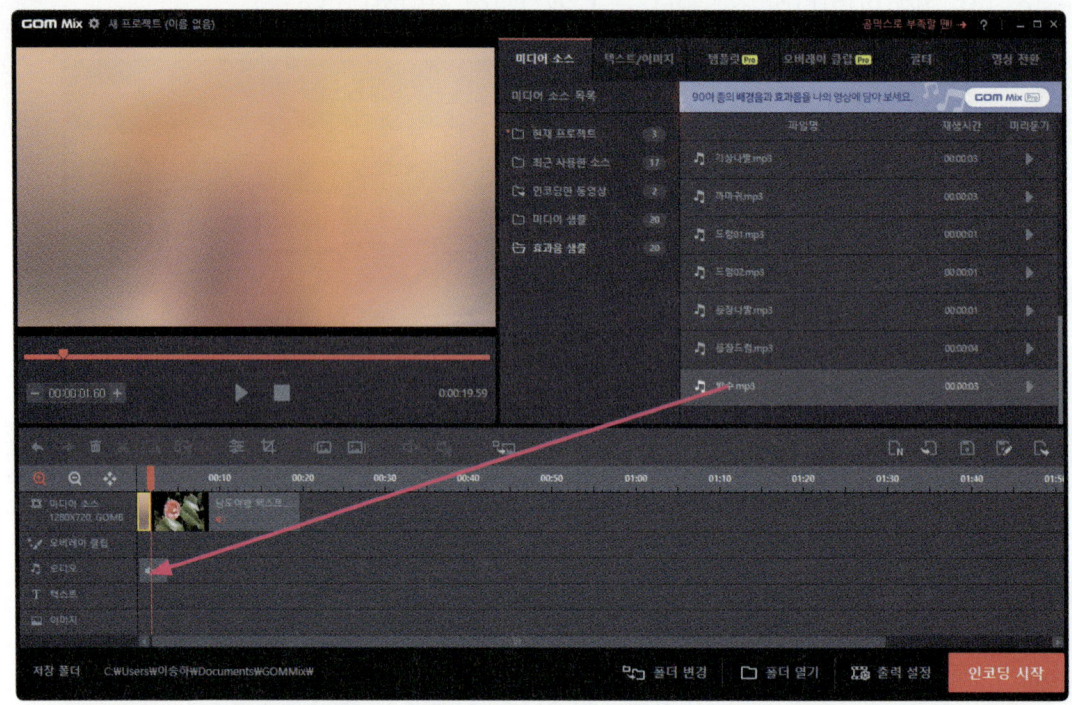

05 블로그 동영상 삽입하기

① 네이버 블로그에 로그인하고 글쓰기를 클릭합니다. [동영상 추가 🎬] 버튼을 클릭하면 동영상 업로드 대화상자가 나타나고 [일반 동영상] - [동영상 추가]를 클릭합니다.

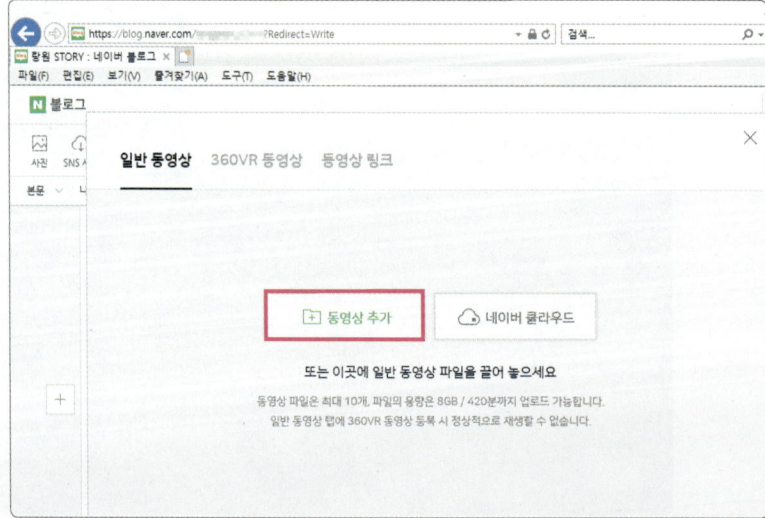

② 동영상을 클릭하고 [열기] 버튼을 클릭합니다.

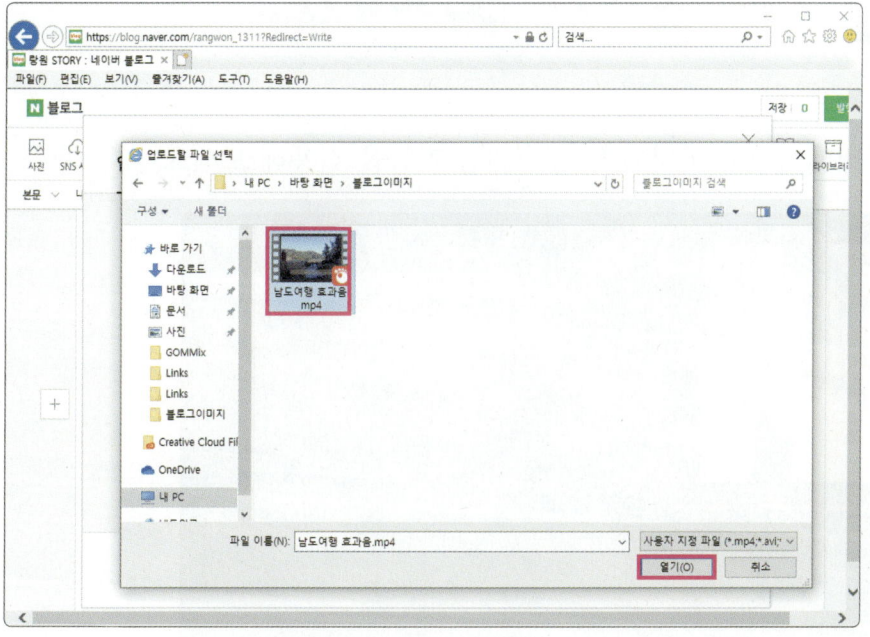

③ 동영상이 업로드되면 동영상의 대표 이미지를 선택합니다. 제목과 정보를 입력하고 [완료] 버튼을 클릭합니다. 내용을 입력하고 포스트를 발행합니다.

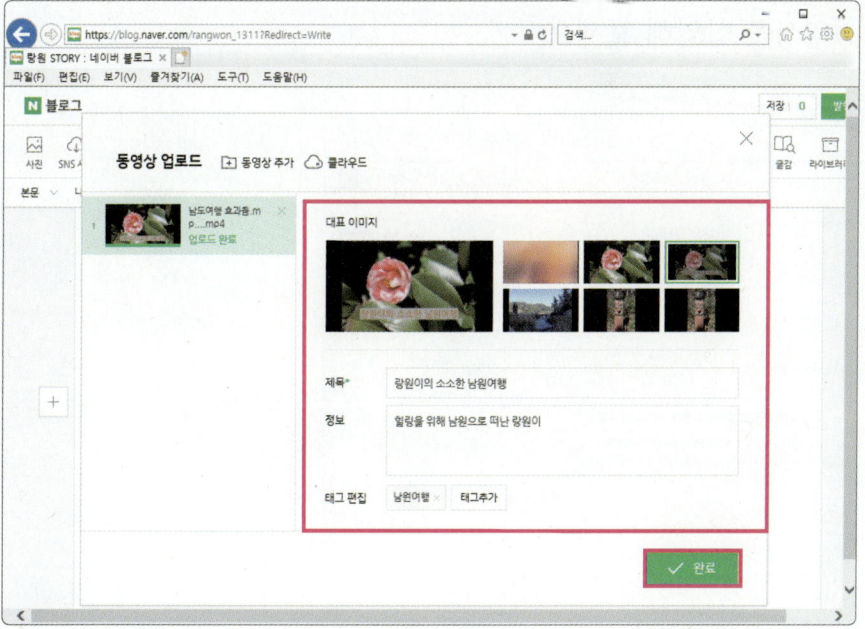

"혼자 풀어 보세요"

1 윈도우 라이브 무비메이커의 미디어효과, 효과음 기능을 적용해 보세요.

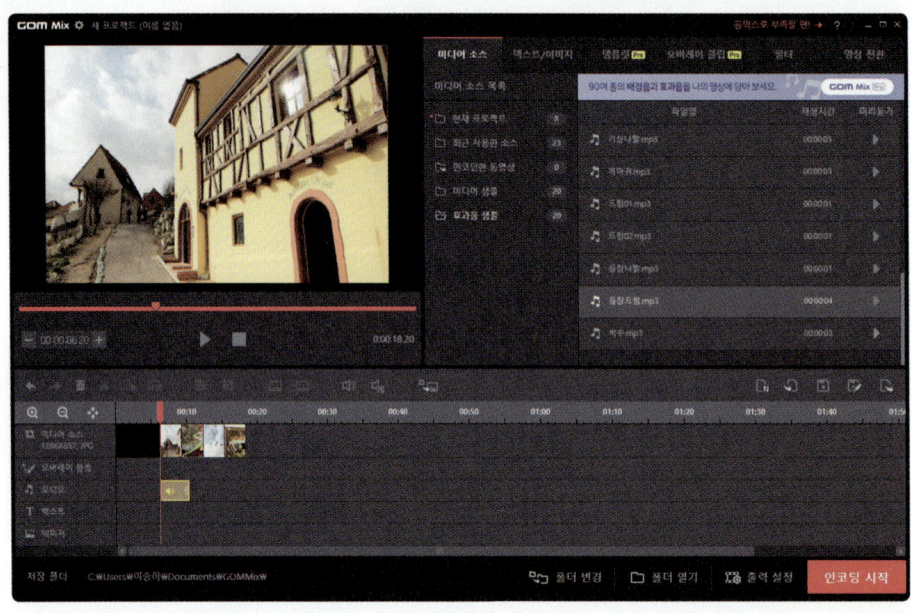

2 네이버 블로그에 동영상을 삽입해 보세요.

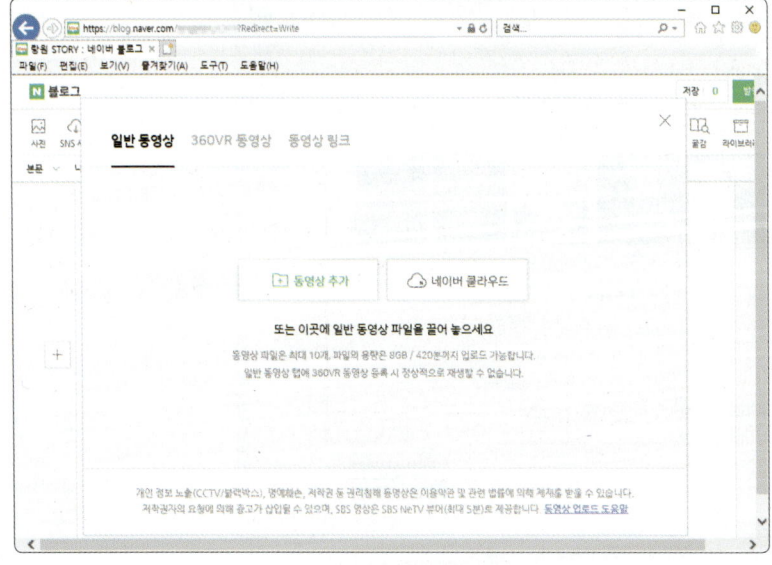